AF496830

Traços da arte urbana no Brasil

Autor: Hérrisson Fábio de Oliveira Dutra

ISBN: 978-65-00-01720-5

*Há um aperto
no ônibus,
nos prédios,
nas casas,
na vida,
no peito.*

*Grafite em São Paulo
Crônicas da Cidade Cinza*

Sumário

Capítulo 01
Primeiros grifos

Recorrendo à arte, nesse caso literária, em carta para Joaquim Nabuco, Machado de Assis já afirmava que os pensamentos valem e vivem pela observação exata ou nova, pela reflexão aguda ou profunda; não menos querem a originalidade, a simplicidade, a graça do dizer. Assim sendo, para compreender o que se segue, em uma busca incessante pelo original, simples e atraente, ouso apresentar uma produção sobre a arte urbana dos grafismos[1] no contexto brasileiro, enfatizando a cidade de São Paulo.

Essa escolha geográfica não foi aleatória. Inicialmente, a capital paulista é considerada a segunda melhor cidade do mundo em arte urbana, perdendo apenas para Berlim, de acordo com *sites* como *The Huffington Post*, *SP Urban*, entre outros. Naturalmente, diante de sua expressividade mundial, a cidade se tornou berço de importantes e renomados artistas urbanos, cuja produção já ultrapassou nossas fronteiras, como Os Gêmeos, Marcos Kobra, Binho Ribeiro, Cripta Djan, Zezão.

Atualmente, São Paulo realiza os mais importantes eventos de arte urbana no País: o *O.bra Festival* e a *Bienal de Graffiti Fine Art* de São Paulo. E, não circunscrito aos eventos, ela tem sido palco de fortes debates sobre arte urbana, em especial os grafismos, devido às polêmicas ações implementadas pelo ex-prefeito de São Paulo Gilberto Kassab, indiretamente a partir do *Programa Cidade Limpa* e, agora, retomadas com o *Programa Cidade Linda* do atual prefeito João Doria.

Definindo o ponto de partida, dei início à coleta de dados para subsidiar minhas provocações. Percebi que já havia muita coisa na *internet,* a começar pela vastidão de vídeos disponibilizados no YouTube e perfis de artistas urbanos no *Instagram* e *Facebook*. Explorei também textos acadêmicos, reportagens e legislações que contemplavam a arte urbana. Os vídeos analisados somaram mais de 85 horas com entrevistas, programas de televisão, produções audiovisuais dos próprios artistas urbanos, debates, palestras, documentários e filmes que tratavam da arte urbana, predominantemente tendo a cidade de São Paulo como cenário. Com o intuito de esclarecer pontos ainda inquietantes, parti para a rua e entrevistei alguns grafiteiros e pichadores.

Entre uma leitura e um vídeo, ao sair pelas ruas, era inevitável o meu olhar aguçado para as tintas que eu identificava em meus trajetos, quer presentes nas

---

[1] Consciente das diversas manifestações artísticas consideradas arte urbana (dança de rua, performances, instalações, apresentação musical em calçadas, atrações circenses, práticas de *skate* e *parkour* entre outras) saliento que trato exclusivamente de grafismos (grafitagem e pichação). Assim, sempre que aqui for mencionada arte urbana, estarei restringindo aos grafismos.

artes, quer encobrindo elas mesmas com o poder de censura e o "discurso de higienização" do poder público.

Nessas andanças, talvez, se eu perguntasse a algum artista urbano como escrever um livro, suas primeiras orientações poderiam ser trocar as folhas impressas pelos muros da cidade, as regras da ABNT pela liberdade das ruas, as fontes padrões por uma tipografia original. Adotaria um conteúdo que refletisse além das teorias, mais de mim mesmo, bem como a minha relação particular com a cidade. Essas suposições podem ser justificadas pelo caráter inquieto e transgressor do *graffiti*[2], que, quando da sua origem, reverberava as vozes incomodadas e abafadas oriundas das periferias de Nova York.

O meu interesse pela arte urbana começou de forma transversal. Antes de chegar a ela, observei a cidade a partir de outras temáticas: processos de requalificação de áreas públicas, a influência da violência urbana na construção das cidades, o fenômeno da favelização com o paradoxo da inclusão e exclusão social e a visão da cidade da partir do paradigma da mobilidade. Percebia a contínua presença dos grafismos em todas as situações em que saia das leituras e partia para qualquer verificação *in loco*. Isso me saltava aos olhos e despertava um interesse particular, como se fossem manifestações artísticas que revelassem a cidade com toda a sua complexidade e vice-versa.

À medida que ia avançando o conhecimento sobre os grafismos, surgiam mais questionamentos que culminavam em uma tentativa de estabelecer relações entre esse tipo de arte urbana e a cidade. Optei por entendê-los inicialmente por meio de um resgate histórico, desde a sua origem dentro de um movimento maior, o chamado *hip-hop*, que surgiu nos Estados Unidos no final dos anos 1960. Em seguida, procurei encontrar os seus primeiros indícios no Brasil, quando percebi, com maior intensidade, as diferenças entre grafite e pichação. Inevitavelmente, São Paulo atraía minha atenção, não apenas por ser considerada a segunda mais expressiva cidade em arte urbana dos grafismos no mundo, mas por trazer consigo um histórico de tensões entre o poder público e os artistas urbanos, em especial nos últimos 10 anos com a gestão dos prefeitos Gilberto Kassab e João Doria[3].

Se o *graffiti* se relacionava com a cidade quase como impressões digitais que a tornavam única, era preciso também compreender como a cidade se formava e se constituía na dimensão sócio-espacial[4]. Para isso, um novo caminho foi trilhado no sentido de compreender a formação de São Paulo como uma metrópole que sofreu influências marcantes da arquitetura moderna em seu planejamento urbano. Porém era preciso ir além e trazer também uma discussão política da formação de São Paulo para entender como o seu tecido social se distribuía nesse espaço. Esse

---

[2] Na cultura americana, o *graffiti* é definido como um movimento de rua no campo das artes plásticas que envolve vários estilos como a *tag* (aqui no Brasil mais conhecida como pichação), o *bomb,* o *throw up,* o *wild* entre outros, apresentados mais adiante na tese.

[3] A gestão do prefeito Fernando Haddad (2013–2016) foi de relativa trégua com a arte urbana, promovendo, inclusive, políticas de fomento à grafitagem.

[4] Conforme as regras ortográficas da língua portuguesa, a forma adequada seria socioespacial (sem hífen). Porém, optei pelo uso do conector, considerando a distinção feita por Souza (2007, 2008, 2009) que considera socioespacial apenas o espaço social enquanto sócio-espacial concerne às relações sociais e ao espaço onde elas ocorrem simultaneamente. O autor faz uma crítica às ciências, em especial à Geografia, por se predispor a fazer uma análise sócio-espacial quando, na verdade, apenas é feito um sobrevoo no espaço social.

caminho não seguiria em paralelo à compreensão de arte urbana, mas, aos poucos, ambos se imbricavam, tornando uma única tese, a arte urbana e sua relação com a cidade, tendo, portanto, São Paulo como *locus* de investigação e os últimos 10 anos como recorte temporal.

Em especial, essa relação conflituosa da arte urbana com o poder público gerou importantes incidentes críticos durante a escrita do livro que pude compreender e explicar a partir do Tratado de Nomadologia, apresentado pelos filósofos franceses Gilles Deleuze e Felix Guattari, adotando o grafite e a pichação como máquinas de guerra e o poder público a partir de sua aparelhagem de captura, ordenamento e normatização do cidadão a serviço de um sistema capitalista hegemônico.

Nesse caso, a escolha inicial pelos teóricos Deleuze e Guattari – em detrimento de outros, como Manuel Castells, John Urry e Paul Virilio, que buscavam compreender fenômenos da sociedade por meio de suas redes, fluxos e velocidades – se deve pela maior possibilidade de compreender a arte urbana com seus fluxos originalmente descodificados, bem como os seus movimentos em aceleração ou retardo contra as axiomatizações estatais. Portanto, o Tratado de Nomadologia é aqui utilizado como uma lente teórica rica em elementos aderentes à relação, tantas vezes tensionada, tantas outras harmoniosa, da arte urbana com a cidade. Além disso, o método cartográfico rizomático, apresentado por Deleuze e já bastante difundido no campo das artes, permite acessar o fenômeno em foco com categorias próprias de análise em consonância com a abordagem crítica e pós-estruturalista deste trabalho.

1.1 A arte urbana e suas provocações

O *graffiti* é parte integrante do movimento cultural norte-americano *hip-hop* que abarca em sua origem quatro manifestações artísticas: na música, o *rap (rythm-and-poetry)*; na dança, o *break dance*; na instrumentação, os *djs;* e na escrita, o *graffiti* (CIDADE CINZA, 2013)[5]. O *hip-hop* começou no final dos anos 1960, como uma reação aos conflitos sociais e à violência urbana presentes nos bairros mais pobres de Nova York e Chicago. Uma cultura de rua que protestava também contra o domínio da indústria cultural e buscava demarcar territórios e fortalecer identidades. Ele registrava o clamor da periferia por meio de letras questionadoras e agressivas, ritmo forte e intenso e imagens grafitadas nos muros e trens das cidades.

Muitos estudiosos da área destacam uma particularidade do surgimento do *hip-hop* como uma alternativa da própria sociedade para resolver os problemas gerados pela ineficiência do Estado, gerando recursos na própria comunidade, sem depender de influência e apoio externos.

Porém, eu estaria cometendo um equívoco ao afirmar que o ato de riscar muros e paredes começou com o movimento *hip-hop*. Vários estudos, quando se

---

[5] Vídeo 157 do Apêndice B.

predispõem a enfatizar a importância dos grafismos, resgatam as pinturas rupestres, evidenciando que as sociedades mais primitivas já recorriam às artes plásticas pintadas nas pedras – as paredes e muros da época – para registrar seu cotidiano, seus hábitos e suas práticas (FARTHING, 2010; BATES, 2014; LINHARES *et al*, 2015; GONÇALVES, 2007; PAIXÃO, 2011). Abaixo, a Figura 1.1 mostra um pequeno trecho das pinturas rupestres feitas nas cavernas de Lascaux[6].

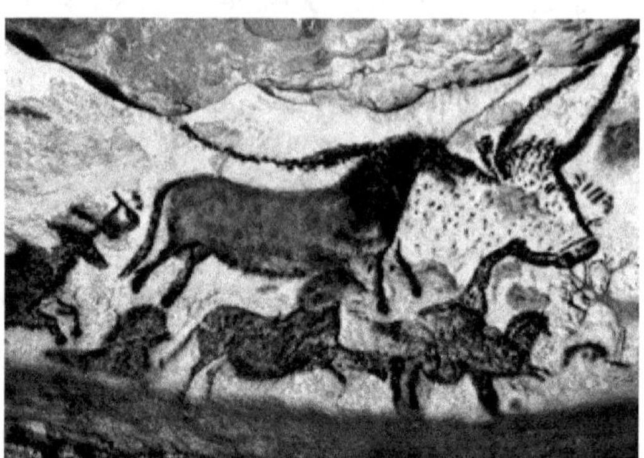

Figura 1.1: Pinturas rupestres de Lascaux.
Fonte: *Site The Dordogne*, acesso em 17/11/2017.

Nesse sentido, mesclando com aspectos da contemporaneidade, Maurício Villaça, um dos precursores da arte urbana no Brasil, afirma que "desde a pré-história, o homem come, fala, dança e grafita" (GITAHY, 1999, p. 11).

Catapultando no tempo, das pinturas rupestres de Lascaux para o *graffiti* presente em praticamente todas as metrópoles contemporâneas, passamos por movimentos artísticos que o influenciaram como o muralismo e a *pop art*. De alguma forma, eles já revelavam a necessidade de popularizar a arte, evocando aspectos que resgatassem o passado, por meio de sua história, e o presente, com a vida cotidiana da sociedade.

O muralismo foi um movimento originado no México na época da Revolução Mexicana[7]. Tendo como base a compreensão do filósofo Auguste Comte ao atribuir à estética o estágio mais avançado de uma sociedade, o governo do general revolucionário Álvaro Obregón implementou uma série de ações que objetivava o acesso da arte ao povo. Para tanto, artistas plásticos foram convidados a pintar paredes de equipamentos públicos. Sob a inspiração de questões históricas, políticas e sociais, os muralistas retrataram, em especial, as condições das camadas menos favorecidas como indígenas, mestiços, operários e camponeses, resgatando sua importância para a formação da sociedade mexicana.

Interessante observar a situação intermediária em que a arte era espacialmente exposta no movimento muralista. Na época, ela saía de seu espaço convencional – museus e galerias – e passava a ocupar basicamente as grandes áreas de circulação de prédios públicos. Tem-se pouco conhecimento sobre essa

---

[6] Lascaux é um complexo de cavernas localizado em Montignac, na França, famoso pelas suas pinturas rupestres que datam de aproximadamente 17 mil anos.
[7] Conflito armado iniciado em 1910 que se tornou o acontecimento social e político mais importante do século XX naquele país.

produção artística ocupar as ruas propriamente. Permitir o acesso da população à arte era compreendido como torná-la acessível aos passantes, desde que em áreas de controle do poder público.

Porém o movimento não ficou restrito às fronteiras do México e escorreu pelos países da América Latina, atingindo verdadeiramente as ruas. Posso justificar essa expansão devido ao caráter social muito presente na produção literária e plástica dos países latino-americanos, diferentemente da arte do resto do ocidente que lidava mais com as experiências individuais.

No Brasil, o movimento muralista se fez presente no final dos anos 1930, época em que a arquitetura moderna e o Estado buscavam construir uma identidade nacional. O primeiro mural artístico foi do pintor italiano radicado no Brasil Fulvio Pennacchi que registrou o *Ciclo da História da Imprensa* no *hall* da antiga sede do Jornal *A Gazeta*, em São Paulo. Depois dele, vários outros artistas como Eugênio Sigaud, Di Cavalcanti e, em especial, Candido Portinari, destacaram-se no cenário brasileiro com a arte muralista, reafirmando suas escolhas pela temática social (FABRIS, 1990; LINHARES *et al*, 2015). A seguir, a Figura 1.2 traz o mural *Tiradentes*, de Portinari, que retrata os ideais da Inconfidência Mineira, expondo a paisagem e o ambiente mineiro do século XVIII.

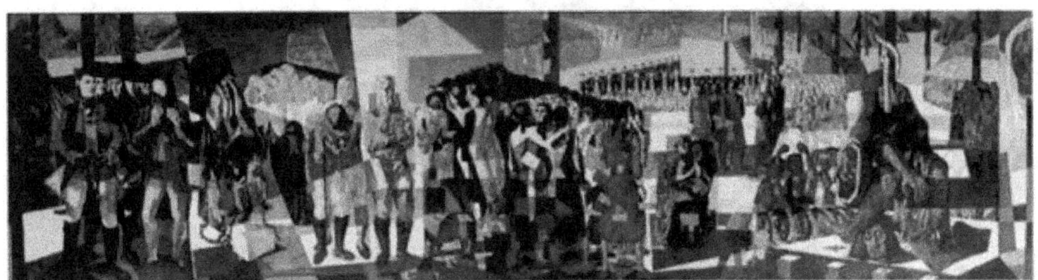

Figura 1.2: Mural *Tiradentes* de Cândido Portinari (1948-1949).
Fonte: *Site* oficial do Memorial da América Latina, acesso em 23/03/2017.

No que tange à *pop art*, ela foi um movimento artístico que surgiu nos anos 1930 na Inglaterra, mas sua mais expressiva atuação se deu nos Estados Unidos, especialmente em Nova York, a partir dos anos 1960. Denunciando uma crise na arte que se aprofundava ao longo do século XX, a *pop art* teve como inspiração o cotidiano das pessoas com seus hábitos e costumes que revelavam as práticas capitalistas, a comunicação de massa, o consumismo e o materialismo existentes naquela sociedade. De forma irônica (muitas vezes até sarcástica), sua produção artística era um espelho da sociedade ocidental industrial e capitalista cuja maior expressão estava na cultura norte-americana (MC CARTHY, 2002; OSTERWOLD, 1994; LIVINGSTONE, 1990). Sendo assim, a *pop art*, em contraposição ao expressionismo alemão, trouxe à cena artística a cultura de massa, as imagens televisivas, histórias em quadrinhos, cenas de cinema e a produção publicitária.

Um expoente da *pop art* no mundo é o artista estadunidense Andy Warhol, cuja produção contemplou a relação da arte com a propaganda e a cultura de massa. Para Osterwold (1994), Warhol não desejava apenas "fazer do banal e do vulgar a substância da arte, mas tornar a própria arte banal e vulgar" (p.164).

Diferentemente das temáticas contempladas no contexto americano e europeu, a *pop art* desembarcou no Brasil em um momento de forte turbulência política e assumiu uma postura de resistência à Ditadura Militar, opondo-se à repressão. Dessa forma, além de contemplar críticas à sociedade de consumo, a *pop art* brasileira foi carregada de questões políticas próprias dos anos 1960 e 1970, conforme Figura 1.3 apresentada abaixo. Nesse cenário, destacam-se, sob a alcunha de "popistas do subdesenvolvimento", os artistas plásticos Cláudio Tozzi, Rubens Gerchman e Wesley Duke Lee cuja produção circulava com uma mobilidade permanente em uma sociedade que sofria inúmeras modificações sociais (TORRES e TELLES, 2008).

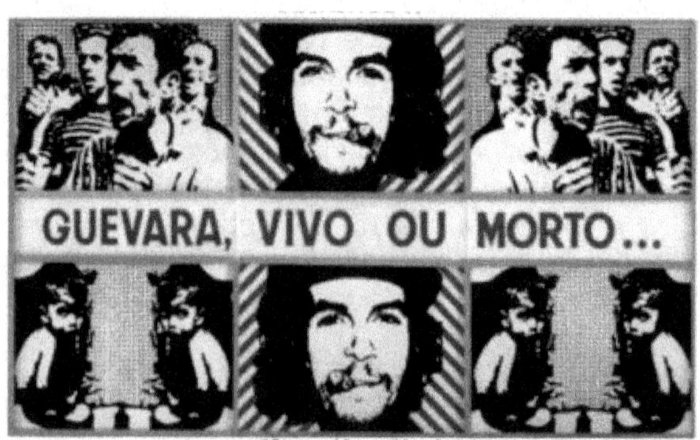

Figura 1.3: Pintura *Chevara, vivo ou morto* de Cláudio Tozzi (1967).
Fonte: *Blog* oficial do artista, acesso em 23/03/2017.

Surgindo com matizes políticas e sociais ainda mais intensas, o movimento do *graffiti* americano despontou nas ruas do Brooklyn praticamente em simultâneo com a expansão da *pop art* nas galerias e museus de Manhattan. No artigo intitulado *Pop Art II: The Secret World of Street-Art* publicado na revista americana *The Ground* (2012), o texto foi introduzido com um convite à reflexão:*What happened to Pop-art in the 80's?*. Em resposta, levantou-se a hipótese de que era possível que ela tivesse se disfarçado nos becos escuros e estações de metrô da periferia pobre de Nova York.

Em um mundo cinzento, sob a influência do movimento *hip-hop*, das drogas e da violência, jovens protagonizaram uma arte considerada inicialmente subterrânea ou inferior. A tinta *spray,* por ser mais barata, tornou-se o instrumento mais acessível para também trazer à tona uma crítica ao materialismo, bem como à hierarquia artística e social. Inicialmente, criticando a ineficiência da gestão pública na oferta de serviços básicos à população mais pobre, jovens do Brooklyn – predominantemente negros e pobres – começaram grafitando estações de metrô de Nova York, à época considerado o pior serviço público devido à insegurança nas estações e ao estado precário dos vagões que constantemente quebravam (NEAL, 2014).

No Brasil, o movimento *hip-hop* desembarcou no início dos anos 1980 e foi adotado sobretudo pelos jovens pobres, negros e das periferias[8] das metrópoles,

---

[8] Adoto, ao longo do livro, a compreensão de periferia como as áreas menos valorizadas das cidades, onde reside a população mais carente e o seu planejamento urbano é inexistente ou bastante deficitário.

com principal presença em São Paulo, cujas reivindicações eram similares àquelas encontradas na realidade norte-americana, como uma forma de discussão e protesto contra o preconceito racial, a miséria e a exclusão. Porém, levantando dados sobre a origem do *graffiti* no Brasil, percebo que ele não surgiu inicialmente com essa ideologia, mas como uma estratégia publicitária para divulgação de uma marca específica ou como diversão de determinadas pessoas que queriam ver seus apelidos estampados nas ruas. Só depois, quando a iniciativa deixou de ser isolada e passou a ser um movimento, é que a arte urbana agregou maior sensibilidade política em suas ações no Brasil. Percebo isso no relato de um entrevistado no vídeo *Bem Cultural: Série hip-hop* (2012)[9], em que ele afirma que a arte urbana no Brasil era uma forma de tomar a cidade de assalto. "Essa estética é nossa. É uma imposição. Eu não quero estar restrito ao gueto. O *hip-hop* tem uma saída do gueto para a cidade".

Os irmãos grafiteiros Os Gêmeos relembram os encontros de *hip-hop* que aconteciam na estação São Bento do metrô de São Paulo nos anos de 1985 e 1986. Nessa época, como a informação de fora era de difícil acesso, esses encontros oportunizavam se atualizar sobre o movimento. Na ocasião, eles conheceram o *rap*, o *punk*, o *graffiti* e a prática de *skate*[10].

O que é notório em nossa realidade é que um estilo particular de *graffiti,* dentre as classificações disseminadas na cultura americana, tomou força e adquiriu uma robustez de movimento artístico próprio que, nas metrópoles brasileiras, em especial na capital paulista, caminha em paralelo às demais classificações: a pichação[11].

Esse fenômeno particular do Brasil fez o diretor do documentário *Cidade Cinza* (2013), Marcelo Mesquita, provocar sobre a presença tão intensa da pichação no Brasil. Em entrevista[12], ele explica:

> Mais do que definir a distinção entre grafite e picho, é entender porque existem tantos. Mais do que entender isso, é preciso verificar que há pessoas. E não são poucas. Por que São Paulo tem esse movimento com tanta força? É uma cidade que oprime, muito murada, cinza, tem pouco parque, as pessoas não se comunicam, as calçadas são estreitas, [...] vivem dentro dos carros. É uma cidade difícil, não é uma cidade humana. As pessoas se sentem oprimidas nesse sistema. E sentem vontade de gritar. (GRAFITE, PIXO[13] OU CINZA?, 2017)

Normalmente, a periferia se encontra nos subúrbios, nas cercanias da cidade, porém, a depender da geografia, essas concentrações de pobreza podem estar espraiadas em todo seu território.

[9] Vídeo 138 do Apêndice B.

[10] Vídeos 14 e 157 do Apêndice B.

[11] No exterior, a pichação é mais identificada como apenas um tipo de *graffiti* chamado *tag* ou *tagging*. No Brasil, diante de suas particularidades, forte expressão e presença, em especial nas metrópoles, adotou-se uma separação entre pichação e grafite, este reunindo todos os demais tipos de *graffiti*, incluindo o que se chama atualmente de neo-grafite. A junção desses dois movimentos de arte urbana (grafitagem e pichação) eu denomino aqui de grafismo.

[12] Vídeo 2 do Apêndice B.

[13] Pereira (2010) explica a distinção entre pichação com "x" e com "ch". Apesar de a língua oficial registrar a palavra com "ch", sua grafia com "x" respeita o modo como os "pixadores" designam sua prática, uma forma particular de eles deixarem suas inscrições de forma estilizada no espaço urbano.

Mais adiante ele complementa:

> Preocupar em como impedir é olhar a ponta do *iceberg*, o que é preciso é entender o porquê deles terem ido para lá. É preciso trabalhar por um país e uma cidade melhor. Pensar na sua casa, na sua calçada. É cada um no seu carro. E não há uma conversa muito maior. (GRAFITE, PIXO OU CINZA?, 2017)

Mesquita, portanto, revela um olhar sombrio para São Paulo, uma cidade opressora e desumana. Porém, sob um enfoque ontológico, identifico uma contradição. A existência de uma cidade implica necessariamente possuir pessoas que moram, transitam, se divertem e trabalham nela. Como é possível uma cidade se tornar desumana? E, além disso, a qual sistema ela se refere? Todos se sentem oprimidos nessas condições? E, nesse caso, seria possível estabelecer uma relação entre opressão e a presença libertária dos grafismos?

Retornando à história, o título de precursor do *graffiti* como arte de rua é atribuído ao nova-iorquino Donald Joseph White, conhecido como Dondi. De acordo com o artigo já citado da *The Ground* (2012), o primeiro trabalho de Dondi que gerou maior repercussão negativamente junto às autoridades de trânsito nova-iorquinas foi a pintura *Children of The Grave* com letras compreensíveis intrincadamente decoradas ao longo de três vagões do metrô. Seu caráter mais conceitual não estava apenas em sua arte, mas na escolha de locais onde sabia que as pessoas iriam ver, apesar da ilegalidade.

Com o tempo, outros jovens perceberam que a sua arte-protesto poderia sair dos muros e paredes da periferia e transitar nas áreas mais ricas da cidade, chamando a atenção de um maior público, por meio da pintura dos próprios vagões. Técnica conhecida especificamente como *train tagging*, ela é caracterizada tanto pela ilegalidade como pelo esforço artístico que a pintura dos vagões exige dos *taggers*. Sob a ameaça de serem pegos pelos policiais que rondam as estações dos metrôs, esses artistas urbanos tinham e ainda têm poucos minutos para realizar suas pinturas, representando uma verdadeira performance artística.

Percebo, então, que a arte urbana com seus artistas, conteúdos, telas, locais de exposição e espectadores compõem um corpo único cujas partes passam a estar totalmente imbricadas. Nesse momento, a rua, o espaço da experiência coletiva, assume novas subjetividades e potencialidades de gerar ações transformadoras. Portanto, é oportuno questionar se seria possível aos grafismos promover mudanças na experiência do cidadão com o espaço público nas grandes metrópoles brasileiras. Como isso poderia acontecer e em que contexto. Essas provocações também estão presentes no *Vídeo Diverso: arte urbana* (2014)[14] em que o entrevistado explica que a arte urbana dispensa manuais e adquire sempre novos adeptos. Cada época tem sua arte e ela se caracteriza sempre por um princípio de liberdade. O que talvez justifique a sensibilidade da sociedade para a arte urbana seria a discussão sobre o espaço público em uma época em que ele está sendo questionado, em especial sobre a sua ocupação.

O artista urbano, enquanto em produção – seja um grafite ou uma pichação – em um muro autorizado ou um lugar de difícil acesso, como os parapeitos de um

---

[14] Vídeo 48 do Apêndice B.

viaduto, realiza uma performance artística que sofre influências de diversas ordens. A multiplicidade de passantes e moradores com atitudes e interesses distintos torna a rua, o seu palco-ateliê-galeria, um espaço único em que a arte urbana influencia e é constantemente influenciada pela paisagem. Esse diálogo, incessante e veloz, é um convite a conhecer o social e o espacial, a experiência particular do artista e suas interações com o meio, uma emissão de forças em diversos sentidos, na qual emissores e receptores moldam e são moldados, reprimem, expandem e se materializam em pensamentos, corpos e muros. Identifico aqui o que os filósofos Deleuze e Guattari (2000) chamam de formação rizomática[15] com seu espaço subterrâneo que leva a um problema de visibilidade imediata dessa complexa e intrincada teia de relações. Na verdade, esse olhar rizomático traçaria uma cartografia, desenhando um mapa como diagrama variável, onde a existência de uma estrutura profunda com um eixo genético seria, no mínimo, questionável (FILHO e TETI, 2013).

Acrescento ainda à compreensão de arte urbana o que o filósofo e sociólogo francês Lefebvre (2001) explica sobre a produção e apropriação do espaço urbano. Tal produção não só reflete as desigualdades e as contradições sociais, como também as reafirma e reproduz. Nesse sentido, seria a arte urbana com seus grafismos um revelador dessas desigualdades sociais? Tanto o grafite como a pichação com suas ideologias de rebeldia atuam em um mesmo sentido, com os mesmos *modi operandi*?

É com esse papel social ativo, de reflexo e reprodutor de conflitos sociais, que a cidade se constrói. Posso estabelecer relações diversas entre a produção do espaço e a arte urbana, uma vez que essa manifestação artística compõe a paisagem da cidade e traz, em seu âmago, um forte caráter político. Entretanto, é inquietante pensar em que medida a arte urbana é capaz de desafiar consensos e desestabilizar contextos, possibilitando novas apropriações do espaço urbano. A arte urbana de fato se mantem fiel na promoção de críticas à vida urbana?

Ainda sobre o entendimento do espaço, Lefebvre *apud* Williams (2013) parte do pressuposto de que ele deve ser compreendido sob duas dimensões: o abstrato e o físico. Ele não é uma coisa ou apenas um lugar, mas um conjunto de relações ideológicas, sociais e materiais que permitem a compreensão a partir de formas físicas especificamente localizadas. Essa produção do espaço está diretamente vinculada a processos produtivos, o fator econômico é determinante para a produção do espaço. Isso é tão evidente para Santos (1978) que, na sua ótica, a compreensão do espaço só se dá a partir do processo produtivo com a divisão social do trabalho[16].

De acordo com linha cronológica da arte urbana, só nos anos 1980, com o olhar atento à produção artística de Jean-Michel Basquiat, Keith Haring e Richard Hambleton, foi que o *graffiti* deixou de ser apenas um sinônimo de vandalismo,

---

[15] Zourabichvili (2009) explica que rizoma seja provavelmente o conceito mais famoso e complexo de Deleuze e Guattari. Ele se configura como "uma nova imagem do pensamento destinada a combater o privilégio secular da árvore que desfigura o ato de pensar e dele nos desvia" (p. 97).

[16] Antes disso, resgatando sociedades primitivas até o período feudal, a organização do espaço era feita de forma natural e não era transformado a partir do trabalho. No regime feudal, o excedente produzido era comercializado dentro do próprio feudo, não necessitando uma organização espacial para o escoamento de mercadorias entre feudos. Só com o capitalismo foi que a forma mercadoria e a comercialização do seu excedente determinaram a produção do espaço.

associado a uma subcultura que precisava ser extinta imediatamente, e passou a inspirar sentimentos de surpresa, prazer e diversão. A partir de então, ele começou a se expandir para além-muros e invadir paredes de museus, galerias e casas comerciais e residenciais. Seu significado cultural passou também a estabelecer novas relações com o patrimônio, o espaço e a cidade, exercendo uma interferência estética.

Para Bates (2014), além do aspecto subjetivo de embelezamento ou emporcalhamento da paisagem, o *graffiti* trazia consigo questões políticas, sociais e econômicas de uma época. Porém, uma vez que a arte urbana se expandiu e acessou espaços privados, surgiu aí um novo ponto de questionamento que não me permite passar despercebido. A figura do curador de arte ou o proprietário do espaço particular pode exercer uma agência de seleção, controle e encomenda que, talvez, não coadune com a qualidade rebelde da arte urbana em sua origem. Essa nova agência de interferência na arte urbana abre um fértil campo de discussão sobre suas novas configurações em adaptação aos novos meios onde tal arte é produzida e exposta. Atualmente, há um grande questionamento se os grafismos, originalmente de rua, quando ocupam uma galeria de arte ou um museu, permanecem sendo classificados como arte urbana. Assim como o movimento *hip-hop* em cujo âmago está uma contradição na sua relação de resistência e ao mesmo tempo produto da indústria cultural, para muitos, os grafismos parecem aprisionar-se e ceder aos desejos do mercado.

Quanto à chegada da arte urbana no Brasil, a literatura é bastante controversa tanto no aspecto da produção como da temporalidade. Porém, é recorrente a citação do caso *Cão Fila Km 26* como inspiração inicial – não deliberada – para o movimento (em especial da pichação) no Brasil, sem qualquer relação com o movimento *hip-hop*.

> O primeiro pichador a usar toda a cidade foi o dono de um canil, que na década de 1980 grafava *Cão Fila Km 26* por toda São Paulo. Sua intenção era meramente fazer propaganda do seu canil situado no km 26 da Estrada do Alvarenga, mas a sua insistência e presença em toda a cidade acabou inspirando e antecipando todo o movimento da pichação. Ele é fartamente reconhecido pelos primeiros pichadores, muito embora sua motivação seja distinta do movimento das *tags*. (FILARDO, 2015, p. 8)

O que inicialmente começou como uma divulgação publicitária nos muros de São Paulo viralizou na época, expandindo-se por praticamente todo o País. Na matéria intitulada *Cão Fila Km 26*, a Revista *Veja* detalhou o caso e enfatizou a dimensão assumida pela pichação.

> Muros, pontes, viadutos, postes, mourões, pedras, barrancos – praticamente não há superfície sólida no país a salvo da rústica, enigmática inscrição *Cão Fila Km 26*. De São Paulo, alastrou-se por outros estados e, hoje, aparece até na região portuária de Manaus (VEJA, 1977, p. 104).

Apesar de também reconhecer o ineditismo da campanha, é preciso alertar para a presença de frases estampadas em muros, denunciando a repressão durante o regime militar no Brasil. Isso seria, na verdade, mais um prenúncio do que se tornaria depois a grafitagem ou pichação[17]. Sob a influência dos movimentos dos estudantes e artistas franceses ao tomarem o Conselho da Universidade de Paris em Nanterre, em maio de 1968, as tintas nas ruas no Brasil também foram instrumento de difusão de ideias, filosofias, poesias e informações censuradas pelos órgãos de controle do regime militar e pela comunicação de massa. Na ocasião, essa prática já trazia consigo a clandestinidade e revelava os problemas da ordem do dia[18].

Com o tempo, outros casos emblemáticos passaram a compor a história da arte urbana no Brasil, merecendo destaque o cenário carioca com as *tags* Celacanto provoca maremoto, Lerfá Mú, Perdigoto e Wacka Paow, sendo as duas primeiras até mote de canção. Em São Paulo nos anos 1980, a história registra a importância de Pessoinha e Juneca com suas *tags* (Figura 1.4) que inicialmente tinham apenas a motivação da diversão[19]. Na matéria *Chega de sujeira: quando a pichação vira vandalismo* publicada pela revista *Veja São Paulo* em fevereiro de 1991, Juneca foi além e explicou que sua arte sinalizava a falta de cultura e a necessidade dos jovens da periferia de serem vistos pela sociedade.

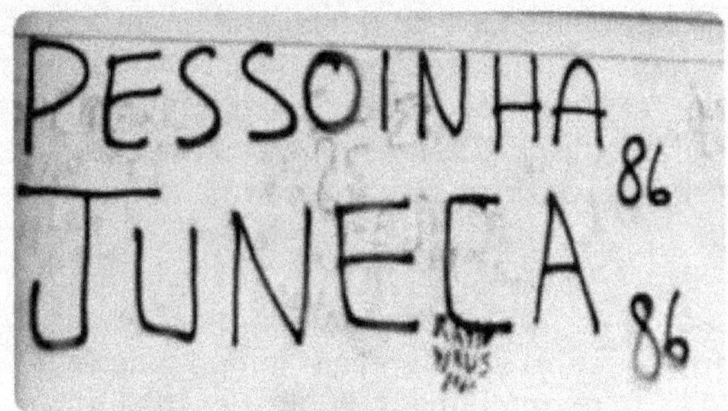

Figura 1.4: *Tags* de Pessoinha e Juneca.
Fonte: *Fotolog* Urbanos 02, acesso em 23/03/2017.

Até então, em uma primeira análise, essas manifestações artísticas urbanas brasileiras – excluindo as exclamações de resistência política na época da Ditadura – traziam consigo mais um cunho publicitário e de diversão na exposição de grifos do que um convite direto à reflexão sobre problemas econômicos, políticos e sociais da época.

---

[17] Muitos atribuem a Alex Valluari, artista etíope radicado no Brasil, o título de precursor do grafite no Brasil. No início dos anos 1980, ele desenhava frango assado, bota de salto fino e telefone nas ruas de São Paulo, época em que o grafite era considerado crime pela legislação brasileira e a liberdade de expressão era tolhida pela Ditadura Militar. A data de sua morte em 1987 – 27 de março – é lembrada como o Dia do Grafite no Brasil (BBC, 2017).

[18] Nesse contexto, faz-se presente o Movimento da Internacional Situacionista (IS) e sua influência no contexto brasileiro. A posição situacionista no IS é diferente daquela compreendida hoje. Seus membros participantes eram a oposição ao sistema, criticando de forma contumaz a passividade da sociedade alienada pelos meios de comunicação que se submetia às situações vigentes e perdia sua autonomia e criatividade para se rebelar. Para a IS, a cidade era vista sob a ótica do urbanismo hegeliano. Ela era mais do que um contêiner físico - um conjunto de estruturas e rotas, de funções e suas inter-relações – mas sim um espaço constituído e constitutivo do drama da autoconsciência e do reconhecimento mútuo que estava no cerne da fenomenologia de Hegel (McDONOUGH, 2009). Guy Debord, principal membro da IS, tece grandes críticas ao urbanismo por considerar os cidadãos apenas como estatística. A IS propõe um método de pesquisa chamado *Deriva* que parte do pressuposto de que os habitantes marginais e desviantes da sociedade têm mais lucidez sobre a vida urbana do que professores e demais acadêmicos.

[19] Vídeo 3 do Apêndice B.

Porém, o recorte apresentado a seguir revela que os grafismos, já naquela ocasião, traziam consigo também provocações sociais e assumiam gradativamente novas estéticas. Em matéria de capa com o título *A Rebelião dos Muros*, o número 04 da revista *Singular e Plural* relatava:

> Nas grandes metrópoles brasileiras, os muros e paredes aparecem pichados com dizeres cifrados, inquietantes e provocativos; aumenta a quantidade de edições de textos marginais, de poesia, prosa, e outras propostas de linguagem [...] As manifestações artísticas são convergentes: tanto o neo-cordel dos poetas de mimeógrafo quanto os rabiscos delirantes dos pichadores de muros e os representantes do cancioneiro popular estão exercendo funções análogas, de perturbação e questionamento de um determinado conceito de vida urbana, e de uma dada ordem estabelecida. (REVISTA SINGULAR E PLURAL, 1979).

Esse cenário realçava as condições particularmente favoráveis para que a arte urbana se expandisse pelas ruas da maioria das metrópoles brasileiras. O olhar atento ao espaço urbano, em especial a partir da década de 1960, poderia rapidamente evidenciar tal contexto. À medida em que as metrópoles brasileiras se expandiam desordenadamente, problemas diversos poderiam servir de inspiração e transpiração para artistas produzirem sua arte de rua, tantas vezes rebelde, marginal e incompreendida.

Com a explosão demográfica das capitais brasileiras a partir de meados do século passado, as ruas – ateliê e ao mesmo tempo galeria dos artistas urbanos – se tornavam apertadas para a quantidade de pessoas e veículos, assim como artérias que são obstruídas em um corpo obeso, sinalizando iminentes riscos de colapso. As habitações passavam a ser insuficientes e consequentemente todos os serviços que as provinham não davam mais conta das novas demandas: energia elétrica, saneamento, comunicação, limpeza urbana entre outros. Os interesses da iniciativa privada se sobrepunham cada vez mais aos interesses da coletividade, da civilidade e do bem público. Grandes construtoras se apoderavam de terrenos ociosos, espaços públicos e até de áreas ambientalmente preservadas, tantas vezes com o consentimento do poder público, para construir e ofertar habitações e centros comerciais que atendessem a públicos específicos.

Àqueles que não possuíam recursos suficientes e eram excluídos da força de trabalho, as moradias improvisadas passavam a ser, desde então, a principal alternativa: palafitas nas margens dos espelhos d'agua das cidades, barracos, cortiços e mucambos em áreas de risco ou ainda a vida ao relento, desprovidos de um teto. Com isso, áreas de lazer foram sacrificadas, tornando o espaço público inseguro e restrito basicamente à circulação.

Esse cenário descrito não se restringe ao ateliê de produção do artista urbano brasileiro, mas sim, tantas vezes ao seu território de origem e à formação de sua identidade, principalmente ao notificar que a grande maioria dos grafiteiros e pichadores é composta por jovens, negros, de origem humilde e que habita as periferias violentas e precárias das metrópoles brasileiras. Seria, então, indagar em que medida esse cenário de excludência, deficiências e sacrifícios para sobreviver influencia o artista urbano em sua produção. Será que grafiteiros e pichadores visualizam a arte urbana – cada vez mais atraente e geradora de emprego e renda – como uma oportunidade de mudança das suas condições pessoais de vida?

Nesse contexto, em que todos tentam sobreviver na cidade – alguns priorizando o seu valor de uso e outros a explorando prioritariamente sob o valor de troca (LEFEBVRE, 2001) –, é inegável que os grafismos não passaram alheios e resgataram, tantas vezes, uma reflexão subjacente sobre o direito à cidade, um significante vazio onde cada cidadão tem o seu entendimento a partir de seus interesses, experiências, ideologias, valores e princípios. Porém, tenho dúvidas se o entendimento do direito à cidade na ótica do artista urbano ainda se faz presente na produção contemporânea de seus grafismos.

Nesse aspecto, Harvey (2012) faz uma extensa discussão sobre o direito à cidade a partir de Lefebvre. Merece destaque a discussão sobre o espaço urbano, quando menciona a racionalização dos burocratas estatais e tecnocratas com o intuito maior de facilitar a acumulação de capital e favorecer as relações dominantes de classe. O direito ao subúrbio contemporâneo dificilmente pode ser visto como uma palavra de ordem anticapitalista viável. A partir disso, seu debate sobre o direito à cidade deve ser entendido não como algo que já existe, mas como um direito de reconstruir e recriar a cidade como um corpo político com uma imagem totalmente distinta, "[...] que erradique a pobreza e a desigualdade social e cure as feridas da desastrosa degradação ambiental. Para que isso aconteça, a produção das formas destrutivas de urbanização que facilitam a eterna acumulação de capital deve ser interrompida" (HARVEY, 2012, p. 247).

Consciente da aliança do Estado com os interesses capitalistas discutida por Harvey (2012) e Lefebvre (2001), em que medida os grafismos poderiam, então, ser considerados entraves à obtenção das demandas particulares das classes dominantes? Estariam os grafismos defendendo uma maior qualidade de vida nas metrópoles "controladas" pelo poder estatal e pelo capital? Em positivo, como o poder público, titular do planejamento urbano, tem atuado na retenção e controle desses fluxos revolucionários dos grafismos?

Nesse sentido, Lefebvre (2001) já vinha discutindo esse direito à cidade a partir de uma vida urbana transformada e renovada, distante da ideia de mercantilização da qualidade de vida. Como autêntico defensor da rua, ele alerta para a importância dos locais de encontro e de troca onde o cotidiano pode trazer condições favoráveis para a revolução urbana, sendo a rua o espaço público[20] por excelência que oferece as melhores condições para a discussão sobre a vida urbana, devido às suas funções informativa, lúdica e simbólica.

Porém, seu olhar pessimista fazia críticas aos novos significados que a rua assumia em uma Paris moderna na década de 1970. A rua sintetizava o cotidiano, passando a ser um mero espaço de passagem, de interferências, de circulação e de comunicação (LEFEBVRE, 1978).

---

[20] Adota-se aqui a definição de Chapman (2006), que considera espaço público como lugares cuja manutenção é assegurada por entidades públicas em benefício da comunidade e que idealmente podem ser utilizados por todos os cidadãos, independentemente da sua condição social e econômica, idade, raça, etnia ou gênero.

Na realidade brasileira, o esvaziamento da rua como um espaço de convivência e de experiências é agravado por uma cultura que traz consigo uma compreensão equivocada de que a rua é um espaço de segunda ordem[21]. De alguma forma, essa nova apropriação da rua interfere na arte urbana, mudando o significado que os muros das metrópoles possuem atualmente.

Em uma analogia com a vida urbana, em sua organicidade, os muros[22] poderiam ser considerados a pele da cidade. Eles a tornam única como uma pele humana com suas impressões digitais.

Como um *flâneur* da pele, a singularidade de cada indivíduo não está apenas em suas impressões digitais: somam-se a elas todas as marcas da pele que vão se acumulando com a sua existência, podendo originar-se do previsível envelhecimento, de cicatrizações que trazem consigo uma história, de doenças, mutilações, tentativas provisórias de rejuvenescimento, mudanças estéticas.

De forma análoga, o homem e o tempo também atuam sobre os muros registrando marcas de uma historicidade local. Diversas camadas de tinta sobre um muro, assim como as camadas da pele, servem como temporalidades que, uma vez acessadas, permitem compreender diferentes épocas. Sendo assim, a história também é contada por meio do espaço. Ao arqueólogo, um muro que ali está e outros que já estiveram também lhe interessam. Tantas vezes, restos de muralhas de uma cidade encontram-se submersos em sobreposições de construções que denunciam a destruição do passado em benefício do novo, do moderno, da modernidade.

O muro, assim como a pele, também sofre o desgaste natural pelo uso, pelo fluxo, pelas intempéries. O poder público e a sociedade podem intensificar ou retardar as marcas do tempo. Em uma sociedade que compreende a importância do espaço público como um espaço da coletividade, a agência humana tende a ser de preservação e respeito. Caso contrário, o bem público normalmente é dilapidado e compete basicamente ao Estado a sua preservação, caso seja do seu interesse. Compreender o espaço é entender o social e vice-versa.

Atualmente, retornando aos grafismos, percebo que a grafitagem e pichação começam a seguir caminhos diferentes, tantas vezes se opondo, tantas outras tangenciando. Enquanto a sociedade em geral continua qualificando a pichação como vandalismo e insubordinação à coletividade, a grafitagem tem-se tornado um fenômeno expressivo nas grandes metrópoles. Gradativamente, o que antes era banido passa a incorporar o cenário da cidade, sendo, inclusive, estimulado pelo poder público.

---

[21] No Brasil, a linguagem é denunciadora dessa compreensão. O adjetivação "de rua" impinge ao substantivo uma avaliação depreciativa: comida de rua, menino de rua, mulher de rua.

[22] Adoto aqui uma compreensão ampliada de muro como toda superfície exposta no espaço público, compreendendo desde as muralhas das cidades medievais, até os próprios muros e paredes que demarcam territórios, portas e janelas, asfaltos e pedras das ruas, calçadas, estruturas de viadutos, pontes, mobiliários urbanos, árvores entre outros. Além da abordagem poética na relação do muro com a pele, é importante registrar que o muro é um dos mais importantes símbolos demarcadores da propriedade privada, da segurança urbana, bem como da segregação social que existem nas cidades.

Um exemplo emblemático exterior ao nosso contexto é o *Wynwood Art District*, um bairro famoso de Miami Beach, chamado hoje de Bairro das Artes, que, na última década, sofreu várias mudanças urbanísticas e hoje reúne trabalhos de grafitagem, tornando-se ponto turístico.

No nosso caso, é comum a grafitagem estar presente nos muros das grandes cidades brasileiras, retratando um diálogo aparentemente harmonioso do Estado com a arte urbana ou, paradoxalmente, revelando áreas abandonadas e esquecidas pelo poder público. Posso trazer o caso do artista urbano Vermelho que grafita nos muros abandonados na Vila Maria Zélia em São Paulo. Para ele, se a área estivesse requalificada e bem cuidada, ele não pintaria. Como as paredes estão "podres", ele grafita por cima como uma forma de chamar atenção e contrastar com o cinza da cidade de São Paulo[23].

Curitiba, Rio de Janeiro, Cuiabá e Salvador já possuem áreas conhecidas como "grafitódromos", delimitadas pelo poder municipal para que artistas exponham sua grafitagem[24]. Dois outros casos recentes merecem registro e exemplificam essa relação da prefeitura com os artistas de rua.

A Prefeitura do Recife buscou aproximar os artistas do poder público e incorporar a arte urbana – especificamente a grafitagem – à paisagem da cidade. Em 2017, a programação visual do Carnaval do Recife foi toda baseada em trabalhos realizados por artistas urbanos locais. Por outro lado, em janeiro do mesmo ano, a Prefeitura de São Paulo implementou o *Programa Cidade Linda*, que representava um conjunto de ações cujo objetivo era "limpar" a cidade de todas as pichações e grafites inapropriados, bem como conceder espaços predeterminados para uma grafitagem autorizada. Na verdade, muitos leram como uma reedição das ações polêmicas implementadas pelo ex-prefeito de São Paulo Gilberto Kassab, tendo como subsídio o *Programa Cidade Limpa*[25], cujo foco maior estava em campanhas publicitárias e de exposição de placas comerciais. Consequentemente, isso gerou um forte atrito do poder público com a classe artística e os admiradores da arte urbana, a exemplo da Figura 1.5 que permuta o título da campanha de *Cidade Linda* para *Cidade Cinza*.

---

[23] Vídeo 21 do Apêndice B.

[24] Essa ação não é exclusiva do Brasil. Em Berlim, considerada a cidade que concentra a maior produção de arte urbana no mundo, a pintura é permitida apenas em alguns locais autorizados pelo poder público. Na Inglaterra, as multas por grafitar em áreas não permitidas chegam a 5 mil libras.

[25] Implementado pela Lei Municipal N°. 14.223 de 26 de setembro de 2006 que visa ordenar os elementos que compõem a paisagem urbana de São Paulo, com ênfase no ordenamento de propagandas e placas comerciais. O programa, na verdade, tinha o objetivo, dentre outros, de cobrir todas as pichações encontradas pelos agentes da prefeitura e, consequentemente, investir muitos recursos financeiros e materiais na remoção das pichações inscritas nas principais vias da cidade.

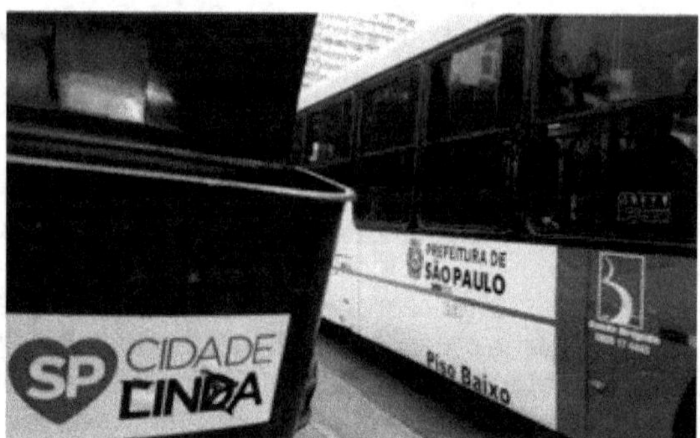

Figura 1.5: Represália à Campanha Cidade Linda.
Fonte: Portal Todo Dia, acesso em 25/11/2017.

Essas atuações da Prefeitura de São Paulo em dois diferentes momentos resgataram o dito popular presente no título desta tese. Os Programas *Cidade Limpa* e *Cidade Linda* não apresentavam escapatórias: aqueles artistas urbanos que se enquadrassem nas regras impostas pela prefeitura estariam incorporados aos ditames do poder público e continuariam com as suas atividades artísticas; aos demais, a vigilância, a punição e a exclusão. Ou seja, se correr o bicho pega, se ficar o bicho come. Assim, por um lado é possível optar pela rebeldia e transgressão com a produção de grafismos em espaços não autorizados e com total liberdade de conteúdo, o que seria assumir uma constante linha de fuga, desafiando, porém sem confronto direto, os aparelhos de captura do Estado. Por outro lado, é possível utilizar espaços demarcados como grafitódromos, participar de editais públicos para captação de recursos, atender demandas específicas tanto comerciais como estatais. Mas ambas opções revelam uma arte urbana distante de suas vertentes ideológicas estabelecidas desde o surgimento do movimento *hip-hop*, incorporando-se ao sistema e, nesse caso, comido pelo poderoso bicho, o Estado em aliança com o capital.

Sempre que o poder público desafia a arte urbana dessa forma, isso gera bastante polêmica e oportuniza a emersão de várias outras questões que se encontram sob e sobre as pinturas urbanas, versando, em especial, sobre o direito à cidade. Os grafismos em seus muros deixam São Paulo à flor da pele.

Em harmonia ou atrito, é preciso refletir atentamente sobre essa atuação do poder público diante do muros artísticos. Tal reflexão pode remeter a Deleuze e Guattari (1993), em Tratado de Nomadologia, com uma explanação particular sobre os aparelhos de captura do Estado e a máquina de guerra – nesse caso a arte urbana. Cada atuação de um governante diante dos grafismos pode ser uma estratégia, exitosa ou não, de suavizar suas tintas ou silenciar vozes, controlando conteúdos e selando a paz em prol do poder hegemônico da ocasião. Tem-se, então, lançando mão do pensamento nomadológico, um campo interessante para também observar como o Estado Moderno, subordinado à axiomática econômica dominante, tem-se apropriado de fluxos descodificados presentes na arte urbana26. Em outras palavras, pergunto, portanto, como o poder público vinculado a uma

---

[26] Deleuze e Guattari (1993) estabelecem um forte vínculo do Estado com o sistema capitalista. Nesse sentido, uma responsabilidade do Estado, para manter a ordem do capital, é codificar fluxos até então não codificados.

lógica capitalista consegue incorporar e controlar as transgressões dos grafismos quando ainda não estão azeitados ao sistema hegemônico atual.

A expressiva presença dos grafites e das pichações em metrópoles brasileiras impõe, portanto, desafios aos cidadãos e ao Estado. Suas pinturas, pichos ou grifos também são vozes que reverberam nos meios de comunicação, nas políticas públicas, em pesquisas acadêmicas e naqueles que são mais atentos às questões das urbanidades.

Como resposta às condições urbanas, muitos especialistas defendem que essa arte, adorada por uns e questionada por outros, pode ser um ponto de resistência e de denúncia que invade espaços públicos, com ou sem o consentimento do Estado e da propriedade privada onde ela se instala (ANDREOLI, 2004; RINK e METTRAU, 2010; ROSS, 2015; DE RUITER, 2015; SILVA, 2001; BOSCO, 2010; COWICK; 2015). Portanto, a partir desse contexto, o ponto fulcral que me norteou na escrita desse livro foi de identificar como a arte urbana dos grafismos se relaciona com a metrópole brasileira contemporânea.

Inicialmente, dediquei-me a observar e analisar essa relação em basicamente três momentos: o artista que vive na cidade, tendo o contexto urbano como inspiração, a sua motivação para a produção de arte na rua; o artista no próprio ato de transpiração e produção da arte urbana, tendo aqui a cidade como suporte; e a arte urbana que tem o espaço público como local de exposição. Esses três momentos são apresentados na Figura 1.6, a seguir.

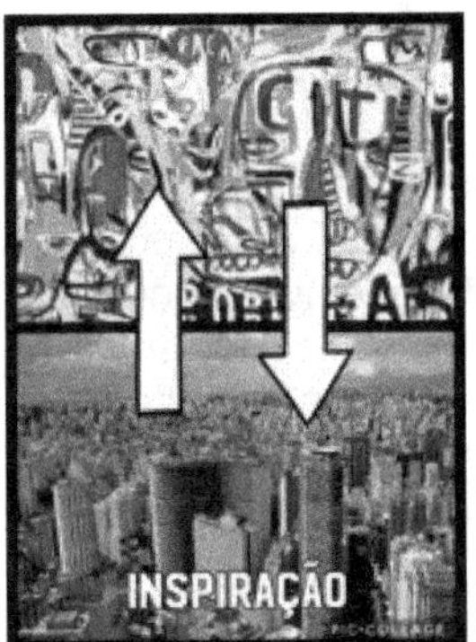

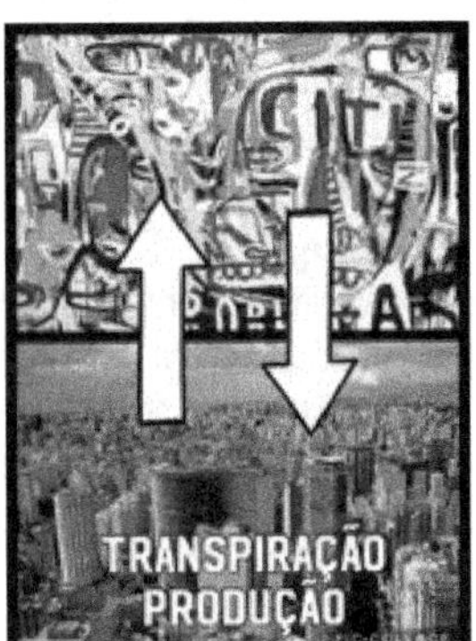

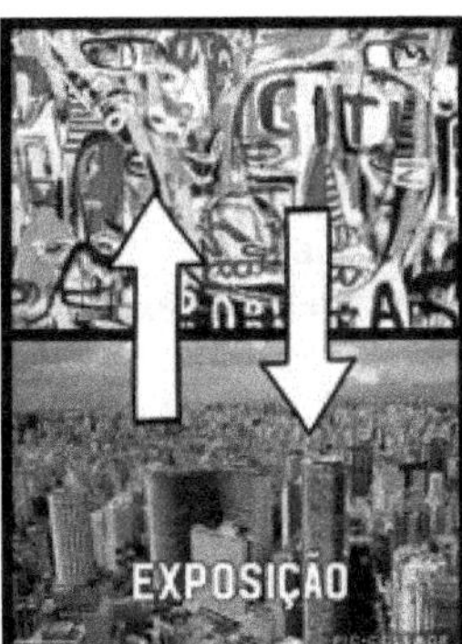

Figura 1.6: Momentos de relação da arte urbana com a cidade.
Fonte: O autor (2017).

1.2 A arte e o urbano

Em um primeiro momento, posso pensar que a arte urbana se materializa em uma época em que dados demográficos sinalizam a expansão favorável de suas condições sócio-espaciais. Posso começar destacando a atual explosão populacional no Planeta com o crescimento vertiginoso da população urbana. O mundo caminha para o cenário desenhado por Lefebvre de urbanização completa, em que, até no meio agrário, a urbanização se faz presente e interfere na construção do espaço e na vida cotidiana dos cidadãos (LEFEBVRE, 1999).

Estatísticas revelam a dimensão dessa explosão populacional, bem como do fenômeno urbano no mundo. A história da humanidade evidencia que a população mundial crescia em ritmo bastante lento, só alcançando a marca de 1 bilhão de habitantes no século XIX. A partir de então, percebe-se um crescimento acelerado em todo o Planeta. Em 1920, a população mundial já era de 2 bilhões de habitantes. Em 1960, chegou a 3 bilhões e, em 2011, catapultou para 7 bilhões. As projeções de crescimento ainda são incertas, mas já sinalizam que, em 2050, países que compreendem o contexto sul global[27], como Índia, Nigéria, Brasil e México continuarão a ter aumento populacional substancial (BLOOM, 2016).

Quanto à distribuição dessa população no Planeta, atualmente 54% da população mundial reside em áreas urbanas. Esse dado se torna alarmante quando se observa que, em 1950, esse total era de apenas 30%. As projeções pontuam que, em 2050, 66% da população mundial será urbana. Nesse cenário, as regiões mais urbanizadas são a América do Norte, a América Latina (incluindo o Caribe) e a Europa, com, respectivamente, 82%, 80% e 73%. Em contraste, as menos urbanizadas são a África e a Ásia, com 40% e 48%. Porém, para 2050, espera-se que esses dois continentes atinjam um patamar de até 64% de urbanização (UNITED NATIONS, 2015).

Nesse percurso, na virada do século XIX para o XX, surgiu uma série de discursos sobre esse processo de urbanização, em especial o ocidental, em direção à construção de cidades que materializassem o progresso, estabelecendo uma relação entre o desenvolvimento do capitalismo moderno e da metrópole moderna, incluindo também aspectos não materiais como espirituais, mentais e culturais (FRISBY, 2001).

Compreendendo as condições de possibilidade para o advento da modernidade, Habermas (2000) a analisou sob duas perspectivas: sociológica e filosófica. Na primeira, destacou a diferenciação entre economia e poder com a surgimento da sociedade burguesa. A economia começava a ser centrada na empresa capitalista e o poder estava com o aparelho burocrático do Estado. Sob a perspectiva filosófica, Habermas discorre sobre a modernidade cultural cuja origem está basicamente em três eventos históricos: a Reforma Protestante, a Revolução Francesa e o Iluminismo.

A modernidade, então, passou a ser considerada o "novo tempo", não por ser o mais recente à época, mas por promover uma ruptura drástica com o tempo medieval, posicionando-se em oposição a ele (SCALDAFERRO, 2009).

Porém, o discurso do novo tempo e do progresso tem enfrentado várias críticas e resistências no cenário das grandes metrópoles brasileiras, marcadas por sérios problemas políticos, sociais, culturais e econômicos. O crescimento

---

[27] WILLIAMS, METH e WILLIS (2009) defendem que as classificações socioeconômicas de países anteriormente utilizadas (norte rico e sul pobre e marginalizado; primeiro, segundo e terceiro mundos; países desenvolvidos, em desenvolvimento e subdesenvolvidos) já não atendem aos novos cenários de mudança. Porém, as divisões norte-sul continuam a ser importantes na forma como os países são imaginados, falados e estudados hoje. Adotar uma visão maniqueísta entre os países do norte global e os do sul global é ignorar as especificidades de cada contexto. Compreende-se, então, que ambos geram conhecimentos, apresentam soluções em que saberes e aplicações podem ter fluxos bilaterais.

desordenado, a violência urbana, a escassez de recursos naturais, a sofreguidão do Estado com a precariedade dos serviços públicos são apenas alguns pontos que destacam que o discurso da modernidade na construção sócio-espacial das metrópoles brasileiras não é mais convincente.

Nesse contexto, a arte urbana está estampada na paisagem dessas metrópoles, tornando-se um fenômeno importante tanto para o campo das artes como para as ciências sociais, devido à sua capacidade de revelar e/ou mascarar a complexidade das questões sócio-espaciais. Os grafismos se tornam um rico objeto de investigação, permitindo ir além de avaliações superficiais, por tentar promover relações de diversas ordens, intensidades e sentidos com a sociedade e os espaços público e privado.

Dessa forma, a compreensão sobre a arte urbana – depositando nela a responsabilidade de ainda promover uma reflexão crítica sobre a constituição sócio-espacial das metrópoles brasileiras – pode ampliar a compreensão, inclusive, sobre nós mesmos, cidadãos de um mundo no "novo tempo, apesar dos castigos"[28]. Além disso, seria possível sinalizar caminhos para que a arte urbana seja um movimento artístico capaz de alargar o possível, pensando, proclamando e desejando o impossível. Para Lefebvre (1973, p. 39), "a ação e a estratégia consistem em tornar possível amanhã o impossível hoje".

Já se nota, portanto, que as pichações e os grafites já não passam mais despercebidos pelos habitantes e turistas das metrópoles brasileiras. Atualmente, a discussão sobre os grafismos está presente em conversa de bar, nas redes sociais, políticas públicas de governantes e na legislação que trata de questões de meio ambiente e cidadania. Tudo isso tem influenciado sua produção e exposição.

Gradativamente, os grafismos se espraiam pelas ruas e invadem outros espaços. O que era basicamente uma manifestação artística no/do espaço público, em uma relação mais livre e até ocasional do artista com o passante, começa também a ocupar galerias e museus, surgindo novos intervenientes entre o artista e o público: a figura do curador, o galerista, o comprador entre outros. Naturalmente, que isso evoca reflexões sobre as influências que esses novos elementos trazem à arte urbana.

O espaço urbano das grandes metrópoles brasileiras tem-se tornado cada vez mais espaço de fluxo, passagem, velocidade. O pedestre perde território para os automóveis, evidenciando as prioridades do poder público, que mais se preocupa em alargar vias de tráfego, criar novas rotas e tapar os buracos das pistas, não os das calçadas. Acrescento a isso, outros elementos para as precárias condições de nossos espaços públicos, tantas vezes violentos, perigosos, pouco arborizados e desestimulantes para se tornarem lugares de encontro, de conversa, de convivência.

A tecnologia dos aparelhos de comunicação também concentra a atenção de pedestres, que fixam os olhares em seus celulares, sendo mentalmente teletransportados para outras realidades diferentes do local onde realmente estão[29].

---

[28] Trecho da música "Novo Tempo" de Ivan Lins, lançada em 1984.
[29] Essa situação já é tão crítica que o governo alemão começa a implementar uma sinalização luminosa de pare/siga no chão das calçadas dos grandes cruzamentos, uma vez que os passantes estão com o seu olhar

Como consequência, a contemplação do espaço público passa a ser uma atividade cada vez mais voltada ao turista do que ao residente, o real cidadão da metrópole; uma realidade bem diferente daquela apresentada por Harvey (2012) ao descrever um pôster de uma Paris idealizada pelos ecologistas nos anos 1960 (Figura 1.7), conforme consta no seu texto *Henri Lefebvre's Vision*, prefácio de seu livro *Rebel Cities*:

> *Sometime in the mid 1970s in Paris I came across a poster put out by the Ecologistes, a radical neighborhood action movement dedicated to creating a more ecologically sensitive mode of city living depicting an alternative vision for the city. It was a wonderful ludic portrait of old Paris reanimated by a neighborhood life, with flowers on balconies, squares full of people and children, small stores and workshops open to the world, cafés galore, fountains flowing, people relishing the river bank, community gardens here and there (maybe I have invented that in my memory), evident time to enjoy conversations or smoke a pipe (a habit not at that time demonized, as I found to my cost when I went to an Ecologiste neighborhood meeting in a densely smoke-filled room).* (p.4)

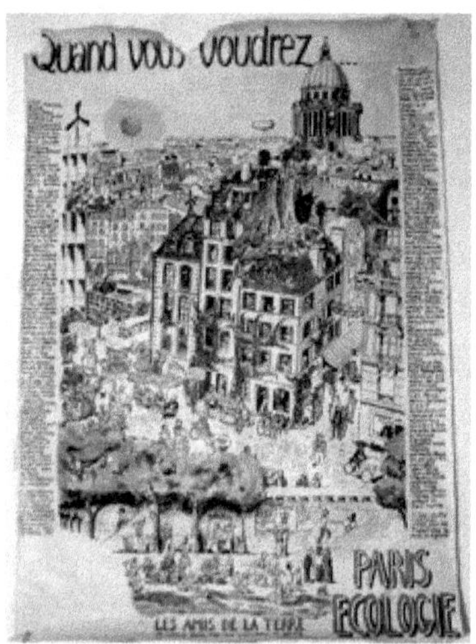

Figura 1.7: Paris idealizada pelos Ecologistas.
Fonte: *Site Nowtopians*, pag. 23, acesso em 22, set. 2017.

Chegando ao extremo da nossa situação atual, posso vislumbrar o risco de a arte urbana não conseguir romper a fortaleza e a impermeabilidade dos muros físicos e simbólicos, tornando-se apenas mais uma camada de tinta na história das metrópoles brasileiras. Por mais que surjam com cores mais vivas e esperançosas ou monocromáticos com seus signos indecifráveis no alto dos prédios residenciais, os grafismos, ainda se mantendo como máquinas de guerra, passam tantas vezes

---

mais fixado para baixo, ao visualizar o celular, do que propriamente para o seu entorno. Um recente estudo da Dekra, consultoria alemã especializada em segurança do trânsito, do trabalho e do lar, entrevistou 14 mil pedestres em Amsterdã, Berlim, Bruxelas, Paris, Roma e Estocolmo, e descobriu que 17% das pessoas utilizaram o *smarthphone* durante a caminhada. Na faixa etária dos 25 aos 35 anos, quase um quarto deles mostrou esse comportamento (UOL, 2016).

despercebidos pelos cidadãos ou, no máximo, promovem uma exclamação momentânea, mas pouco significativa, em um cenário de concorrência com tantos apelos visuais, pressa e perigo.

Ao longo dos próximos capítulos, vou resgatando essa discussão e trazendo outras que envolvam a arte urbana e a cidade. Para isso, parto de alguns pressupostos basilares que, inevitavelmente, também são posicionamentos pessoais – como pesquisador, escritor e sujeito político que vivencia o contexto em foco. Apresentá-los antecipadamente poderá facilitar a compreensão do leitor a respeito dos meus argumentos sobre a arte, a cidade, o poder público e a minha crítica incessante à modernidade.

- **O Estado Moderno tem atuado a serviço do capitalismo.** Seguindo a compreensão do Tratado de Nomadologia de Deleuze e Guattari (1997), o Estado Moderno – do mais democrático ao mais tirano – atua em prol de uma ideologia capitalista hegemônica, variando apenas na intensidade de concessões (ou axiomas) cedidas à sua população. Em Estados mais democráticos, há maior reconhecimento de direitos em prol da cidadania. No extremo oposto, percebe-se uma supressão com uma oferta mínima de direitos aos cidadãos, porém em todos os regimes se percebe um forte vínculo do Estado com o poder capitalista. Adoto aqui uma visão instrumentalista do Estado a serviço de uma elite dominante que permanece nessa posição devido à manutenção das práticas capitalistas.
- **Grafites e pichações podem ser manifestações artísticas no espaço urbano.** No contexto brasileiro, as pichações deixaram de ser apenas um tipo de *graffiti* e assumiram uma dimensão que as torna um movimento artístico expressivo e particular, que tantas vezes caminha em paralelo à grafitagem ou a tangencia, tornando-se, inclusive, grapixos (MOURA, 2014). Ambos são considerados grafismos no movimento da arte urbana (SILVA, 2001; ANDREOLI, 2004; TAVARES, 2009). Aqui, não tenho a intenção de problematizar o que é arte ou não nos grafismos. Parto do pressuposto de que grafitagem e pichação podem ser manifestações artísticas contemporâneas, desde que utilizem o espaço público como suporte, uma compreensão similar apresentada pelo curador de arte Agnaldo Farias[30]. A partir desse entendimento, meu olhar se volta mais para a composição do discurso da arte urbana por meio de seus artistas (prioritariamente), curadores, sociedade em geral e poder público, do que para o conteúdo da produção artística em si.
- **As motivações iniciais da arte urbana permitem enquadrá-la como máquina de guerra.** Como já citei anteriormente, o *graffiti* surgiu em Nova York, como protesto contra a ineficiência do Estado em ofertar serviços de qualidade às populações mais carentes, um grito contra o sistema. Em âmbito maior, o *graffiti* está contido no movimento *hip-hop* que também tem em seu cerne uma manifestação de rua que tece críticas à indústria cultural. Apesar das mutações identificadas na arte urbana, da sua origem aos tempos atuais, ainda percebo a emissão de fluxos descodificados, processos de desterritorialização e reterritorialização típicos de máquinas de guerra contempladas nos Tratado de Nomadologia.

---

[30] Vídeo 48 do Apêndice B.

- **Problematizar a modernidade e a razão são pontos de partida para uma compreensão crítica da contemporaneidade.** Partindo do pensamento de Nietzsche *apud* Harvey (1992) de que não se pode lidar com o profundo caos da vida moderna com o pensamento racional, o pensamento pós-estruturalista ancora sua crítica na modernidade e na razão que evidenciam um sujeito racional, unitário, atemporal e centrado a partir de um projeto iluminista de formação em que tal sujeito educado se adequa e atende aos anseios de uma organização econômica e social dos Estados Modernos. Adota-se aqui o plural, o não binário, a fuga da dialética e o pensamento nômade, capazes de promover mudanças que provoquem rupturas ao sistema hegemônico contemporâneo.

Capítulo 02
A formação das metrópoles brasileiras e a arte urbana

Italo Calvino, ao escrever suas diversas cidades imaginárias em *As cidades invisíveis* traz um diálogo interessante entre o que poderiam ser o eu urbano e o não-urbano:

> - Perdoe-me – o outro respondeu –, sou um pastor em transumância. Às vezes, ocorre de eu e as cabras atravessarmos cidades, mas não sabemos distingui-las. Pergunte-me o nome dos pastos: conheço todos, o prado entre as rochas, o declive verde, a grama à sombra. Para mim as cidades não têm nome: são lugares sem folhas que separam um pasto do outro e onde as cabras se assustam nas encruzilhadas e debandam. Eu e o cachorro corremos para manter o rebanho unido.
> - Ao contrário de você – afirmei –, só reconheço as cidades e não distingo o que fica fora. Nos lugares desabitados, as pedras e o prado confundem-se aos meus olhos como todas as pedras e prados (CALVINO, 1990, p.138).

Ainda nesse exercício imaginativo, decerto, eu proporia ao pastor que observasse a arte urbana presente nas cidades para conhecer e diferenciá-las. Pichos e grifos como impressões únicas que retratam um momento e transmitem mensagens. E o que seria apenas uma encruzilhada com seus riscos passaria a ser uma provocação, uma reflexão que o pastor em transumância pararia comigo para observar.

Porém, incorporando às imagens artísticas os posicionamentos políticos, é recorrente no discurso dos artistas urbanos brasileiros uma crítica tantas vezes explícita, tantas vezes velada ao estilo de vida nas nossas grandes cidades. Percebo normalmente um desconforto, como se as metrópoles impusessem uma forma de viver sufocante e que a arte urbana atuasse como válvula de escape, uma força oposta ao sufocamento urbano. Seriam linhas moleculares[31] que pouco

---

[31] Nesse sentido, resgato um pensamento de subjetividade a partir de três linhas (GONÇALVES, 2007), consideradas aqui categorias de análise: linhas moleculares (são flexíveis e atravessam tanto sociedades como grupo de indivíduos. Elas possibilitam o afetamento da subjetividade criando zonas particulares de indeterminação capazes de possibilitar agenciamentos); linhas de fuga (presentes no espaço liso, estão no plano de imanência do desejo e convergem em processos que conduzem para o novo, novos modos de ser, pensar e agir. Elas são associadas ao processo de desterritorialização e de fluxos descodificados, capazes de gerar precipitações e rupturas. Tais linhas com suas velocidades constituem agenciamentos) e linhas molares (remetem ao espaço estriado, operando a organização, as classes - gênero, sexo etc - os estratos sociais - a família, a escola, o trabalho, etc. Elas sempre classificam e sobrecodificam os sujeitos. São caracterizadas pelo controle e aprisionamento que atravessam sociedades inseridas no sistema capitalista de produção. São linhas de viscosidade e de retardamento relativo.

avançam para linhas de fuga devido às imposições e limitações presentes nesse contexto sufocante. Isso acontece tanto com grafiteiros como com pichadores. O olhar para a cidade, como ponto de partida, é normalmente perturbador.

O grafiteiro Alexandre Orion afirma que São Paulo é uma cidade de contrastes: riqueza, pobreza, beleza, feiura. Por isso que a sua produção artística é sempre política e traz consigo um efeito terapêutico. Na sua ótica, a arte urbana é uma forma de tirar da cabeça aquilo que tanto incomoda, abusa, irrita. "É um desencargo de consciência"[32]. Ozi traduz São Paulo como uma cidade fechada e verticalizada e que a sua arte seria "janelas que se abrem para uma outra dimensão. Uma solução para a clausura. São grandes janelas virtuais"[33]. Com um tom mais inflamado, um pichador não identificado desabafa: "A pichação é um grito, um grito mudo. Se a cidade não me escuta. Eu me faço presente. A gente conversa pelas paredes"[34].

Nesse contexto de opressão e conflito de forças contrárias, ressalto, ainda, um vídeo em que os grafiteiros Os Gêmeos enfatizam a importância da arte para se viver, colocando em um mesmo patamar a arte urbana e o samba:

> O fato de você morar no morro, na favela e ter que improvisar para ser feliz, questionar e se divertir, é uma forma de se esquecer da pressão e do estresse. É uma forma de vencer essa guerra. Por que é obrigado a ver o cinza? Quer se ver arte.[35]

No sentido de entender como as metrópoles brasileiras compuseram seus cenários urbanos, onde os artistas de rua atuam e normalmente os reprovam e se sentem um tanto desencaixados, busco linhas que expliquem a formação de nossas metrópoles, enfatizando São Paulo, desde a Revolução Industrial na Inglaterra com o posterior avanço das intervenções urbanas modernas pela Europa, chegando com suas influências econômicas, políticas e urbanísticas no Brasil.

Esse resgate histórico se fez necessário, haja vista a necessidade de compreender como a industrialização chegou no Brasil e foi tão determinante para a formação sócio-espacial das nossas metrópoles. Entendo que a construção do nosso espaço urbano foi moldada inicialmente a partir dos interesses das elites industriais, utilizando o Estado como instrumento, e que a divisão do trabalho atuou quase como demarcador de territórios funcionais em nossas metrópoles.

À medida que eu buscava compreender o discurso presente na arte urbana, identificava elementos históricos das metrópoles brasileiras que se perpetuam e, tantas vezes, são ainda apresentados como causas das agonias dos artistas urbanos ao viverem nessa realidade.

A argumentação deste capítulo intercambia, portanto, o presente artístico e o passado histórico a todo momento. As linhas são entrançadas pelos discursos dos artistas urbanos sobre as condições de vida em São Paulo e pela compreensão da sua formação sócio-espacial, enquanto metrópole, capazes de permitir, em diversos

---

[32] Vídeos 46 e 151 do Apêndice B.
[33] Vídeo 25 do Apêndice B.
[34] Vídeo 05 do Apêndice B.
[35] Vídeo 79 do Apêndice B.

momentos, estrapolações para o entendimento da arte urbana em outras metrópoles brasileiras em geral.

Sei que, ao traçar a narrativa, escolho apenas parte de um rizoma em detrimento de outras. Mais do que esgotar o assunto, busco, a partir de uma análise crítica do discurso da arte urbana, uma coerência inicial para compreender o texto e o contexto e, no capítulo seguinte, explorá-la, enquanto movimento artístico contemporâneo.

Para historicizar o urbanismo moderno, dois autores foram as principais referências: Leonardo Benevolo e Francoise Choay. A produção acadêmica de ambos permitiu compreender as influências do discurso ideológico da modernidade no planejamento urbano, em especial da Europa, e como isso repercutiu na formação das metrópoles brasileiras, possibilitando dialogar com autores como Flávio Villaça, Vicente Del Rio e Ermínia Maricato.

Porém essa discussão se tornava tantas vezes mais espacial do que econômica, social e política. Além disso, sua centralidade estava nos espaços urbanos em que o Estado se fazia mais presente como detentor do título de planejador. E o resto? E as áreas predominantes das nossas metrópoles onde o Estado dificilmente alcança? Como compreender a formação das periferias, dos subúrbios e os bolsões de pobreza das nossas cidades, que, muitas vezes, são o berço dos nossos artistas urbanos? Nesse caso, fui atrás também de outros autores, como Milton Santos, Francisco de Oliveira, Caio Prado Jr., Bresser-Pereira e Raquel Rolnik.

Destaco, por fim, que à medida que as metrópoles industriais evoluíam, as análises políticas e econômicas de Henri Lefebvre construíram uma reflexão crítica e propositiva sobre a relação entre espaço e sociedade. Sua escolha para este livro não se deu ao acaso. A teoria sócio-espacial crítica de Lefebvre[36] considera que a cidade potencializa as disputas entre diferentes classes sociais tanto para usufruir plenamente da vida urbana como para participar ativamente da gestão do espaço da cidade. Sua produção, além de servir de base para outros autores, fornece também subsídios importantes para que teóricos marxistas e pós-marxistas discutam o fenômeno urbano.

Lefebvre (1978) merece destaque também pela sua contribuição ao apresentar e discutir o método transdutivo, similar à retrodução, aplicável aos estudos relacionados com as urbanidades. Consciente de que o fenômeno urbano é complexo e múltiplo, ele defende ainda a adoção de métodos diversos de forma criativa e original como uma forma de contribuir significativamente com a compreensão do fenômeno aqui discutido.

---

[36] O sociólogo propõe a inerência da categoria de produção do espaço em um pensamento sobre a formação econômico-social capitalista, produzindo uma revisão do que poderia ser definido como uma construção do espaço (DAMIANI, 2012).

2.1 O urbanismo tardio no Brasil

Consciente de que a urbanização não se deu uniformemente e em simultaneidade em todo o mundo, Lefebvre (2001) explica que os diversos condicionantes sócio-históricos tornam complexa a análise das cidades e de seus processos particulares de urbanização.

Adotando ainda a classificação à época de *países desenvolvidos e subdesenvolvidos*, Santos (2012) explicou que era preciso compreender os diversos contextos para analisar como as cidades se expandiram. Nos países desenvolvidos, à luz da Revolução Industrial em meados do século XVIII, as cidades cresceram principalmente devido aos movimentos migratórios do campo para as cidades, apesar dos altos índices registrados de mortalidade infantil e geral. Nos países subdesenvolvidos, considerando que o surgimento das indústrias só ocorreu no final do século XIX, a urbanização tardia possibilitou que ela se desse em paralelo com os avanços da ciência, promovendo melhores condições de saúde para a população. Como consequência, as taxas de mortalidade eram mais baixas e as de natalidade, altas. Somou-se a isso, o êxodo rural, motivado em especial pela oferta de empregos nas indústrias localizadas nas cidades.

É importante destacar, também, o contexto político dos países da América Latina ao longo do século XIX, quando colônias vinculadas à Espanha e a Portugal passaram a ser países independentes, assistindo à abolição do tráfico negreiro e do trabalho escravo, bem como à mudança de regimes absolutistas para republicanos. Hobsbawm (1990) explica que esses movimentos de amplas transformações que marcaram o início da modernidade foram desencadeados por duas revoluções ocorridas no século anterior: a Revolução Francesa e a Revolução Industrial.

O Brasil, rotulado na ocasião como um país subdesenvolvido, seguia a tendência mundial. O processo de urbanização brasileira se deu, em especial, de forma concentrada nas suas grandes cidades. Só entre 1880 e 1960, cidades como Rio de Janeiro, São Paulo, Recife, Salvador e Belém tiveram um crescimento populacional de 5 a 13 vezes, à exceção de São Paulo, cuja explosão foi de 178 vezes (SANTOS, 2012). Tal fenômeno se tornou tão evidente que não podia passar despercebido por pincéis, tintas e telas de importantes artistas plásticos.

Uma pintura emblemática da arte brasileira é o óleo sobre tela *Operários* de Tarsila do Amaral, produzido em 1933 e que atualmente pertence ao Acervo Artístico-Cultural dos Palácios do Governo do Estado de São Paulo (Figura 2.1).

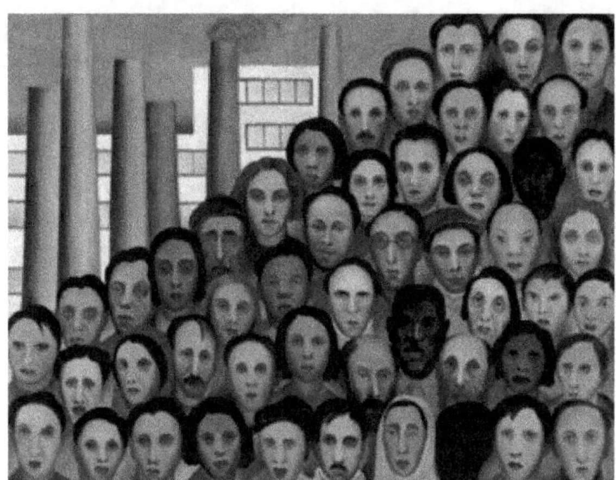

Figura 2.1: *Operários* de Tarsila do Amaral (1933).
Fonte: *Site* Arte e Artistas.

No primeiro plano, rostos perfilados com semblantes sérios e cansados relevam a explosão populacional ocorrida nos grandes centros urbanos brasileiros no século passado. Em segundo plano, uma indústria, com suas chaminés, uma construção hermética, de concreto. Com cunho fortemente social, a obra retrata os dois principais fenômenos demográficos diretamente relacionados à Revolução Industrial: o aumento rápido e generalizado das populações e o fenômeno urbano. Por meio das diferentes tonalidades de pele e traços faciais, percebo também as diversas raças que compuseram o tecido urbano, em especial da cidade de São Paulo. Atraídos pela oferta de trabalho na indústria, esses imigrantes viviam oprimidos e em condições inadequadas (AMARAL, 1975; FERREIRA, 2012). Porém, entre eles, havia diferenças de tratamento com os estrangeiros. Estes ainda gozavam de alguns privilégios em comparação à grande massa de trabalhadores brasileiros sem escolaridade, recém-saídos das senzalas e que, na ocasião, estavam se submetendo a um outro regime de escravidão, mediante a contração de dívidas junto aos seus novos "patrões".

É mister compreender que, enquanto o processo de Revolução Industrial teve início na Inglaterra em meados do século XVIII, propagando-se rapidamente pela Europa, o Brasil ainda era colônia de Portugal e sofria os efeitos do Pacto Colonial imposto pela coroa portuguesa. Era proibida a abertura de indústrias no Brasil, cabendo aos colonos comprar os produtos manufaturados de Portugal. Essa foi a época da abertura dos grandes portos no território brasileiro. O modo de produzir gerado pela Revolução Industrial começou a se desenvolver no Brasil, de forma significativa, somente a partir do final do século XIX graças aos ricos cafeicultores de São Paulo que, com o excedente de capital originário das exportações de café, começaram a investir no setor industrial.

Foi também nesse período, classificado por Prado Jr. (2004) como a República Burguesa, que ocorreu a primeira crise governamental após a proclamação da República, quando se começou a evidenciar um Parlamento atuando em favor dos interesses privados. A República assumiu um novo espírito para o país, bem mais de acordo com a fase de prosperidade material. Além disso, ocorreu nessa época a maior entrada de capital estrangeiro que o Brasil já teve em sua história, atuando em todos os segmentos econômicos e interferindo diretamente na vida do povo brasileiro, sempre em prol de interesses financeiros internacionais.

Também atado aos problemas sociais do povo brasileiro, Candido Portinari compôs na década de 1940, a série *Os Retirantes*. Carregado de cores sombrias, a principal obra da série de mesmo nome (Figura 2.2) denuncia as condições miseráveis do povo nordestino, que, devido à longa estiagem, abandona suas casas à procura de melhores condições de vida nas grandes cidades. A morte, a fome, a miséria e a seca são representadas por meio das pessoas esquálidas, sujas, doentes e desesperançosas que abandonam o campo e veem a cidade como único destino para a sua sobrevivência.

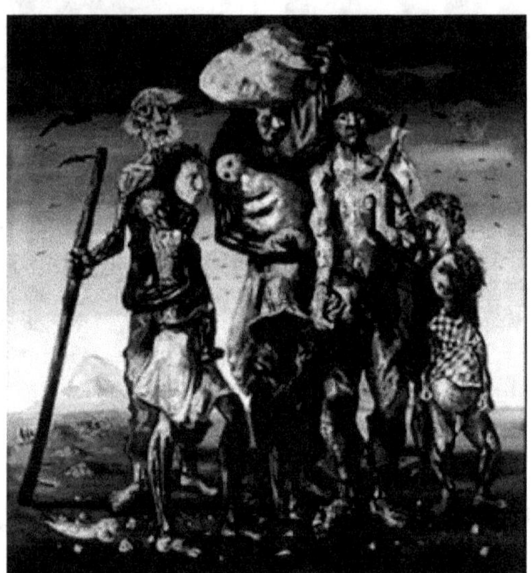

Figura 2.2: Os *Retirantes* de Cândido Portinari (1940).
Fonte: *Site* Arte e Artistas.

Sendo assim, o final do século XIX e o início do século XX compõem um período determinante para a formação das metrópoles brasileiras, cujos traçados refletiram diretamente suas influências e prioridades em diversas esferas: sociais, econômicas, políticas, culturais, legais entre outras. Sob as orientações do urbanismo moderno advindas principalmente do continente europeu, gestores públicos planejavam as cidades brasileiras, deparando-se constantemente com diversas particularidades que possibilitavam, no máximo, implementar os preceitos modernistas com adaptações ao contexto nacional.

No último decênio do Império (1880-1889), verificamos o primeiro surto de crescimento industrial no Brasil, que se estendeu pelos anos iniciais da República. Prado Jr. (2004) demonstra que entre 1890 e 1895 foram fundadas 425 fábricas no Brasil. Apesar da crise que houve logo em seguida, o primeiro censo geral e completo das indústrias brasileiras realizado em 1907 revelou 3.258 estabelecimentos industriais no País (predominantemente nos setores têxtil e alimentício), empregando 150.841 operários, em sua maioria no Rio de Janeiro, a capital federal. Porém, anos depois, São Paulo assumiu a liderança, deixando de ser o segundo maior polo industrial do País, com 16% para expressivos 40%. Esse crescimento vertiginoso justificou pelas circunstâncias favoráveis que o estado reunia: progresso geral da sua economia com a produção cafeeira, a maior concentração de imigrantes mais qualificados (em comparação aos nativos) e a abundância de recursos hídricos geradores de energia.

Arantes (2013) explica que, sob a égide da modernidade, as cidades começaram a ser projetadas como um modelo de linha de montagem fordista, na qual a racionalidade construtiva e a funcionalidade sistêmica consideravam a cidade uma mercadoria, denominando-a de *cidade-empresa*, sob o consentimento de uma população oprimida que acompanhava (e ainda acompanha!) o crescimento urbano sem ser convidada a usufruir de suas benesses.

Em outra obra, Santos (1967) explica que a inserção do Brasil no modo de vida moderno não se deu de maneira uniforme em suas regiões, podendo estabelecer que foi a partir da década de 1940 que a antiga organização urbana sofreu maiores mudanças com o começo de uma integração nacional. Até então, a sociedade brasileira transitava da herança do período colonial pré-mecânico para o período atual, marcado pela civilização industrial e mecânica.

A considerar o contexto brasileiro da urbanização tardia, iniciada no final do século XIX, o Estado sempre foi o único responsável por promover alterações mais radicais nas estruturas físicas das cidades. Seus maiores interesses estavam na infraestrutura de apoio à economia urbana (rodovias, portos, etc.), na solução de problemas coletivos de saúde e na expansão da área central das cidades, criando novos espaços que não se restringiam às estruturas coloniais. Dessa forma, à medida que os problemas sociais se tornavam mais complexos, as soluções urbanísticas influenciavam diretamente as políticas de intervenção (LEME, 1999).

2.1.1 O Estado e suas primeiras intervenções urbanas

O primeiro ciclo das políticas públicas urbanas no Brasil ocorreu entre 1875 e 1930 e foi marcado pelos planos de embelezamento que provinham da tradição europeia e consistiam basicamente em alargamento de vias, retirada de populações de baixa renda de áreas centrais, implementação de infraestrutura de saneamento e ajardinamento de praças e parques. Aqui, a execução era simples, pois atendia exclusivamente a vontade do poder hegemônico, sem maiores preocupações de atender os anseios da maior parte da população. Nessa época, especificamente na década de 1920, as primeiras expressões construtivas e plásticas do Movimento Modernista marcaram presença no cenário nacional, inicialmente na arquitetura, para somente na década seguinte se apoiar nas expressões urbanísticas (DEL RIO, GALLO; 2000).

A sociedade brasileira ingressou no século XX condenando os valores culturais do período colonial e da cultura popular para valorizar os hábitos e valores advindos dos países europeus industrializados. Isso se reflete no urbanismo com as reformulações de áreas centrais das grandes cidades brasileiras seguindo o modelo dos novos planos urbanísticos europeus como o de Paris, promovido por Haussmann, e o de expansão de Barcelona, por Cerdá (SEVCENKO, 1985).

Pontual e Piccolo (2008) mencionam essa fase como uma época do urbanismo demolidor no Brasil. Sob o discurso da necessidade de melhorar a circulação e as condições sanitárias, foram apresentados diversos planos urbanísticos de alargamento e retificação de ruas, tornando-as amplas e retilíneas. Para que a demolição de edifícios, vias e outros espaços públicos preexistentes pudesse ocorrer, foi instituída no Brasil a Lei de Desapropriação por Utilidade Pública, em 26 de agosto de 1903.

Temos, então, nessa época o que Prado Jr. (2004) chamou de verdadeiro ingresso da sociedade brasileira no mundo e ritmo de vida modernos, graças às transformações advindas do capital financeiro internacional e do imperialismo dele resultante.

Em complementação, Maricato (2000) explicita que, no final do século XIX e início do século XX, as reformas urbanas realizadas em diversas cidades brasileiras lançaram as bases de um urbanismo moderno à moda da periferia:

> Eram feitas obras de saneamento básico e embelezamento paisagístico, implantavam-se as bases legais para um mercado imobiliário de corte capitalista, ao mesmo tempo em que a população excluída desse processo era expulsa para os morros e as franjas da cidade. Manaus, Belém, Porto Alegre, Curitiba, Santos, Recife, São Paulo e especialmente o Rio de Janeiro são cidades que passaram, nesse período, por mudanças que conjugaram saneamento ambiental, embelezamento e segregação territorial (p.22).

No início do século XX, São Paulo experimentou uma época de desenvolvimento econômico e crescimento urbano acelerados, marcada apenas por breves momentos de refreamento devido à epidemia de gripe espanhola (1918-1920), à crise econômica de 1930 e à revolução de 1932. (MONBEIG, 1958).

Pressionada por epidemias que assolavam a população, a prefeitura de São Paulo – assim como em outras cidades brasileiras – contratou engenheiros tanto para elaborar projetos de saneamento como para chefiar comissões para a implantação de redes de água e de esgoto. Na capital paulista, muitos projetos, a exemplo da Carta Geológica de São Paulo, foram coordenados pelo engenheiro Theodoro Sampaio, cujo destaque estava não apenas em suas habilidades técnicas, mas no fato de ele, como negro filho de escrava, ocupar importantes cargos públicos.

Para acompanhar o crescimento das cidades brasileiras, a circulação se tornava outra questão de extrema importância, transformando principalmente as estruturas urbanas coloniais que priorizavam o fluxo entre as cidades e os centros produtores. Houve, portanto, a necessidade de alargar ruas, adequando-as aos novos transportes, em especial, o bonde.

O Plano de Avenidas, projeto de sistema viário estrutural proposto por Prestes Maia e Ulhôa Cintra nas décadas de 1920 e 1930 para São Paulo, foi fundamental para o crescimento da cidade ao longo das décadas seguintes. Marcado pela combinação do modelo de sistema de radiais e perimetrais com o conceito de perímetro de irradiação, ele resultou em planos de mobilidade urbana muito particulares que transformaram a comunicação entre o centro da cidade e os bairros e entre os próprios bairros. Apesar de ter sofrido grande influência estrangeira, O Plano de Avenidas é uma marca do contexto brasileiro e foi replicado em diversas cidades.

Entre 1924 e 1927, a Light, empresa proprietária da rede de bondes local, realizou o Plano Integrado de Transportes, cujo objetivo era articular uma rede de metrô a outros transportes como ônibus e bondes, pois só o metrô seria capaz de atender às novas escalas (volume, extensão e velocidade) compatíveis com as dimensões da cidade.

Porém, à medida que os planos eram executados já na década de 1920, o acelerado crescimento de São Paulo e a dinâmica de sua expansão horizontal passaram a impor novas soluções, que viabilizassem a mobilidade urbana. Nesse sentido, era perceptível a prioridade do poder público ao atender demandas de áreas nobres da cidade, como Higienópolis e Avenida Paulista, deixando sem assistência as principais concentrações operárias criadas na virada do século anterior.

Nesse aspecto, Maricato (2013) enfatiza o contraditório presente no urbanismo moderno[37]. Se, por um lado, imperava-se a ideia de pensar a cidade e o exercício da cidadania para a coletividade, de acordo com os princípios do modernismo e da racionalidade burguesa; por outro, essa ordem beneficiava apenas uma parte da cidade:

> As ideias se aplicam a uma parcela da sociedade reafirmando e reproduzindo desigualdades e privilégios. Para a cidade ilegal, não há planos nem ordem. Aliás, ela não é conhecida em suas dimensões e características. Trata-se de um lugar fora das ideias (p.122).

Percebo, então, que as metrópoles brasileiras não conseguiram acolher toda a população que insistia em crescer desordenadamente e ali se abrigava, motivada por diversos fatores: industrialização e geração de trabalho, promessas de melhor qualidade de vida, automação das atividades agrárias com a expulsão do homem no campo, efeitos climáticos que geraram grande êxodo rural entre outros.

2.1.2 Do agrário-exportador para o urbano-industrial

A Revolução de 1930 marcou o fim de um ciclo hegemônico agrário-exportador para a predominância da estrutura produtiva de base urbano-industrial. Para Bresser-Pereira (2014), iniciou-se aí uma revolução burguesa e capitalista no País, indo até os anos 1980, um período em que o Brasil se voltou prioritariamente ao capitalismo e aos interesses estrangeiros. Essa mudança demarcou o início da segunda fase do planejamento urbano no Brasil até chegar em meados da década

---

[37] Relaciona-se aqui apenas como planejamento e regulação urbanística.

de 1960, com a realização de planos mais audaciosos e extensos que incluíam toda a cidade.

Nela, começam a ser feitos os zoneamentos, a legislação urbanística de controle do uso e da ocupação do solo e as grandes vias eram pensadas muito mais em termos de transporte do que de embelezamento. Para Leme (1999), nessa fase, a cidade se tornou mais dispersa e dependente do tráfego de automóveis, em especial do transporte coletivo.

Para melhor compreender essa fase, faz-se oportuno destacar a visita de Le Corbusier ao Brasil em 1929, quando realizou um ciclo de palestras no Rio de Janeiro e em São Paulo. Segawa (1998) explica que, na ocasião, o ideário moderno passou a ser difundido entre os arquitetos que buscavam realizar uma produção distinta do academicismo vigente. Antes disso, tinha-se conhecimento da produção de vanguarda apenas por meio de publicações estrangeiras que chegavam ao Brasil.

Moreira (2002) ratifica esse entendimento ao expor que Le Corbusier encontrou no Brasil um campo fértil para a disseminação de suas ideias ao se deparar com profissionais jovens, recém-formados e encantados com os ideais de desenvolvimento e de progresso difundidos por ele próprio e por outros arquitetos da Escola de Bauhaus[38].

A passagem de Le Corbusier ao Brasil não se resume às palestras. Ele também realizou uma série de croquis com propostas urbanísticas para as capitais visitadas[39]. Embora suas intervenções tivessem caráter esquemático, suas proposições foram determinantes para futuras propostas a exemplo do Conjunto Habitacional Pedregulho, no Rio de Janeiro, realizado por Afonso Eduardo Reidy. A influência do pensamento de Le Corbusier, portanto, parece crucial para a produção e interpretação da arquitetura moderna na América Latina, apesar da saraivada de críticas que vem recebendo ao longo das últimas décadas (SEGAWA, 1998).

Nos anos 1930 e 1940, o Brasil, então, já tinha a arquitetura modernista plenamente consolidada. No âmbito dos modelos, ainda existiam impasses entre aqueles ditos culturalistas e os progressistas[40]. Tendo Lúcio Costa como seu maior representante, os progressistas se tornavam gradativamente hegemônicos no

---

[38] Sediada na Alemanha, a Escola Bauhaus foi fundada por Walter Gropius em 1919. Reconhecida mundialmente nas áreas de arquitetura e *design*, ela foi referência no urbanismo moderno para todo o ocidente europeu e países como Estados Unidos, Israel e Brasil. O propósito da escola era reunir em uma única expressão criativa a arquitetura, a escultura e a pintura adequadas ao novo sistema da vida moderna. Em seus princípios políticos, a Escola voltava a sua produção para os trabalhadores, rejeitando os objetos e adereços da burguesia. (WINTON, 2010).

[39] Durante os 74 dias de viagem pela América Latina, Le Corbusier visitou o Brasil, a Argentina e o Uruguai. Assim, seus ensinamentos reverberaram por toda a América do Sul. Em 1958, foi realizado em Bogotá o *Seminário de Técnicos e Funcionários em Planejamento Urbano*, promovido pelo Centro Interamericano de Vivenda e Planejamento (CINVA). Na ocasião, foi redigida a *Carta dos Andes*, que constitui um documento sobre o Planejamento Territorial Contemporâneo. Nele, há a preocupação com o planejamento regional na América Latina, plano diretor, renovação urbana, orçamentos, etc. O documento contém, assim, um conjunto de orientações para o planejamento territorial nos países latino-americanos.

[40] Os modelos culturalistas deslocaram a atenção do indivíduo para a atenção ao agrupamento humano, à cidade, por defenderem que a industrialização vinha gerando uma pressão desintegradora da cidade, comprometendo a sua visão orgânica. Por outro lado, os progressistas vislumbravam o modelo de cidade industrial, demarcada pelas funções urbanas, espaços verdes segregadores e o uso de materiais como o concreto armado, em especial (CHOAY, 2015).

contexto brasileiro (DEL RIO e GALLO, 2000).

De forma bem mais discreta, o urbanismo moderno brasileiro também foi influenciado pelo arquiteto americano Frank Lloyd Wright. Formado pela Escola de Chicago, ele é conhecido pelo urbanismo naturalista que se opõe à ideia da cidade industrial, alienante do indivíduo. Negando o progresso e a tecnologia, Wright acreditava que a arquitetura deveria estar ligada à natureza, e tal contato seria capaz de desenvolver o homem a si mesmo e permitir um harmonioso desenvolvimento do indivíduo como totalidade (CHOAY, 2015).

Nesse período, em especial durante o Estado Novo, o urbanismo moderno ganhou mais corpo e consistência, tornando-se o paradigma hegemônico da cultura brasileira, o que culminou, mais adiante, na construção de Brasília em 1960.

Com as metrópoles brasileiras passando por um ritmo acelerado de industrialização e sua população se tornando predominantemente urbana, o ideário modernista trazia consigo o desejo de construção de uma sociedade mais igualitária. Buscava-se a nova estética da máquina com a promoção de uma nova classe operária, como também a consolidação do espírito positivista de ordem e progresso expresso na bandeira nacional.

O êxito do urbanismo moderno no Brasil se deve, portanto, tanto pela sua aderência ao projeto maior de construção do Estado Novo – em uma mescla de identidade própria e ao mesmo tempo internacionalizada – como também pelos interesses da elite cultural brasileira seguidora do pensamento positivista e racionalista. Por fim, soma-se a isso a especulação imobiliária que visava à maximização dos lucros em um cenário bastante favorável de regulações urbanistas bem elementares.

A construção de Brasília foi o projeto mais empreendedor do Presidente Juscelino Kubitschek. Com a intenção de deslocar uma parte da população brasileira do litoral para o interior, decidiu-se construir uma nova cidade para abrigar a sede política do País, em pleno Planalto Central. Sob a regência do arquiteto Oscar Niemeyer e do urbanista Lúcio Costa, a construção de Brasília pode ser vista como exemplo de uma aventura moderna na periferia capitalista (DUARTE, 2009).

Para Benevolo (2014), Niemeyer e Costa repetiram Haussmann ao tentar criar uma nova paisagem urbana transpondo para uma nova escala as fórmulas de composição já adotadas. Havia a mesma polêmica quando da reforma de Paris a respeito da artificialidade dos instrumentos adotados, porém agora com as expectativas de antecipar-se aos problemas ocorridos.

Hall (2016) explica em detalhes como ocorreu a construção de Brasília, revelando a agenda oculta no projeto da capital federal. Enquanto Juscelino Kubitschek era um populista latino-americano, Niemeyer era um assumido comunista. Em seu projeto, buscava construir uma cidade totalmente nova, sem referências históricas, onde o passado que evidenciava uma sociedade brasileira altamente estratificada seria abolido. Haveria, então, uma sociedade mais igualitária, sem divisões tradicionais entre espaços públicos e privados. A rua como conhecida desapareceria, surgindo vias largas de oito faixas. Porém, no que se refere às questões sociais, a realidade se manifestou bem diferente do projetado. Tem-se hoje uma cidade planejada coexistindo com outros espaços não planejados (cidades-satélites), que abrigam prioritariamente a população excluída, agora longe dos olhos e da mente dos governantes, um ordenamento às avessas.

Miranda (2008), em sua tese de doutorado, expõe a importância de reconhecer que, no cenário brasileiro, a interação entre a administração pública e os interesses privados acontece de forma coordenada e contingente, refletindo o modo capitalista de produção espacial e o contexto nacional de baixa institucionalidade. Dentre as consequências críticas dessa atmosfera, tem-se, desde o século passado:

> O ordenamento do território restrito às áreas centrais e às áreas de maior interesse de agentes com maior poder econômico e/ou político; a articulação com um complexo aparato regulatório elitista (leis de zoneamento, parcelamento, uso e ocupação do solo, código de obras, etc.), omisso em relação à regulação das propriedades e do mercado imobiliário, e com parâmetros distantes das reais condições de produção da cidade (p.55).

Há, portanto, um "urbano" associado ao "moderno" que, na verdade, converte-se em negócio ou em meio para a geração e manutenção de outros negócios. As decisões modernizadoras do poder público perdem de vista os interesses das classes que não participavam do poder hegemônico e, aos poucos, os interesses da nação se voltavam ao capitalismo por meio da adoção de políticas públicas que desenhavam o espaço urbano a partir de um discurso de progresso e desenvolvimento.

Trazendo essa questão para os dias atuais, Del Rio e Gallo (2000) argumentam que os dispositivos restritivos e classificatórios das leis de zoneamento são um dos mais sentidos legados desse urbanismo. Em nossa realidade, o *zoning* é derivado da quebra de visão da cidade como um *continuum* (físico-espacial, social e histórico), promovendo uma abordagem fracionada e pobre da complexidade urbana, tratando a cidade em partes estanques, de manipulação mais fácil. Essa proposição modernista equivocada promoveu, em diversas cidades do mundo, o que os autores chamam de monofuncionalismo e o esvaziamento de áreas urbanas. Isso se faz presente nos centros históricos de grandes cidades que, apesar da sua infraestrutura repleta de significados para a comunidade, se tornaram áreas esvaziadas, inseguras e propensas à marginalidade, com processos de degradação de difícil reversão.

Ainda segundo os autores, a regulamentação da ocupação do solo reflete diretamente os interesses dos arquitetos legisladores e dos empreendedores imobiliários, gerando atualmente disfuncionalidades urbanas que coadunam com as propostas modernistas de meados do século passado:

> Assim, as imensas áreas "livres" e verdes projetadas transformam-se em desconfortáveis e perigosos vazios. Prédios de escritórios absolutamente impessoais em *curtain wall* rompem drasticamente com o tecido antigo. Novos recuos geram descontinuidades e terras-de-ninguém tão inúteis quanto perigosas. Os mesmos projetos de modernas torres residenciais sobre embasamento de garagem são "carimbados" irrestritamente por todos os bairros, e fomenta-se a dicotomia do espaço público *versus* privado, que se implanta por

exclusão do semi-público impedindo as escalas de transição. [...] Em nossas cidades, o zoneamento e as regulamentações urbanísticas – legado fundamentalmente modernista – garantem, em seu cunho mais perverso, que os empreendedores não corram o risco de terem os seus empreendimentos subitamente desvalorizados pela instalação de um vizinho indesejado. Além disto, conjuntamente às decisões maiores de políticas de investimentos em infraestrutura e transportes, estes instrumentos garantem as novas centralidades, expulsando para áreas menos dotadas e a periferia da cidade (ou para os morros) a população de menor poder aquisitivo e que não pode instalar-se nas tipologias arquitetônicas e urbanísticas oficiais" (DEL RIO, GALLO; 2000, p.26).

Sabe-se, então, que o planejamento centrado no ordenamento físico-territorial tem o zoneamento como ponto inicial para a articulação entre regulação e investimentos. A cidade zoneada pelo uso e pela ocupação dos solos faz com que seus técnicos urbanísticos priorizem questões como taxas de ocupação, coeficientes de aproveitamento, recuos e afastamentos, tamanhos mínimos de lotes em detrimento dos reais interesses e conflitos existentes na sociedade. Essas são apenas algumas das consequências perversas das ideias de Le Corbusier que se manifestaram em especial a partir da década de 1950 em diversas cidades pelo mundo. A sua lógica de uma arquitetura totalmente automatizada e funcional, adotando métodos industriais de produção de massa, contribui para atender pressões políticas para a promoção de segregação espacial, alienação e obediência.

Segundo Lefebvre (2013), esse tipo de planejamento molda os espaços abstratos que são normatizados e planificados por uma lógica única, restritiva e radical. Por meio deles, os urbanistas utilizam suas estratégias de dominação em prol do capitalismo: maior mobilidade de habitantes, mercadorias e informações para a mais valia e a maximização dos lucros. Os habitantes devem ser disciplinados e obedientes assumindo comportamentos maquínicos além dos muros da fábrica, enraizando-se por toda a cidade.

Ainda sobre o zoneamento, Lefebvre (2001) explica que a racionalidade passa distante das cidades. Assim, o que atualmente existe é uma justaposição de espaços, de funções e de elementos práticos em que as "zonas" e "áreas urbanas" estão estreitamente subordinadas aos centros de decisão.

Nesse ambiente de disciplina acorrentado ao cotidiano, o cidadão se torna um passivo, submisso aos valores ideológicos hegemônicos da sociedade moderna. Seu tempo é dividido entre o tempo de trabalho, o tempo gasto com os procedimentos obrigatórios (comprar alimentos, pagar contas etc.) e o tempo de lazer dedicado aos meios alienantes de comunicação de massa (LEFEBVRE, 2001). Santos (2004) chama esse mesmo homem da cidade moderna de "lento", que se move como máquinas, cujos gestos são comandados por um relógio onipresente.

Observando essa época no contexto de São Paulo, percebo que havia na cidade traçados inspirados nas cidades-jardins (culturalistas) localizadas em áreas nobres, como os loteamentos da companhia City, caracterizados pela baixa densidade, muita arborização e ruas tortuosas que respeitavam a topografia. Atualmente, tais cidades são consideradas patrimônio histórico e alvo de grande valorização e procura.

Em 1947, foi criado em São Paulo o Departamento Municipal de Urbanismo com o objetivo inicial de zonear a cidade para facilitar o seu desenvolvimento. Em 1949, o então prefeito Linneu Prestes contratou o americano Robert Moses para pensar na expansão periférica horizontal da cidade com bairros voltados para uma classe média motorizada, que, assim, contribuiria para o desenvolvimento da indústria automobilística.

Os projetos de Moses, em especial aqueles preparados para a cidade de Nova York, enfrentaram várias críticas e resistências. Jacobs (2001) foi uma das principais vozes insurgentes por defender a retomada da rua como um espaço público de convivência. Na sua ótica, a cidade deveria ser multifuncional, compacta e densa. O gestor público deveria dar atenção especial às ruas e calçadas, tornando-as movimentadas, convidativas aos pedestres, seguras e capazes de delimitar o que é público e privado.

Para a capital paulista, Moses aplicou as mesmas proposições que utilizou em Nova York. Aqui, a considerar as rodovias urbanas estaduais que tinham São Paulo como centro regional, ele sugeriu que as famosas avenidas marginais ao Tietê e Pinheiros recebessem o tráfego advindo das rodovias. Além disso, suas rodovias expressas urbanas, para serem mais eficientes e facilitar o fluxo de transporte rodoviário, não teriam cruzamentos nem interferências de entradas e saídas de veículos que vinham dos edifícios. Elas seriam independentes do tecido urbano que atravessavam, podendo destruir qualquer edificação que prejudicasse seu fluxo.

Apesar de enfrentar forte reação local de arquitetos e urbanistas defensores das ideias de cidade funcional da Carta de Atenas[41], as propostas de Moses tiveram positiva ressonância nos anos seguintes.

Com o tempo, as iniciativas de planejamento urbano em São Paulo, assim como nas demais metrópoles brasileiras, tornavam-se acanhadas diante do volume de problemas que surgiam com essa explosão populacional. Essas cidades eram compostas por pequenas áreas ordenadas onde se percebia a influência do urbanismo moderno no traçado das ruas, na priorização dos automóveis, no "novo" que destruía o "histórico", na funcionalidade em detrimento da estética, no progresso que se materializava na altura dos arranha-céus.

Em paralelo, essas mesmas metrópoles se expandiam desordenadamente e em ritmo acelerado. As áreas maiores, comumente denominadas de subúrbio, ou periferia, abrigavam populações desassistidas pelo poder público que viviam normalmente em condições precárias, praticamente sem a oferta de serviços

---

[41] A Carta de Atenas foi formulada a partir do *IV Congresso Internacional de Arquitetura Moderna* (CIAM), realizado em 1933. Nela, a cidade era considerada como um organismo funcional cujas partes tinham de ser planejadas, isoladas, separadas e arrumadas a partir das necessidades humanas de habitabilidade, trabalho, circulação e lazer. Priorizam-se no documento os espaços verdes e a densidade demográfica com a verticalização das edificações (MUMFORD, 2000).

considerados básicos: saneamento, energia, segurança, educação, saúde, lazer entre outros. Compunha-se, portanto, o cenário das metrópoles brasileiras, um típico retrato do subdesenvolvimento, onde todas as contradições advindas do urbanismo moderno passavam a coexistir com as tensões provocadas pelas desigualdades sociais.

Nesse cenário, compreendo que o subdesenvolvimento nada mais é do que uma reserva de acumulação primitiva do sistema global criada pela expansão do capitalismo mundial. Porém, diferente de diversos autores que fazem o contraponto com nações desenvolvidas em uma relação centro-periferia, Oliveira (2013) explica que as origens do subdesenvolvimento também estão nas relações internas com as estruturas de dominação que conformam as estruturas de acumulação. É preciso tirar o foco exclusivo das relações externas de oposição entre países e visualizar as causas de nosso crescimento na oposição entre classes sociais internas.

2.1.3 O urbanismo em novas dimensões

Villaça (1999) expõe que a terceira fase, entre as décadas de 1960 e 1970, foi marcada por planos mais completos e densos, considerando aspectos além daqueles estritamente técnicos e territoriais, incluindo econômicos e sociais. Porém, essa fase, apesar de curta, foi marcada também pelo que o autor denominou de "declínio do urbanismo brasileiro".

Para Leme (1999), a densidade dos planos era justificada pela imbricação entre o conhecimento do urbanismo oriundo da academia e a prática profissional. É identificado que, no Brasil, desde os anos 1940, os mesmos profissionais que atuavam na educação superior também prestavam serviços para o poder público. Com o tempo, essa prática foi se aperfeiçoando, dando, gradativamente, maior robustez aos planos urbanísticos.

Porém, apesar da amplitude e riqueza de detalhes dos planos, a máquina pública tornava-se bastante departamentalizada, burocratizada e lenta para a implementação de ações. Quanto mais complexos e abrangentes se tornavam os planos, crescia também a variedade de problemas sociais com os quais se envolviam e, com isso, mais se afastavam dos interesses reais da classe dominante e, portanto, das suas possibilidades de aplicação.

Vale salientar que essa época foi marcada pela migração campo-cidade, maior expansão da urbanização com o aumento da área urbana e consequente conurbação. Com as novas questões econômicas e sociais das cidades, tanto pelos novos conhecimentos que se acumulavam sobre o urbano, como pelas novas ideologias que estavam permeando a ação do Estado, percebeu-se também certa insuficiência teórica do urbanismo.

Nesse período, o Brasil teve duas fases de expansão da economia. A primeira se deu entre 1955 e 1961, com a implantação da industrialização pesada. Já a segunda, entre 1968 e 1976, engloba o milagre econômico e a implantação do primeiro e do início do segundo Plano Nacional de Desenvolvimento. Entre as duas fases, houve uma crise, durante o governo de João Goulart (1961-1964).

Além das questões de interesse e da dinâmica do aparato estatal, o declínio do planejamento urbano no Brasil é também justificado pelos problemas oriundos da conurbação das metrópoles brasileiras.

> A ampliação do espaço político local esbarra, entretanto, em temas cuja territorialidade ultrapassa claramente os limites do município. Tal é o caso de quase todos os temas ligados à infraestrutura urbana: tanto transportes como saneamento ou energia dificilmente estão circunscritos a um só município (ROLNIK, 2001b, p.3).

Rolnik (2001a), em seu livro intitulado *São Paulo,* explica o processo de constituição oficial da Região Metropolitana da cidade (RMSP), por meio da imposição de um decreto federal de 1973. Na sua visão, apesar das tentativas de promover uma gestão metropolitana capaz de articular ações dos 39 municípios que compõem a RMSP, os resultados foram pífios. Verificou-se uma realidade em que os municípios pouco dialogam e, tantas vezes, agem de forma oposicionista, gerando uma competitividade interna, bem como o agravamento de problemas sociais e econômicos que poderiam ser solucionados por meio de uma gestão compartilhada.

Esses conflitos se agravam nas metrópoles onde a descentralização e o aumento da autonomia municipal acabaram evidenciando claramente a não legitimidade e representatividade dos organismos de planejamento e gestão metropolitana, contribuindo para esvaziá-los ainda mais. Diante da ausência de um espaço político regional, as forças políticas locais acabam sendo sub-representadas em processos decisórios essenciais para o desenvolvimento local, centralizados nas esferas estaduais e federal.

Ainda sobre esse período, Miranda (2008) enfatiza o momento político do Regime Militar, quando se adotou o planejamento desenvolvimentista mais voltado aos interessantes hegemônicos, apontando para uma perspectiva de integração econômica e urbana. Portanto, tais políticas de desenvolvimento urbano assumiram um caráter socialmente excludente e priorizaram o fortalecimento de setores econômicos da economia urbana, aprofundando e ampliando os históricos processos de estratificação social e de segregação habitacional.

O Golpe de 1964 e o próprio Regime Militar frustraram as expectativas econômicas, sociais, culturais e políticas que surgiram no início da década de 1960 com a inauguração de Brasília. O regime ditatorial impôs sérias restrições à expansão do pensamento urbanista moderno, fazendo, inclusive, com que houvesse um desinteresse internacional em nossa produção.

Nesse contexto, Lefebvre (1991) alerta para o perigo do discurso técnico sobre a cidade que reforça a passividade do cidadão sofrendo diretamente os problemas da sociedade e sem condições de interferir nos rumos da política urbana. Tantas vezes, gestores públicos formulam políticas públicas propondo uma transformação sócio-espacial que possibilite a democratização econômica, política e social da cidade, porém, na prática, as ações não são implementadas pelos mais diversos motivos, inclusive os apresentados acima.

As políticas urbanas que foram implementadas nessa época se voltavam mais para responder ao acelerado crescimento demográfico das cidades. Os maiores investimentos surgiram a partir do chamado "milagre econômico", que ocorreu no final da década de 1960 até meados dos anos 1970, gerando também o maior crescimento urbano da história do País.

Considerada já na época a maior cidade brasileira, São Paulo não poderia passar incólume a essa aceleração de crescimento, sobretudo populacional, em especial devido às migrações internas. A cidade, que já vinha desde os anos 1950 em um processo de verticalização, teve isso ampliado com o surgimento do primeiro subcentro, a Avenida Paulista e seus arredores, esvaziando o centro tradicional com o deslocamento do centro de consumo da elite.

Em 1972, foi estabelecida em São Paulo a Lei de Zoneamento que definia e restringia o uso e a forma de ocupação urbana em toda a cidade. Aconteceu, na verdade, uma oficialização do que já existia:

> [...] verticalização onde já estava ocorrendo, zonas industriais nas várzeas do Tietê e Tamanduateí, e para o restante da cidade - 70% do território -, zona de uso misto e baixa densidade de ocupação. Em 1981, esse modelo de zoneamento foi completado com a permissão para que fossem construídos conjuntos habitacionais da Cohab na primeira franja da zona rural, cujas terras possuíam menor valor (BENTES, 2011, p.334).

Esse modelo de ocupação urbana, respaldado pela organização do zoneamento territorial, na verdade aprofundou a segregação e a exclusão em São Paulo, fazendo a camada menos favorecida se afastar ainda mais do centro, cedendo os espaços mais valorizados para as classes mais abastadas. Desse modo, os moradores que hoje se encontram na extrema periferia foram radicalmente excluídos dos locais em que as oportunidades de emprego e renda estavam presentes, relegados a uma educação precária, a serviços urbanos deficientes e ao desemprego em massa.

Nesse cenário, o poder público atua em sofreguidão, de forma desordenada e caótica. Em tentativas de promover um planejamento urbano, são estabelecidas áreas de prioridade onde, em um cenário de caos, pequenos públicos são privilegiados com a presença do Estado em detrimento da grande maioria da população, que é empurrada para os bolsões de pobreza nas periferias, áreas em que tantas vezes a vista não alcança.

Porém, tais anomalias urbanas insistem em se tornar evidentes, a exemplo das comunidades de baixa renda que se espraiam nas áreas livres das cidades, tornando-se, muitas vezes, vizinhas de bairros ricos. Mundos diferentes e tão próximos, onde as fronteiras sociais são muito mais segregadoras do que os muros e as cercas elétricas que ali se edificam (AUGÉ, 2005, 2010).

As metrópoles brasileiras se encontravam em colapso crescente. Problemas estruturais e sociais emergiam a cada esquina. Não era raro encontrar o lixo que se acumulava nas calçadas, dividindo o espaço com o esgoto que corria a céu aberto, inclusive em áreas da cidade consideradas nobres. Doenças se multiplicavam a cada estação, algumas já erradicadas e tantas outras que sofriam mutações e se tornavam mais resistentes devido às condições inadequadas próprias dessas cidades. As ruas começavam a ser ocupadas por pessoas que seguiam apressadamente: ou atrasadas com o trânsito caótico, ou assustadas com a violência urbana, ou simplesmente porque desaprenderam a viver, contemplar e conviver em espaços públicos. Nesse contexto, os espaços públicos eram estrangulados pela exploração imobiliária, que, em tentativas bem-sucedidas de maximizar seus investimentos, construía arranha-céus cada vez mais altos, negligenciando as consequências de paisagismo, ventilação, iluminação, mobilidade, saneamento entre outras, tornando as cidades densamente povoadas, quentes, escuras e opressoras.

Bicalho (2012), especialista em planejamento de transportes, ressalta a mobilidade urbana como uma das mais sérias questões das cidades brasileiras na contemporaneidade. Sentida tanto pelos ricos como pelos pobres, a circulação nas grandes metrópoles brasileiras passa por graves problemas. O Brasil tem praticado uma política de Robin Hood às avessas. Com o discurso de "desafogar o trânsito", o poder público realiza mais investimentos em obras viárias e na concessão de subsídios para a produção de automóveis do que em transporte público. Como consequência, os números revelam as prioridades. Em 2001, o total de automóveis em 12 metrópoles brasileiras era de 11,5 milhões; em 2011, esse total praticamente duplicou para 20,5 milhões. Nesse mesmo intervalo, o número de motos quadruplicou, passando de 4,5 milhões para 18,3 milhões (BICALHO, 2012). Além do trânsito caótico, outras externalidades negativas estão associadas ao transporte no Brasil.

Interessante resgatar a visão de Guy Debord, fundador do Movimento da Internacional Situacionista, em dois textos seus redigidos na década de 1950: *Introdução a uma crítica da geografia urbana* e *Posições situacionistas a respeito do trânsito*. Neles, há uma denúncia ao olhar do urbanismo às demandas autocráticas. A propaganda incessante do setor automobilístico tem resultado na proliferação de carros particulares – na época, a expectativa era de 2 carros por família – e na necessidade de ampliação das vias de trânsito nas cidades. Debord afirmava que os urbanistas estavam seduzidos pelas propagandas de massa que associavam felicidade e sucesso à aquisição de um automóvel. Consequentemente, as cidades passavam a ser desenhadas a partir dessa nova ordem capitalista sedutora e alienante, tornando o urbanismo uma ideologia. Nesses textos, portanto, há uma antecipação do que vivemos hoje nas grandes metrópoles.

Nesse ambiente cinzento, Antenor *et al.* (2010) afirmam que a queima de combustíveis fósseis dos automóveis produz gases que contribuem com a poluição atmosférica e o aquecimento da temperatura, agravando o efeito estufa. As consequências também são sentidas diretamente na saúde da população, gerando uma enorme degradação da qualidade de vida, com doenças respiratórias, cardiovasculares e neoplasias – morbidades que estão entre as principais causas de morte nos centros urbanos. Além disso, os acidentes de trânsito já podem ser considerados um problema de calamidade pública. Marin e Queiroz (2002) explicam que as deficiências físicas resultantes de tais acidentes trazem sérios prejuízos tanto para o próprio acidentado (financeiros, profissionais, psicológicos, etc.) como para a sociedade (gastos na saúde pública, diminuição da força de trabalho, custos previdenciários). Dados da Confederação Nacional dos Municípios revelam que, em 2008, houve 57 mil mortes no trânsito brasileiro, o que equivale a uma ocorrência média de 156 mortes/dia (CNM, 2009).

Ainda sob um olhar crítico, outros pensadores também alertam para as consequências da formação das metrópoles modernas a partir de diferentes enfoques. Sombart[42] (2001), por exemplo, enfatiza a "cultura do asfalto" ao explicar que tais cidades se estruturam em grandes cânions de pedra com vidro e ferro. Nesses desertos de pedra, produzem sua própria cultura e uma espécie de ser humano desprovido de qualquer relação com a natureza, totalmente artificializada. Assim, Sombart indaga quais as implicações dessa nova 'cultura do asfalto' em uma sociedade cada vez mais urbanizada.

2.1.4 O movimento de forças opostas

Em especial a partir dos anos 1970, moradores de áreas periféricas das metrópoles brasileiras travaram as primeiras lutas para obter o valor de uso da cidade. Inicialmente organizando-se no próprio local onde moravam, eles promoveram seus movimentos e manifestos, fragmentados por local de moradia e tipo de reivindicação. Só no final dos anos 1980 é que eles se organizaram, agruparam-se, aliaram-se ao perceberem que havia uma luta com questões semelhantes.

Em 1987, por ocasião da Constituinte, foi criado o Movimento Nacional de Reforma Urbana. Como resultado, em 1988, foi apresentada ao Congresso Nacional a emenda popular da reforma urbana, cujo princípio era a função social da cidade e da propriedade, bem como seus instrumentos para a sua aplicabilidade. Apenas em 2001, foi sancionada a Lei n° 10.257/2001, que estabelece o Estatuto da Cidade.

Lefebvre, tanto na obra *A Revolução Urbana* (1999, p.27) como em *O Direito à Cidade* (2001, p.78), sinaliza que, depois da Revolução Industrial com o avanço da urbanização, a sociedade caminhou para uma fase crítica. Antecede-se a essa fase, o duplo movimento de implosão-explosão, condensação-dispersão. Compreender a fase crítica é estar disposto a investigar a problemática atual da cidade e da realidade urbana. Na sua ótica, sentem-se as amarguras da industrialização, antes dominante e agora dominada, por um curso de crise profunda, submersa em enorme confusão, na qual o passado e o possível, o melhor e o pior se misturam.

Porém, apesar de ser uma crise mundial, Lefebvre (2001) pontua que suas causas práticas e razões ideológicas variam segundo os regimes políticos, as sociedades e os países em questão:

> Países em vias de desenvolvimento, desigualmente atrasados – países capitalistas altamente industrializados – países

---

[42] Recupera-se aqui o pensamento do economista Werner Sombart apenas sobre o aspecto do surgimento de um novo homem no cenário das cidades modernas, sem tangenciar assuntos relacionados à moral nazista discutidos também pelo autor.

> socialistas desigualmente desenvolvidos, por toda parte a cidade, morfologicamente, explode. A forma tradicional da sociedade agrária se transforma, mas de modo diferente. Numa série de países mal desenvolvidos, a favela[43] é um fenômeno característico, enquanto nos países altamente industrializados essa característica é a proliferação da cidade em "tecidos urbanos", em subúrbios, em setores residenciais cuja relação com a vida urbana constitui um problema (p.80).

Mais adiante, Lefebvre (2001) adverte que a cidade está morta, mas o urbano ainda persiste. Um urbano disperso e alienado, embrionário e de virtualidade. Já não se pode mais reconstituir a cidade antiga, pode-se, no máximo, encarar a construção de uma nova cidade, sobre novas bases, em uma outra escala, em outras condições e sociedade. Diante da morte do velho humanismo, surge o homem novo, materno da produção industrial e da racionalidade, que compõe a sociedade urbana. Há, em uma análise meticulosa, uma simultaneidade de crises: a da cidade tradicional coincide com a da civilização agrária também tradicional. Tudo isso demanda uma nova cidade e uma nova vida na cidade.

Merrifield (2011), em seu artigo intitulado *The right to the city and beyond,* analisa um dos ensaios de um Lefebvre sombrio e desesperançoso em seus últimos anos de vida. Ele explica que, na percepção de Lefebvre, o contexto da urbanização planetária tem trazido efeitos ainda mais maléficos para o homem na cidade. Nessa ocasião, o conceito de *direito à cidade* urge uma reflexão profunda, não necessariamente para compor uma realidade totalmente nova, mas para permitir que o cidadão possa experimentar nessa realidade e, assim, vislumbrar mudanças e cenários menos desastrosos que precisam apenas ser descobertos.

Em consonância, Marcuse (2012) detalha que o direito à cidade vai muito além de um sentido jurídico que abrange apenas benefícios específicos. Ele deve ser amplo, em um sentido político, e estar em um plano moral superior que garanta uma vida urbana plena e inteiramente realizada.

Foi nesse cenário e como mais um movimento de força oposta ao poder hegemônico que a arte urbana surgiu e se consolidou no Brasil. Resgatando o discurso do historiador de arte Francisco Jarauta, a arte representa sempre um imaginário de um tempo, de uma época. Ela funciona como um sismógrafo que percorre as oscilações, as tensões da cidade. No caso da arte urbana, ela dispensa manuais e se caracteriza sempre por um espírito de liberdade[44].

Essa arte predominantemente da periferia contribui para o próprio entendimento de periferia tornando o seu sentido ainda mais polissêmico. Nesse aspecto, para D'Andrea (2013) a década de 1990 foi determinante para a inclusão do termo *periferia* nos debates públicos e acadêmicos:

> o termo concorre, substitui ou opera como equivalente a termos que indicam processos ou espaços geográficos e sociais similares, tais como bairros populares, moradores de bairros

---

[43] Para o autor, a favela acolhe aqueles que migram para a cidade sem posses, arruinados, desejosos por mudanças. Ela, portanto, desempenha um papel de mediador (insuficiente) entre o campo e a cidade, entre a produção agrícola e a indústria.

[44] Vídeo 48 do Apêndice B.

populares, bairros pobres, e mesmo classes populares. Posto, em um primeiro momento, como indicador das peculiaridades dos processos de urbanização das nossas cidades, com o correr dos anos o termo se consolidou no campo da denominada questão urbana (p. 10)

A arte urbana traz em si uma profusão de vozes cujo ponto de convergência é uma crítica ao Estado e ao capital, tantas vezes chamado de "o sistema", os principais responsáveis pelas condições em que as nossas metrópoles se encontram. Após a análise dos dados coletados, identifico que essa crítica é construída predominantemente em cinco enunciados: a monotonia da paisagem da cidade, a prevalência da funcionalidade no urbanismo, a desigualdade social, a precariedade do espaço público e o rompimento com o sistema por meio da busca pelo prazer[45]. Os três primeiros enunciados, identifico apenas como linhas moleculares em que a potência de mudança ainda não se materializa em ação social transformadora. Já o quarto enunciado sinaliza indícios de linha de fuga com a geração de novos fluxos ainda descodificados pelos aparelhos de captura do Estado. O quinto enunciado é a arte urbana como linha de fuga *per si*, na qual a transgressão e a adrenalina são pontos ontológicos do próprio movimento.

Finalizo o capítulo compreendendo que esse discurso talvez não tenha a pretensão de promover mudanças significativas na sociedade, mas sim, que já se pode considerar efetivo quando torna o artista urbano – seja um muralista, seja um grafiteiro, seja um pichador – uma potência de mudança pelo menos da sua própria realidade.

2.2 As tonalidades críticas do discurso da arte urbana

2.2.1 O traço cinzento da cidade

A Revolução Industrial pode ser considerada o principal evento histórico responsável pelos contornos que definem grande parte das metrópoles contemporâneas ocidentais. Desde então, o mundo vem, gradativamente, enfrentando desafios que o deixam constantemente em alerta como o crescimento populacional, o envelhecimento, os movimentos migratórios e a urbanização desigual.

Compreender a evolução do urbanismo implica, necessariamente, compreender a Revolução Industrial, enquanto momento econômico, histórico, político e científico, bem como as suas consequências no desenho das cidades. Para Lefebvre (2001), com a gradual consolidação do domínio do capitalismo, tais consequências foram determinantes para a vida nas cidades contemporâneas.

A industrialização fornece o ponto de partida da reflexão sobre nossa época. Ora a cidade preexiste à industrialização. Esta é

---

uma observação em si mesma banal, mas cujas implicações não foram inteiramente formuladas. As criações urbanas mais eminentes, as obras mais "belas" da vida urbana ("belas", como geralmente se diz, porque são antes obras do que produtos) datam de épocas anteriores à industrialização (LEFEBVRE, 2001, p.11).

Nesse sentido, Benevolo (2014) detalha que, em princípio, pode-se identificar três contribuições da Revolução Industrial para o desenvolvimento das cidades. A primeira se refere às técnicas de construção, quando o ferro, o vidro e o concreto foram incorporados aos materiais tradicionais de construção, como pedra, tijolo, telha e madeira. Os avanços da ciência permitiram que tais materiais obtivessem maior resistência e fossem utilizados de forma mais liberal. As construções passaram a ser melhor planejadas com o desenvolvimento da Geometria e sua execução contou com maior aparelhamento nos canteiros de obras.

Esse elemento foi fundamental para a construção espacial das grandes cidades como São Paulo, e se faz presente, de forma recorrente, no discurso da arte urbana: a crítica ao cinza do concreto, do ferro, do asfalto, da poluição dos carros e das indústrias.

O cinza também é encontrado nas ações de repressão à arte urbana de gestões da prefeitura de São Paulo, pois essa é a cor utilizada para apagar os grafites considerados gastos ou não autorizados e as pichações em geral. Temos aqui linhas molares em tons de cinza que caracterizam a contenção e repressão ao movimento da arte urbana, enquanto criativo e rebelde.

Coincidentemente, o cinza da prefeitura não é uma escolha deliberada, mas o simples resultado da combinação de produtos que geram esse pigmento. Para os artistas urbanos, essa iniciativa é, na verdade, uma estratégia de negar os reais problemas da cidade. A parede cinza, em vez de sinalizar a proibição, é considerada uma incitação, um convite a novos grafismos[46].

Um exemplo dentre vários encontrados está no perfil do grafiteiro Tito Ferrara no Instagram. A primeira imagem (Figura 2.3) registra a ação do poder público ao apagar sua obra. A legenda feita pelo próprio artista é "Shiva, com sua destruição para a renovação" sinalizando o incite, a provocação para uma nova pintura. Essa é uma demonstração do que os artistas urbanos tanto enfatizam. O ato de apagar um grafite ou uma pichação gera uma revolta no artista que o estimula a produzir ainda mais.

---

[46] Vídeo 01 do Apêndice B.

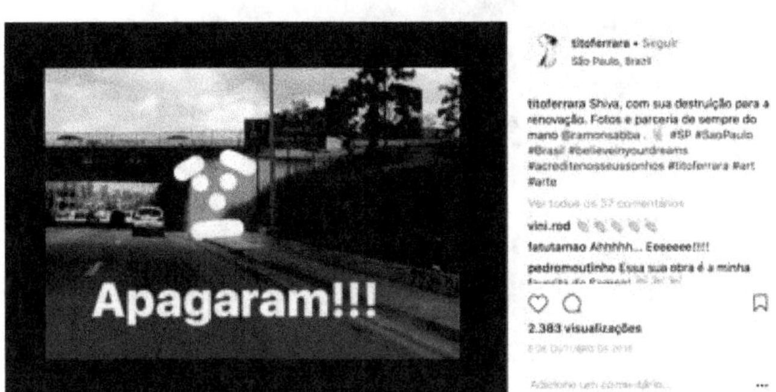

Figura 2.3: Ação do poder público ao apagar um grafite de Tito Ferrara.
Fonte: Instagram de Tito Ferrara (2016), acesso em 24/11/2017.

A Figura 2.4 seguinte já é o regresso do artista, fazendo uma nova grafitagem com uma mensagem de persistência e esperança: "acredite nos seus sonhos". Interessante observar a legenda que ratifica a rebeldia: "apagaram, mas a gente volta...". Enquanto isso, do lado do poder público, em entrevista a um funcionário da prefeitura de São Paulo que compõe uma das equipes responsáveis por apagar os grafismos ilegais, o seu desabafo é de que o seu trabalho é inútil, a nítida sensação de "enxugar gelo".

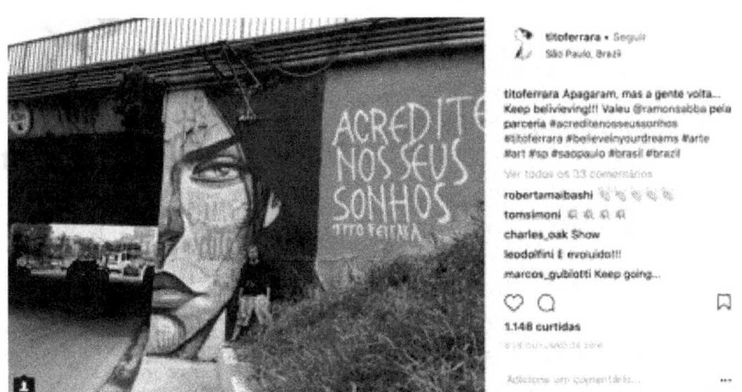

Figura 2.4: Novo grafite de Tito Ferrara.
Fonte: Instagram de Tito Ferrara (2016), acesso em 24/11/2017.

Outro ponto da cidade onde os tons de cinza e marrom formaram mais uma camada de tinta são os Arcos de Jânio, cuja requalificação foi inaugurada recentemente em 3 de julho do ano passado. Os grafites ali presentes foram considerados ilegais e apagados. Segundo a Prefeitura, as obras de restauração custaram quase 800 mil reais e fizeram com que o conjunto retornasse às suas características originais (VEJA – SÃO PAULO, 2017b).

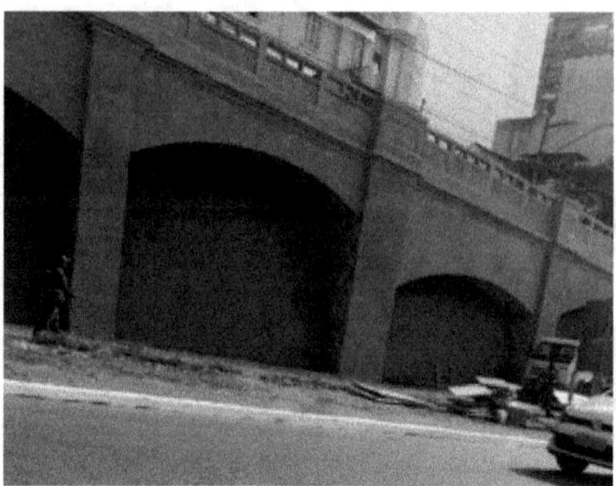
Figura 2.5: Requalificação dos Arcos do Jânio.
Fonte: Veja – São Paulo, 2017b.

Percebo que o discurso dos artistas urbanos é sempre de crítica ao cinza: no caso do grafite, fazendo um contraponto que traz cor e vida a essa realidade; no caso da pichação, como reforço crítico à cidade monocromática, escura e hostil.

Para o grafiteiro Ignoto, "Uma cidade cinza é uma cidade morta. A cidade com grafite é uma cidade colorida, com vida"[47]. Com um outro olhar além das cores, Thiago Mundano, ativista do grafite e da reciclagem, alerta:

> Acredito que a missão da arte não é decorativa, e sim reflexiva. Busco no meu "artivismo" transformar essa cidade opressora e monocromática, que substituiu nossas áreas verdes por estruturas cinzas, que enterrou nossos rios vivos com ruas e paredões cinzas que refletem o porque do nosso céu e ar que respiramos estarem cinzas (RBA, 2017).

No documentário intitulado *Arte Urbana: Gritando Valores, Expondo Verdades*, Gabriel Soares expõe que o suporte dos grafismos é a melancolia de São Paulo, "uma cidade do aço e do concreto"[48]. Nesse sentido, o grafiteiro Crânio defende que a função do grafite em São Paulo é deixar a cidade um pouco mais atrativa e colorida, mais agradável. Na sua ótica, se há talento e preparação, nada é impossível[49].

Nesse caso, ainda questiono em que medida a arte urbana consegue de fato romper com o cinza dominante e provocar novos sentimentos nos cidadãos que a visualizam. Defendo, com maior detalhamento nos próximos capítulos, que os tons da nossa modernidade ainda são muito mais fortes do que as cores da arte urbana. Nesse caso, apesar da intencionalidade e das condições de talento e preparação, tão bem expostas por Crânio, essa ruptura ao novo ainda não se faz presente, enxergando aqui apenas linhas moleculares em diferentes fluxos: da grafitagem e da pichação.

No imaginário da população, o concreto, o aço e o vidro se voltam mais para a materialização do progresso, tendo também a verticalização dos prédios como sinônimo de prosperidade. No Brasil, São Paulo é o nosso maior exemplo. Por isso,

---

[47] Vídeo 18 do Apêndice B.
[48] Vídeo 9 do Apêndice B.
[49] Vídeo 15 do Apêndice B.

é recorrente a associação direta que se faz desses recursos materiais da engenharia à capital paulista, nosso maior exemplo da modernidade. Por outro lado, as metrópoles brasileiras em geral – incluindo São Paulo – não se edificam apenas com o discurso do progresso, da produção industrial, do planejamento, da escala e da Geometria; os problemas oriundos das discrepâncias sociais são acentuados quando revelamos outros elementos que compõem a construção da cidade: o papelão, a taipa, o barro e – por que não? – o relento como abrigo e moradia. Os materiais de improviso tentam abrigar e proteger as camadas sociais que não se encontram acolhidas pelas axiomáticas totalizantes do capitalismo. Seriam, então, o expurgo do sistema que não se encontra favorecida pelo discurso da modernidade.

Identifico no discurso dos artistas urbanos que tais recursos mais pobres não se fazem tão presentes, podendo ser justificado pela incorporação do discurso do progresso e sua crítica a ele, como também pelo fato de que os grafismos normalmente são feitos no concreto dos muros e dos viadutos, no ferro das portas comerciais, no vidro das janelas. É o olhar da periferia para o centro que lhe serve normalmente de suporte para a sua produção artística. Em menor intensidade, há o olhar da periferia para a própria periferia, incorporando no discurso os demais recursos materiais presentes nessa realidade.

Uma passagem do vídeo *Paredes que Gritam*[50] registra bem essa dinâmica, como exceção. Moradores de uma comunidade carente, ao verem grafiteiros pintarem as empanas de prédios de um conjunto residencial, vão até eles e pedem que pintem também os seus barracos. A partir disso, o grafiteiro Subtu (Figura 2.6) convidou outros artistas urbanos a fazerem uma ação na comunidade. Em seu relato, ele menciona o quanto essa ação trouxe benefícios subjetivos e objetivos à comunidade, trazendo mais vida, animando a rotina dos moradores e servindo de sinalização por diferenciar um barraco do outro. Antes da ação, era mais difícil encontrar uma moradia naquela comunidade, haja vista todas elas serem igualmente de taipa. Agora os grafites diferenciam um barraco de outro e servem para identificar os becos que antes não tinham nome.

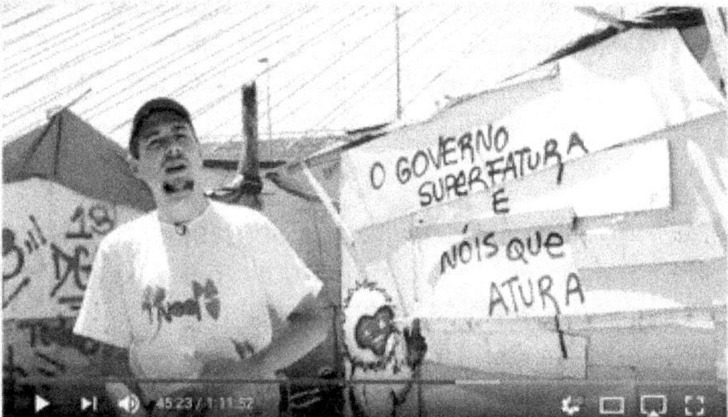

Figura 02.6: Subtu e a ação na comunidade carente.
Fonte: Vídeo no YouTube *Paredes que Gritam*, 2016, acesso em 30/11/2017.

Nesse caso, faço duas observações complementares. A primeira está contida no local onde a comunidade carente se situa, tão próxima do mais novo símbolo de São Paulo, a ponte estaiada Octávio Frias de Oliveira, símbolo da engenharia avançada e ícone contemporâneo da modernidade na capital paulista. Mundos tão

---

[50] Vídeo 4 do Apêndice B.

próximos e ao mesmo tempo tão distantes. A segunda está na função exercida pelo grafite em substituição ao planejamento urbano (Figura 2.7). As comunidades carentes em geral – antes denominadas de *favelas* –, com suas moradias construídas desordenadamente, não possuem rua, apenas becos que não são nomeados. Essa questão aparentemente simples da falta de planejamento urbano influencia diretamente na vida dos moradores, uma vez que sua identidade é comprometida por não terem sequer um endereço.

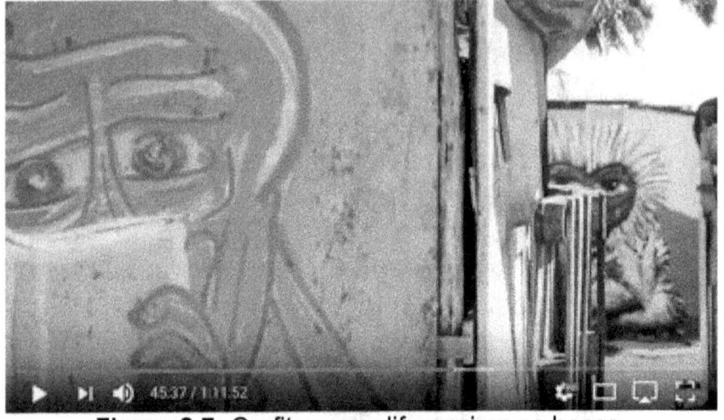

Figura 2.7: Grafites que diferenciam os becos.
Fonte: Vídeo no YouTube *Paredes que Gritam*, 2016, acesso em 30/11/2017.

2.2.2 A cidade funcional

Compreendendo a evolução da urbanização no ocidente, à medida que a cidade histórica perdia espaço para a cidade industrial, importantes arquitetos e demais pensadores da área não assistiam em silêncio a tais transformações. De forma radical, Ruskin (1956) defendia a sobrevivência da cidade ocidental pré-industrial, recusando-se a aceitar a transformação do espaço urbano a partir das novas exigências do capitalismo moderno. Pondo em cheque a existência futura das cidades históricas, Ruskin indagava como seria possível preservar o histórico, observando-o como um todo, um espaço único e particular, em uma época em que o olhar fragmentado e funcional era norteador das construções e reformas das cidades industriais.

Seguindo posicionamento de resistência ao desenvolvimento moderno, porém sem o radicalismo de Ruskin, Sitte (1986) não criticava a civilização contemporânea, porém denunciava a carência estética dos novos tempos. Na sua ótica, a sociedade industrial estava redefinindo as cidades a partir de suas próprias dimensões técnicas, econômicas e sociais, priorizando a escala em detrimento do prazer estético e rompendo com as formas artísticas já existentes. Sua preocupação pousava basicamente no risco que as metrópoles contemporâneas teriam de estar condenadas a esse nível zero de beleza urbana. Poder-se-ia conceber e preparar o advento de uma arte urbana ajustada ao devir da sociedade industrial?

Trazendo as preocupações de Ruskin e Sitte para os tempos atuais, percebo que as metrópoles brasileiras já se encontram nesse cenário pessimista ou a caminho dele. São Paulo traz consigo fortes indícios. A cidade se torna cada vez mais funcional: priorizando a máquina em detrimento do humano, desenhando espaços para o homem-máquina que produz e consome, enfatizando o valor de troca do espaço urbano em substituição ao valor de uso. Isso justifica a demolição de grandes áreas que preservavam a história da cidade, deixando, tantas vezes, o cidadão sem a memória necessária para ativar seu posicionamento crítico[51].

Nesse sentido, é muito polêmico trazer a discussão sobre embelezamento, apesar de essa premissa ser muito comum no discurso dos artistas urbanos, em particular os grafiteiros, quando afirmam que a sua produção artística possibilita trazer beleza a uma cidade predominantemente cinza, funcional e padronizada, em que seus habitantes, mais do que cidadãos, são ferramentas de uma engrenagem maior que compõe o sistema capitalista. Para Os Gêmeos, "a cidade está para ser usada; é preciso usar a cidade e não deixar ela te usar"[52].

Sob esse aspecto, ao considerar a importância da técnica e da escala para compreender a cidade, Giovannoni (1913) defendia as mutações das escalas urbanas, nas quais o planejamento urbano priorizava traçar a cidade a partir do movimento de pessoas, em vez do repouso. A cidade poderia ser observada apenas sob dois aspectos: espaços do homem em movimento (a sala de máquinas, de movimento frenético, vertiginoso e barulhento) e outros para o repouso (salões e espaços domésticos).

Vivendo ainda sob os novos ares desse fenômeno urbano, Giovannoni questionava se não teria acabado o tempo da cidade densa e centralizada e não estaria esta começando a desaparecer, dando lugar a uma nova forma de agregação. Isso poderia ser considerado uma antiurbanização. Nesse caso, a cidade passaria por uma fragmentação e por uma desintegração, em proveito de uma urbanização generalizada e difusa. O que meio século depois, Webber (1968) chamaria de "a era pós-cidades" e, mais recentemente, esses questionamentos viriam novamente à baila por Graham e Marvin (2001), em *Splintering Urbanism,* ao considerar um contexto no qual o urbanismo moderno exige novos processos sócio-técnicos bem mais complexos e dinâmicos.

No vídeo *Diverso – Arte Urbana,* a professora da PUC-SP Rita Oliveira apresenta o grafite com um caráter utópico, a partir do seu desejo de embelezar, colocar cor em um espaço deteriorado, decorar um lugar[53]. Isso também é identificado no discurso de um dos mais antigos grafiteiros de São Paulo, Vado do Cachimbo. Na sua ótica, o grafite é transformação do espaço deteriorado em algo alegre, colorido, vivo. Porém o embelezamento não deve perder o seu sentido político, uma vez que o grafite também é uma forma de provocação[54]. Para a grafiteira Mag Magrela, a sua arte urbana tem que ir além do embelezamento, mas que traga também um alerta para a cidade. Ela acredita que também precisa de uma "arte guerrilha" como é o caso da pichação[55].

---

[51] Harvey (2005) explica que a demolição de áreas históricas para a construção do novo nada mais é do que mais uma forma de o capital circular na cidade por meio do segmento imobiliário, em especial, com as grandes construtoras.
[52] Vídeo 79 do Apêndice B.
[53] Vídeo 48 do Apêndice B.
[54] Vídeo 34 do Apêndice B.
[55] Vídeo 166 do Apêndice B.

Apesar de ter um número reduzido de admiradores da sua beleza, o documentário *Contra a Parede* expõe que o pichador também tem técnica, preparação. Um dos entrevistados explica que "inicialmente, faz um picho na agenda, usa a régua. Não é uma técnica simples, é complicado. Mas há uma estética e uma definição de beleza nisso[56]". Sob outro prisma, o vídeo *Occupation Visuelle*[57] apresenta o relato de um pichador que afirma: "o picho se legitima sozinho como uma forma de expressão. A arte além da beleza, mas como instrumento de liberdade. O picho é a arte de vandalizar". Nesse sentido de vandalizar para gerar desconforto por ser uma crítica ao sistema e à sociedade capitalista, há o relato do pichador Cripta Djan:

> O picho é uma comunicação fechada. É uma agressão, um ataque à sociedade. O picho tem mais a dizer do que o grafite pela sua audácia na cidade. A cidade de São Paulo tem sido um agente da verticalização das letras. É como se o picho acompanhasse a *guidelines* da cidade. Muitos acham feio, mas é preciso ver beleza nisso[58].

No que se refere à não historicidade nos pensamentos urbanísticos de Le Corbusier, a exemplo da "tábula rasa" com a destruição do centro medieval de Paris para a construção de torres comerciais e de negócios, isso é uma estratégia apontada por Lefebvre (1991), que bloqueia as possibilidades de mudança, aprisionando a vida no cotidiano. Conhecer a história da produção das cidades com seus particularismos permite compreendê-las como a mediação das mediações, espaço próprio das relações dos indivíduos em grupos e das relações desses grupos entre si.

Nesse aspecto, Lefebvre (1972) resgata a compreensão de materialismo histórico concebido por Marx e Engels:

> A história resume a produção do ser humano por ele mesmo [...] produção que assume o sentido de toda a filosofia: produção de coisas (produtos) e de obras, de ideias e de ideologias, de consciência e de conhecimento, de ilusões e de verdade. A história vai assim do passado longínquo (original) ao presente, e o historiador refaz esse caminho para compreender como pode o passado gerar o presente. Por outro lado, a práxis fundamentada nesse movimento e apoiada no presente que constitui, prepara o futuro, encara o possível, isto é, no limite, a total transformação do mundo real por uma revolução total. A análise da prática social (práxis) mostra: produção de sentido restrito e produtividade social, prática política, prática revolucionária etc. Segundo Marx, só o pensamento materialista e dialético consegue apreender a dupla determinação do processo, a saber: a historicidade e a práxis, porquanto apreendem a sua complexidade, as suas diferenças, conflitos e contradições. É isto que constitui o materialismo histórico (p.38).

Voltando-se especificamente ao tempo, hoje ele é mais associado à velocidade do que à historicidade. O homem da metrópole vive no tempo presente,

---

[56] Vídeo 146 do Apêndice B.
[57] Vídeo 6 do Apêndice B.
[58] Vídeo 111 do Apêndice B.

sempre pendendo para o futuro. O passado, por meio da História, é pouco resgatado, deixando o cidadão das metrópoles brasileiras deficiente em seu posicionamento político e crítico. Alexandre Orion explica essa relação do tempo com a dinâmica da metrópole:

> Em São Paulo, a noção de tempo não existe. O tempo relacionado à velocidade: relação do tempo com o espaço. Em São Paulo há a ausência de tempo. Muitas vezes, é na pausa que as coisas se formam.[59]

O discurso da arte urbana traz esses elementos com relativa criticidade, apresentando-se como possível solução ao homem aprisionado, como explica o crítico de arte Agnaldo Farias: "A cidade está toda codificada. Nosso corpo faz essa leitura. Já vem tudo mapeado, codificado. E a arte urbana chega e descodifica tudo isso[60]". Porém, diante do cenário que presencio, essa linha molecular é fortemente enfraquecida quando tentamos enfrentar e desafiar os demais apelos e sinais existentes no espaço público das metrópoles brasileiras. A publicidade, apesar de algumas ações governamentais de controle, é um exemplo de sua força robusta em comparação com a arte urbana.

É nesse cenário de códigos que a rua se forma, tendo a prática de mercado como um elemento determinante. A esse respeito, a publicidade, as marcas e vitrines são realçadas no discurso da arte urbana como uma imposição que a sociedade é obrigada a ver, mas não recrimina como faz com os grafismos[61]. Nesse caso, o simples fato de ser legal já é o bastante para que a sociedade não condene. Seria como se os efeitos maléficos do que é legal para a sociedade não fossem pensados, deixando de gerar uma reflexão mais profunda na sociedade. Isso é identificado nos relatos abaixo:

> A publicidade é quase um estupro. É uma poluição visual. É uma merda. Eles podem pagar para que a gente seja obrigado a ver mensagens deles [...] por que eles podem escrever as marcas por aí e nós não podemos escrever a nossa marca por aqui?[62] (pichadora não identificada, *Luz, Câmera, Pichação*, 2016).

> A sociedade privada e a burguesia são muito mais opressoras do que a pichação. O que vale é o capital. O mesmo lugar onde se picha, pode se colocar um *outdoor*[63] (Cripta Djan, *Pixo: Arte Libertária*, 2015).

> Um *outdoor* é tão agressivo quanto um grafite. Eu posso achar ruim, para a minha filha por exemplo, abrir a janela de casa e dar de cara com uma mulher de calcinha e sutiã numa propaganda para vender lingerie. (Thiago Mundano, *El País*, 2013).

---

[59] Vídeo 45 do Apêndice B.
[60] Vídeo 48 do Apêndice B.
[61] Há um pronunciamento no Vídeo 8 do Apêndice B que relembra a ação benéfica do *Programa Cidade Limpa* quando retirou os *outdoors* de São Paulo e regulamentou o uso de marcas e demais propagandas em espaços públicos: "Luta-se por um espaço público sem propagandas que poluem o ambiente. O *Programa Cidade Linda* foi excelente por tirar os *outdoors* da cidade".
[62] Vídeo 58 do Apêndice B.
[63] Vídeo 5 do Apêndice B.

Essa discussão me remete especificamente ao paralelismo que Lefebvre (1999) traça na obra *A Revolução Urbana*: a favor da rua e contra a rua. Na abordagem favorável, ele enaltece a rua como o espaço do movimento, da mistura, sem o qual não há vida urbana, mas sim, separação, segregação estipulada e imobilizada. A sua supressão, a partir de Le Corbusier, promove a extinção da vida, a "aberrante funcionalização da existência" (p. 30). No argumento contrário, o autor revela a rua contaminada pela prática do mercado desde a Idade Média, quando o artesão era ao mesmo tempo o produtor e o vendedor. Com o passar do tempo, ela se torna uma vitrine onde as pessoas, vistas como mercadorias, tornam-se espetáculo umas para as outras:

> A rua torna-se o lugar privilegiado de uma repressão, possibilitada pelo caráter "real" das relações que aí se constituem, ou seja, ao mesmo tempo débil e alienado-alienante. A passagem na rua, espaço de comunicação, é a uma só vez obrigatória e reprimida (p.31).

2.2.3 A outra face da cidade

A arte urbana é reconhecida como uma arte originalmente das periferias das grandes cidades que grita contra as desigualdades sociais existentes. Ela é considerada uma poesia urbana, marginal, uma liberdade de expressão como revanche a um sistema falho, injusto em que os artistas urbanos não acreditam nas leis. Para pichadores, enquanto houver injustiça, haverá insatisfação e, enquanto houver insatisfação, haverá pichação[64].

Uma reportagem do *Le Monde Diplomatique*, intitulada *Pichação, a marca da desigualdade social*, traz a seguinte manchete:

> Com uma história completamente diferente do grafite, que ganhou o mundo na década de 1970, a pichação é uma expressão típica da capital paulistana. As mensagens, muitas vezes incompreensíveis, saem direto da periferia para os edifícios mais altos do centro reafirmando o que deveria ser óbvio: os jovens e pobres existem (MANO, 2009).

Essas injustiças se materializam nas metrópoles brasileiras com a presença de cidadãos vivendo simultaneamente em diferentes épocas da civilização moderna. Em um extremo, há as áreas mais ricas ocupadas pelas elites econômicas, onde o Estado se faz mais presente e atua com um pouco mais de eficiência e prontidão: segurança, saneamento, transporte, limpeza urbana entre outros serviços. Essas camadas privilegiadas da sociedade, aliadas e coordenadoras do poder público, são as que detêm os melhores terrenos e gozam das benesses da vida contemporânea. Em alguns casos, essas áreas pouco diferem dos padrões de vida dos países considerados desenvolvidos. No outro extremo, demarcado por fronteiras sociais muito mais rígidas do que os muros que as separam (AUGÉ, 2005, 2010), há as grandes áreas que abrigam as camadas mais pobres da população, normalmente aquelas de baixa escolaridade que estão a serviço das classes dominantes ou

---

[64] Vídeos 11 e 143 do Apêndice B.

sequer conseguem acesso ao mercado de trabalho. Quanto mais injusta a sociedade, maior é o fosso que separa essas classes.

Esse sentimento de revolta é expresso por meio dos *sprays* como um grito da juventude da periferia sem armas. Na verdade, a única arma seria a lata de *spray* aliada à vontade de agir[65]. A arte urbana traz em si uma identidade da periferia que não ocupa um lugar digno na sociedade. Sendo assim, há uma necessidade de se apropriar do espaço para se expressar, fazer-se presente em uma sociedade que não a enxerga e o Estado não a considera como prioridade[66]. Nesse aspecto, o grafiteiro Ignoto faz questão de mostrar um Brasil camuflado em sua arte urbana, denunciando a pobreza e a relação que os políticos têm com ela quando recorrem à periferia para manter-se em seus cargos políticos[67].

Para Villaça (1999), o nosso planejamento urbano atual só reforça tais disparidades, pois tem atuado a partir da imagem de uma cidade ideal, priorizando suas atividades econômicas, seus equipamentos e suas potencialidades para o desenvolvimento, escamoteando problemas como a falta e a precariedade de moradia, escolas, infraestrutura, vias de circulação, abastecimento de água potável, saneamento ambiental e as contradições da apropriação e da propriedade das terras urbanas. Na verdade, essa idealização:

> [...] tenta mostrar a eficiência da administração pública e, assim, obter recursos financeiros nacionais e internacionais. A cidade parece um organismo com vida própria, desvinculada dos citadinos, dos produtores e consumidores da e na cidade (RODRIGUES, 2013, p.126).

Interessante verificar como isso se manifesta no discurso de um pichador não identificado que se sente incomodado com essa forma de planejar a cidade:

> [...] o garoto que picha não é normal. Ele não picha porque está satisfeito, feliz. Ele não está enquadrado nessa sociedade. Ele está insatisfeito com a vida que possui. Desigualdade, exclusão. É uma forma de mostrar que tem algo errado na sociedade[68].

Enfatizando as disparidades, para Ortegosa (2009), uma tendência urbanística que marca essas últimas décadas nas grandes cidades é o conceito de *edges cities*: cidades criadas à margem das principais cidades norte-americanas que concentram centros empresariais, moradias, *shoppings* e áreas de lazer que permitem aos seus moradores terem uma vida totalmente independente, sem precisar se deslocar para outras áreas da cidade. No contexto brasileiro, as grandes metrópoles como São Paulo e Rio de Janeiro, desde os anos 1970, vêm adotando o modelo de condomínios fechados como uma opção viável para as camadas mais ricas. São tidos como os paraísos dos novos ricos da cidade.

> Tanto as *edges cities*, como os *shoppings*, os hipermercados, os condomínios fechados, os centros empresariais e as megaestruturas de múltiplas funções refletem a tendência atual de fragmentação urbana, resultante da tentativa de negação da cidade existente e da substituição dos centros tradicionais,

---

[65] Vídeos 6 e 146 do Apêndice B.
[66] Vídeo 138 do Apêndice B.
[67] Vídeo 18 do Apêndice B.
[68] Vídeo 58 do Apêndice B.

através da configuração de espaços regidos sob a lógica da especulação imobiliária e da segregação (ORTEGOSA, 2009, p. 47).

Nesse sentido, Sarlo (1997) explica que essa cidade sem centro, dividida por muralhas invisíveis, marcada pela desigualdade socioeconômica, cultural, étnica e racial é visivelmente concreta. Algumas cidades já não mais possuem um centro[69], a exemplo de Los Angeles e de tantas cidades na América Latina como Buenos Aires e São Paulo. Com isso, percebemos um fenômeno: as distâncias se encurtam, não porque a cidade deixou de crescer, mas porque as pessoas não precisam mais atravessá-la de um lado a outro. Os bairros ricos se tornam independentes da grande cidade. Eles são mais limpos, ordenados, vigiados, iluminados tendo o *shopping center* como o simulacro de cidade de serviços.

Essa distinção entre áreas ricas e pobres da cidade é sentida no relato dos artistas urbanos, em especial na interação com os moradores da localidade durante a transpiração e produção de sua arte:

> A relação das pessoas com o grafite é muito diferente no centro e nas bordas. O centro dá mais visibilidade. Muita gente que passa. Pintar na periferia é diferente. A interação é diferente. A periferia recebe muito bem. Há uma carência da arte. A molecada na "quebrada", as pessoas oferecem bolo, água, cachaça. Nos bairros ricos, chamam logo a polícia. Na "quebrada", se torna um agente social, um agente político[70] (Bruno Perê, *Paredes que Gritam*, 2016).

O mesmo sentimento é presente no relato dos grafiteiros Paulo Ito[71] e Ignoto[72]:

> Grafite tem caráter transformador e de reflexão. Na área rica, as pessoas são donas da rua e não recebem bem o artista. Na periferia, existe mais aceitação (Paulo Ito, *Sampa Graffiti 19*, 2014).

> Primeiro a arte é para o próprio artista. Depois, quando se elogia é gratificante. Durante a pintura na periferia, alguém chega com almoço, café, um outro morador oferece seu muro para ser grafitado (Ignoto, *Sampa Graffiti 18*, 2013).

> Tem muita gente que foca o centro por ter um fluxo maior. Eu prefiro a periferia por ter uma carência pela arte (Ignoto, *Flow*, 2015).

Essa acentuação na formação de espaços para ricos e para pobres nas metrópoles brasileiras ocorreu entre os anos de 1980 e 1990 que correspondem às décadas perdidas de recessão não apenas no campo econômico, mas também urbanístico, cujas consequências são sentidas até hoje. O aumento da concentração de pobreza urbana foi significativo, em uma época em que o crescimento demográfico foi superior ao do PIB. Como consequência, verificamos, pela primeira vez na história brasileira, a concentração de multidões marcadas pela pobreza

---

[69] Para Beatriz Sarlo, entende-se centro como um lugar geográfico preciso, marcado por monumentos, cruzamentos de certas ruas e avenidas, teatros, cinemas, restaurantes, comércio, ruas de pedestres.
[70] Vídeo 04 do Apêndice B.
[71] Vídeo 17 do Apêndice B.
[72] Vídeos 18 e 92 do Apêndice B.

homogênea em vastas regiões, como morros, alagados, várzeas ou mesmo planícies. Também nessa época, sobretudo nos anos 1980, a sociedade brasileira se deparou com a violência urbana em uma escalada de crescimento sem precedentes. Por fim, somam-se ao quadro da tragédia urbana brasileira enchentes, desmoronamentos, poluição dos recursos hídricos, poluição do ar, impermeabilização da superfície do solo, desmatamento, congestionamento habitacional, retorno de epidemias, etc.

Santos (1993) denomina esse fenômeno de expansão da pobreza como o espaço da modernização contemporânea, marcado pela ideologia do crescimento, em que os equipamentos, as normas e operações das cidades atendem aos interesses racionais das grandes corporações, em detrimento das pequenas e da população como um todo. Em pouco tempo, observamos os resultados concomitantes: a extraordinária geração de riquezas cada vez mais concentradas em complementação com a enorme produção de pobreza, cada vez mais difundida, e o surgimento de novas classes médias indispensáveis à operação do sistema.

Especificamente no que tange às questões habitacionais, Maricato (2000) lança mão das previsões do abolicionista Joaquim Nabuco quando narrou que o peso do escravismo estaria presente na história brasileira muito após sua abolição. Apesar de o processo de urbanização no Brasil ter se iniciado praticamente no século XX, muitas de suas raízes na sociedade patrimonialista e clientelista próprias do Brasil pré-republicano ainda estão presentes. O problema habitacional é resultado de uma luta pela sobrevivência em um cenário de exclusão social, tanto do trabalhador regularmente empregado como daquele que vive na informalidade – ambos tantas vezes constroem suas casas em áreas irregulares ou simplesmente invadidas.

Dados do Laboratório de Habitação e Assentamentos Humanos (LABHAB), da FAU/USP (2000), evidenciam que a população residente em favelas, comparando os censos de 1980 e 1991, teve um crescimento superior a 7% ao ano nas principais capitais brasileiras. Se somar o total de ocupações ilegais, os números são ainda mais alarmantes.

Essa herança pesada das ocupações ilegais trazida pelas cidades brasileiras contribui para o caos no planejamento urbano: bairros inteiros construídos sem a participação de arquitetos e engenheiros, tampouco a observância da legislação urbanística ou de quaisquer outras leis que sanem conflitos das mais diversas ordens. Normalmente, essas áreas são ocupadas por uma força de trabalho que não cabe no mercado residencial privado e vive à margem da cidade legal, esta última destinada a ser o simulacro de algumas imagens do "primeiro mundo".

Vejo, então, que grandes áreas das metrópoles brasileiras ainda se assemelham a uma Inglaterra que sofria as primeiras consequências urbanísticas da Revolução Industrial. A migração populacional do campo para a cidade, atraída pela oferta de trabalho com a expansão da atividade industrial gerou inúmeros problemas até então desconhecidos para a sociedade e para o Estado. As condições de sobrevivência dos operários das indústrias recém-chegados eram lastimáveis. Nas cidades inglesas, eles moravam em casas minúsculas construídas por especuladores que visavam exclusivamente à maximização de lucros. Normalmente, essas habitações eram inseguras, sem condições mínimas de higiene, abafadas e pouco iluminadas. Tal condição, tantas vezes, assemelhava-se às habitações no campo, porém o mais preocupante era o grande adensamento. Enquanto as casas no campo eram distanciadas umas das outras, na cidade, elas eram contiguas. Tal realidade é descrita a seguir:

> Quanto mais cresce a técnica capitalista, tanto mais tornam-se complicadas as relações econômicas; quanto mais o povo se concentra nas cidades, mais a prosperidade de um está ligada à de pessoas que jamais terá conhecido, e mais se torna necessário que a conduta de cada um seja conforme ao modelo estabelecido. Por exemplo, a saúde de um habitante da cidade não é mais assunto unicamente seu, porque a doença que o afeta pode contagiar os vizinhos com maiores probabilidades do que ocorre com um habitante do campo em uma casa isolada. A educação torna-se mais importante. E torna-se mais importante a responsabilidade social, o sentimento de que somos todos membros do mesmo corpo. Assim, seguindo o desenvolvimento do capitalismo, encontramo-nos face a uma situação paradoxal: a ideia individualista destrói a velha solidariedade, e torna possível o desenvolvimento do capitalismo; este, por sua vez, aumentando a dependência recíproca, favorece o retorno daquela mesma solidariedade (CROOME e HAMMOND, 1951, p.263).

Lefebvre (1972), em seu livro intitulado *O Pensamento Marxista e a Cidade* expõe o pensamento de Marx sobre a cidade como um produto histórico que fornece o pano de fundo da sociedade burguesa. A cidade se torna a força produtiva. Ela contém uma parte importante do trabalho passado e fixado de que o capitalismo se dispõe para se apoderar do trabalho vivo. O que ela contém sobrevive ao desgaste cotidiano dos instrumentos de trabalho, mantém a divisão do trabalho indispensável ao funcionamento do capitalismo e, por consequência, mantém e aperfeiçoa no seu seio a divisão social do trabalho e aproxima os elementos do processo de produção.

Em outras obras, Lefebvre (1999, 2001) explica que a fase inicial da industrialização foi perversa para a realidade urbana, por destruí-la em nome de uma prática e uma ideologia capazes de extirpar a consciência das pessoas que viviam nas cidades. Há uma dominação perfeita para que as pessoas, ao mesmo tempo que se tornem produtoras, também sejam consumidoras de produtos e de espaços. Para o autor, a cidade industrial é a cidade capitalista, um lugar de consumo e um consumo de lugar.

É na ascensão da cidade industrial que ocorre o que o autor chama de *implosão-explosão*, termo já mencionado, momento que precede a zona crítica – com seu prognóstico particularmente distópico – e é caracterizado pela total subordinação do agrário ao urbano devido ao êxodo rural, ao aumento da concentração urbana e à extensão do tecido urbano.

Friedrich Engels, principal colaborador de Karl Marx, defende que a compreensão do fenômeno urbano é fundamental para o entendimento da expansão do capitalismo, uma vez que o capitalismo possui uma dupla tendência centralizadora: a concentração demográfica em paralelo com a concentração do capital. Seguindo uma trajetória que vai da instalação de uma indústria de médio porte que atrai um povoado ao seu redor, passando para a chegada de outras indústrias, expandindo a população até chegar à formação de uma cidade de grande porte, Engels (2008) explica como a concentração populacional oportuniza as condições perfeitas para a acumulação de capital. Assim, ele justifica o espantoso crescimento das cidades industriais.

Com riqueza de detalhes, Engels (2008) põe a nu todo o horror da realidade urbana, descrevendo as condições da classe operária em Manchester. Ele destaca a insalubridade das construções, a contaminação dos rios com a falta de tratamento dos detritos, o congestionamento das cidades e o uso desordenado dos terrenos:

> Filas únicas de casas ou grupos de ruas surgem aqui e ali, como pequenas vilas, sobre o novo solo de argila, no qual não cresce nem ao menos grama; as ruas não são nem pavimentadas, nem servidas por esgotos, mas abrigam numerosas colônias de porcos encerrados dentro de pequenos currais ou pátios, ou vagando sem restrições pela vizinhança. No centro, a confusão foi levada ao extremo pois, onde quer que o programa do período precedente deixou uma porção ínfima de espaço, foram acrescentadas outras construções, até não restar entre as casas uma só polegada de terreno onde ainda se possa construir. Nos novos bairros, a situação é ainda pior porque se antes se tratava de casas únicas, aqui cada pátio e cada quintal é acrescentado ao bel-prazer de cada um, sem levar em conta a situação dos demais. Ora uma ruazinha vai em uma direção, ora vai em outra; em cada extremidade cai-se em um beco sem saída, ou gira-se em torno de uma ilha acrescentada, que leva o visitante ao ponto de partida (ENGELS, 2008, p. 72).

Interessante observar que esse cenário descrito por Engels, período logo posterior à Revolução Industrial, ainda é tão evidente na periferia ou subúrbio das metrópoles brasileiras. Como a maior parte dos artistas urbanos emerge desse contexto, há aqueles que desenham essa realidade em suas obras.

O segundo episódio da série *Sampa Graffiti* apresenta os grafiteiros Fabio Biofa e Pixote. Enquanto eles são entrevistados, eles produzem um grafite que retrata o alagamento que ocorreu havia poucos dias em seu bairro de periferia, quando transbordou o canal devido às chuvas. Eles fizeram uma arte-protesto para deixar na memória dos passantes o que aconteceu e a resposta da prefeitura, dizendo que não podia fazer nada, pois não se fazia limpeza de canais em época de chuvas[73].

Dois outros exemplos, alvo de censura do poder público, foram os trabalhos produzidos pelos grafiteiros Beto Silva e Bruno Perê quando da inauguração da Estação Adolfo Pinheiro, em Santo Amaro na zona sul de São Paulo. Eles fizeram uma crítica à atuação da Polícia Militar desenhando uma coxinha fardada de policial correndo atrás de marginais. Em outro trabalho, eles desenharam os vagões do metrô como se fossem navios que ainda transportavam escravos. No grafite havia a frase: "todo vagão tem um pouco de navio negreiro". Esses casos, em especial,

---

[73] Vídeo 33 do Apêndice B.

serão detalhados no capítulo 4, exemplificando a atuação repressora do poder público frente a grafites que expõem as desigualdades sociais.

Em uma reflexão sobre as condições de vida na periferia, encontro um compêndio de desabafos de pichadores, como Autópsia, Presídio 34 e membros do grupo L.I.V.R.E (Loucos Indiferentes Vivendo o Risco Eternamente), que expõem que a pichação não é uma novidade, uma vez que a humanidade sempre foi orientada por signos. Bons ou ruins, os signos da pichação conseguem romper essa fronteira. Nesse sentido, a pichação é a resistência a toda essa opressão de viver na cidade, à condição que se vive, pois, se um cidadão adoece, por exemplo, não sabe se terá tratamento ou não. Picha, então, para escancarar a outra verdade que ficou oculta. Esse grito vem da periferia porque lá não há sequer espaço, uma vez que a favela é sinônimo de escassez e pobreza. A apropriação da rua é um protesto para quem mora na periferia. Picha-se para a sociedade dita "normal" começar a observar o ponto de vista deles[74].

Porém, para o artista plástico e educador Rui Santana, que trabalha com oficinas de grafitagem para jovens de periferia, a arte ainda retrata muito pouco a vida da periferia, do subúrbio, com seus problemas e disfuncionalidades, suas rotinas e soluções. O grafiteiro Bá já é uma reparação dessa queixa quando, também como os seus alunos, grafita o clamor de paz da sua comunidade[75]. Concluo que, se a pichação trabalha com signos muito particulares compreendidos apenas entre os próprios pichadores, poderia ser, então, por meio da grafitagem a forma mais adequada de trazer explicitamente o contexto da periferia para a arte de rua.

Nesse caso, a arte urbana, enquanto movimento, pode, de fato, retratar desigualdades sociais, porém ainda não apresenta resultados coletivos expressivos de mudança dessa realidade, no que tange especificamente a padrão de vida. Posso identificar casos isolados e individuais de artistas urbanos que saíram de uma condição de origem mais humilde e vivem hoje de sua produção artística, trabalhando inclusive em outros países. Para Dingos[76], o grafite é uma ferramenta de transformação da realidade do próprio artista.

Os exemplos mais midiáticos são o de Eduardo Kobra, que nasceu no bairro do Campo Limpo[77], e Os Gêmeos, nascidos no Cambuci[78]. Talvez, no futuro, assim como Juneca e Pessoinha podem ser considerados precursores da arte urbana no Brasil, Kobra e os Gêmeos poderão ser reconhecidos como pioneiros em um movimento que promove realmente mudanças na qualidade de vida dos envolvidos.

Sua produção artística, reconhecida mundialmente, tira-os da condição de grafiteiros e os classifica como muralistas[79] – influenciados pelo Movimento Muralista mexicano – ou simplesmente artistas plásticos[80] cujo fazer artístico é autorizado, reconhecido e remunerado. Isso os torna passíveis de grandes críticas

---

[74] Vídeo 6 do Apêndice B.
[75] Vídeo 139 do Apêndice B.
[76] Vídeo 32 do Apêndice B.
[77] Vídeo 152 do Apêndice B.
[78] Vídeo 14 do Apêndice B.
[79] Vídeo 152 do Apêndice B.
[80] Vídeo 2 do Apêndice B.

de outros artistas urbanos que afirmam que eles foram cooptados, como se tivessem cedido à sedução do capitalismo e incorporados ao segmento da arte oficial, um segmento hipereficiente em comparação a um Estado que atua de forma ineficiente para esse público. Tenho aqui uma linha molar que territorializa espaços e codifica fluxos mediante a ação direta do mercado.

Uma discussão mais complexa seria como conquistar uma independência no campo da arte, em especial, a financeira, nesse contexto capitalista, sem recorrer à comercialização de sua produção. Por mais que tais artistas defendam ainda a rebeldia da arte, uma vez contratados, sua produção passa a ter uma interveniência do contratante em aprovar ou não. Muitas vezes, o trabalho é feito sob encomenda, tirando do artista a escolha do tema e, consequentemente, sua liberdade de expressão. No vídeo *Pixo: Arte Libertária*[81], há o seguinte relato crítico de Cripta Djan a respeito: "A pichação não é obrigada a respeitar nada que é privado. Se o grafite privatizou, não merece ser respeitado pelo picho".

Nesse processo de transformação, à medida que o grafite vai sendo aprovado e apropriado pelas classes dominantes, pelos curadores de arte e galeristas, vai gerando mais um movimento de resistência à periferia, estigmatizando o grafiteiro e o pichador puramente de rua. Esse grafiteiro da periferia e da cultura popular continua estigmatizado. É um fenômeno complexo e recente[82].

Por outro lado, há aqueles que defendem a inclusão da arte urbana no mercado artístico. A grafiteira Tikka[83] entende isso como um fluxo normal: "Aos poucos vai se desenvolvendo um desenho e tendo uma identidade pessoal, isso é o que o torna um artista, e vai para a galeria".

O vídeo *Curta Artes*[84], que aborda a *II Bienal do Graffiti,* fala da profissionalização e geração de emprego e renda do grafite nos últimos 10 anos. O curador do evento, Binho Ribeiro, explica que é um processo de evolução da grafitagem com a aceitação da sociedade, tirando o jovem da marginalidade. Os Gêmeos e Kobra abrem o mercado da arte para outros grafiteiros, mostrando que ela está em ascensão desde o seu surgimento. Os artistas estão amadurecendo juntamente com o público. E, na sua ótica, todo esse processo evolutivo vem acontecendo de uma forma saudável e bem natural.

Essa situação em particular parece colocar em desconforto Eduardo Kobra, quando ele afirma, em uma entrevista recente, que 95% do que ele pinta nas ruas ainda é de forma espontânea e voluntária, sem ser contratado[85].

2.2.4 O espaço público sob perigosos riscos

Retomando Benevolo (2014) com as contribuições da Revolução Industrial para o desenvolvimento das cidades, temos duas delas fortemente relacionadas.

---

[81] Vídeo 5 do Apêndice B.
[82] Vídeo 146 do Apêndice B.
[83] Vídeo 29 do Apêndice B.
[84] Vídeo 80 do Apêndice B.
[85] Vídeo 107 do Apêndice B.

Uma delas é a produção do espaço a partir do critério de escala com a construção de estradas mais amplas, canais mais largos e profundos facilitando a locomoção de pessoas e objetos por terra e por água. Como consequência, aumentam-se os movimentos migratórios, promovendo uma maior concentração de pessoas nas cidades. Esse adensamento populacional ocasionou um aumento significativo na construção de novas casas e de edifícios públicos maiores para atender essas novas demandas da sociedade.

> A economia industrial não seria concebível sem um novo aparelhamento de edifícios e de instalações novas – fábricas, lojas, depósitos, portos – que devem ser construídos em tempo relativamente curto, aproveitando a redução da taxa de juros, a qual permite a imobilização de vultosas somas em aparelhamentos que irão frutificar somente a longo prazo (BENEVOLO, 2014, p.36).

A outra contribuição, consequência da anterior e alvo de maior atenção, está no novo significado que terrenos, construções e objetos assumiram com o giro da economia capitalista. Ashton (1970) explica que "um novo senso da época foi uma das mais notáveis características psicológicas da Revolução Industrial" (p. 129). Outrora, os objetos sofriam tão poucas mudanças, podendo ser considerados praticamente imóveis. Com as exigências de precisão, novos hábitos de planejar e as constantes mudanças de valores, aspectos antes considerados estáticos passaram a ser mais dinâmicos. No que tange aos terrenos e construções, observamos que:

> Enquanto um edifício era considerado como dotado de uma duração indefinida e o terreno como empregado de maneira estável, o valor deste estava, por assim dizer, incorporado ao valor do edifício; contudo, se a duração do edifício é considerada limitada, o terreno adquire um valor econômico independente, variável de acordo com as circunstâncias e, se as transformações de edificação forem bastante frequentes, nasce um mercado dos terrenos (BENEVOLO, 2014, p.36).

Como consequência, o Estado, sob a influência das teorias econômicas liberais, aliena em quase toda parte seus domínios, rompendo qualquer obstáculo para a livre compra e venda de terrenos e transferindo o solo da cidade para a iniciativa privada. Para Mumford (1998), historiador americano, a cidade não era mais tratada como uma instituição pública, mas sim, como uma aventura comercial privada[86]. Gradativamente, percebe-se à época, nos países economicamente avançados, a adaptação do poder político ao econômico e do sistema administrativo à nova composição do urbano. Sob uma ótica pós-estruturalista, ao explicar o Tratado de Nomadologia – contemplado mais adiante em seção própria – Deleuze e Guattari abordam essa apropriação público-privada de uma forma mais abrangente no mundo moderno:

> A esfera pública não caracteriza mais a natureza objetiva da propriedade, mas é antes o meio comum de uma apropriação que se tornou privada; entra-se, assim, nos mistos público-privado que constituem o mundo moderno. O laço se torna

---

[86] Lefebvre (2001) critica Lewis Mumford como um pensador que visualiza a cidade moderna como a cidade ideal e simultaneamente racional, "composta por cidadãos livres, libertados da divisão do trabalho, das classes sociais e da luta dessas classes, constituindo uma comunidade, associados livremente para a gestão dessa comunidade" (p.47).

pessoal; relações pessoais de dependência, ao mesmo tempo entre proprietários (contratos) e entre propriedades e proprietários (convenções), duplicam ou substituem as relações comunitárias e de função; mesmo a escravidão não define mais a disposição pública do trabalhador comunal, mas a propriedade privada que se exerce sobre trabalhadores individuais (DELEUZE e GUATTARI, 1997, p. 148, v. 5).

Está aqui uma das maiores críticas que a arte urbana faz à vida nas cidades. A atuação do Estado em prol dos interesses privados gera inúmeras consequências, dentre elas os novos significados que o espaço público tem assumido na contemporaneidade de uma metrópole como São Paulo. A Tabela 2.1 traz os significados mais presentes sobre o entendimento de espaço público no discurso da arte urbana.

Significados de espaço público	Evidência
Desordem	"A rua era um espaço público e público era do governo. Sua liberdade era a sua casa, em quatro paredes. Agora a rua é pública e de todos. Então se ela é minha, eu tenho liberdade de usá-la de toda forma. A rua é liberdade. A rua é a minha liberdade. A rua é uma escola. Escola de vida. Na rua você aprende a malandragem. A rua nunca me traiu e é pra ela que eu dou moral. É parte do meu corpo[87]" (pichadora anônima, *Luz, Câmera, Pichação*, 2016).
Hostilidade	"Em São Paulo, a vida de desenvolve nos espaços privados. Nosso convívio com o espaço público é normalmente agressivo: perigo, cuidado, siga, atenção! A arte urbana é uma possibilidade de comunicação mais generosa com o espaço público. Uma mensagem mais generosa com as pessoas[88]" (Cauê Novaes, *Diverso – Arte Urbana*, 2014).
Perigo	"Os grafiteiros têm familiaridade com o ambiente selvagem da rua[89]" (Os Gêmeos, *Cidade Cinza*, 2013).
Opressão	"É uma cidade que oprime, muito murada, cinza, tem pouco parque, as pessoas não se comunicam, as calçadas são estreitas, [...] vivem dentro dos carros. É uma cidade difícil, não é uma cidade humana[90]" (Marcelo Mesquita, *Grafite, Pixo ou Cinza*, 2017).
Privatização	"Grafite tem caráter transformador e de reflexão. Na área rica, as pessoas são donas da rua e não recebem bem o artista. Na periferia, existe mais aceitação[91]" (Paulo Ito, *Sampa Graffiti 19*, 2014).
Ocupação	"O trânsito desses meninos são bem restritos na própria favela, onde os territórios são muito marcados. A arte urbana é uma forma do jovem da periferia transitar em áreas da própria periferia que são negadas para ele devido à presença de gangues[92]" (Júnia Torres, *Bem Cultural – Série Hip-hop*, 2012).

---

[87] Vídeo 58 do Apêndice B.
[88] Vídeo 48 do Apêndice B.
[89] Vídeo 157 do Apêndice B.
[90] Vídeo 2 do Apêndice B.
[91] Vídeo 17 do Apêndice B.
[92] Vídeo 139 do Apêndice B.

Liberdade	"A rua tem a curadoria espontânea, a curadoria da correria de quem chegar primeiro[93]" (Gustavo Coelho, *Grafite, arte, vandalismo e preconceito no Cultura de Ponta*, 2014).
Coletivo Mutabilidade	"A rua é um espaço coletivo. A cidade é implacável, nada passa impune à cidade. O significado produzido numa cidade está ali, se transforma, se multiplica e se torna outros significados. Também desaparece. Na cidade, nada é perene[94]" (Alexandre Orion, *Defense D'afficher*, 2015).
Passagem	"Pensar que as ruas não são apenas lugares de passagem, mas pode-se ficar lá, estar lá... a arte pode entrar nesse campo arenoso do imaginário e pode produzir novos valores simbólicos imaginários: pressa, grana, capitalismo. A arte pode sensibilizar o espaço e as pessoas[95]" (Brígida Campbell, *Diverso – Arte Urbana*, 2014)
Aridez	"Luta-se por um espaço público sem propagandas que poluem ambientes. Falta árvore, flores[96]" (Rui Amaral, *Arte Urbana*, 2015).

Tabela 2.1: Significados mais presentes sobre o espaço público no discurso da arte urbana.
Fonte: O autor (2017).

Identifico, então, que, em grande maioria, o entendimento sobre espaço público traz consigo mais aspectos negativos do que positivos, tornando-se pouco convidativo ao cidadão. Partindo da ideia de que o espaço público não tem dono e o Estado tem atuado de forma ineficiente na sua oferta e manutenção, é natural estabelecer duas linhas: apropriar-se dele por outrem ou deixá-lo abandonado (ambos linhas molares). A apropriação é aqui compreendida como a privatização desse espaço, a concessão deliberada do espaço público pelo Estado para a iniciativa privada, especialmente em áreas privilegiadas da cidade. Há também outras formas de apropriações, como pelo estado paralelo, pelas milícias, por gangues nas áreas pobres da cidade[97]. No outro sentido, o abandono pode sinalizar a ineficiência do Estado com a manutenção daquela área ou ainda, pior, já ser uma estratégia de futura concessão para construtoras e imobiliárias, em uma época em que é praticamente consensual a compreensão de que a administração empresarial é mais eficiente que a pública. Isso é retratado no discurso sobre gentrificação[98]:

> Precisamos revitalizar o centro da cidade? Mentira! Tudo o que a cidade tem é vitalidade. Que vitalidade é essa? Aos interesses imobiliários. Existe uma certa incapacidade da arquitetura e do urbanismo de respeitar a comunidade já existente (Agnaldo Farias, *Diverso – Arte Urbana*, 2014).

O abandono desvaloriza o terreno, facilitando a aquisição por construtoras e imobiliárias. Uma vez que o espaço público se torna privado, o Estado só tem vantagens financeiras: reduz os custos de manutenção e aumenta a receita com tributação de propriedade. Ao espaço abandonado, cabem adjetivos como *árido, opressor, hostil, perigoso* e *desordenado*.

---

[93] Vídeo 7 do Apêndice B.

[94] Vídeo 45 do Apêndice B.

[95] Vídeo 48 do Apêndice B.

[96] Vídeo 8 do Apêndice B.

[97] Denomino essas apropriações de "ocupação", pois considero que exercem um poder de apropriação e controle mais intensos em determinados territórios do que o próprio poder público.

[98] O termo *gentrificação* foi utilizado pela primeira vez por Ruth Glass em meados do século passado em uma tentativa de descrever o processo de investimento, reabilitação e apropriação, pela classe média assalariada londrina, de um estoque de moradias e de bairros operários ou populares, transformando a composição social dos residentes de certos bairros centrais por meio da retirada de camadas populares (NERY e CASTILHO, 2008).

Nessa mesma linha, de forma contundente, o pichador Biscoito denuncia que vivemos em uma sociedade em que a propriedade privada é mais valorizada que a vida humana:

> A sociedade que defende o domínio privado e o patrimônio, mais do que os jovens, isso mostra uma situação complicada de cidade. O jovem é o embrião da existência da comunidade. Se um rabisco na parede faz a gente reagir dessa maneira, ele está rasurando uma lógica de cidade, uma visão muito mesquinha da vida, onde o que é meu e o que é seu é mais importante do que a vida do jovem, sua morte, sua tortura, mutilação. É preciso compreender o discurso do rejeito, da escória da cidade. Esse discurso do nojo, essa metáfora da praga, você lança a cidade se matando na potência criativa.[99].

Esse relato se coaduna com as estatísticas de homicídio das grandes cidades em que o jovem da periferia, pobre e negro é o perfil com o maior número de vítimas, como também é o público mais extenso nos presídios. Em matéria publicada na *Folha de São Paulo* sobre o mapa da violência urbana na capital paulista, os números revelam as discrepâncias entre bairros ricos e pobres. O bairro mais violento em número de homicídios no intervalo pesquisado foi Jardim São Luiz, localizado na zona sul, com 16 mortes por cada 100 mil habitantes, resultado pior que muitos países pobres da África e da América Central. No outro extremo, o bairro de Jardim Paulista, bairro rico da zona oeste, apresentou 1 morte para cada 100 mil habitantes, padrão da Suécia, por exemplo (FOLHA, 2017a).

De acordo com matéria publicada no Estadão, até o dia 20 de abril de 2017, 126 pichadores foram detidos pela Polícia Militar, enquanto em 2016, na gestão de Haddad, o total foi de apenas 60 pichadores (ESTADÃO, 2017b). Além da prisão, há a denúncia, em especial de pichadores, de que a Polícia Militar tem atuado de forma cada vez mais truculenta contra os pichadores, tanto que muitos deles recorrem aos grapixos para que os policiais interpretem sua arte como grafitagem e atuem de forma menos repressora[100]. Porém, se a causa da punição é a invasão maléfica do espaço público, o que dizer do barulho e da poluição que também invadem e a sociedade não identifica culpados?[101]

A discussão sobre a violência urbana[102] não é simples e é constantemente tangenciada pela arte urbana. Ressalto aqui apenas que ambas – a violência e a arte urbanas – antes centradas nas maiores cidades brasileiras, se fazem presentes na realidade de praticamente todas as cidades. No caso específico da violência, a ideia de que a coletividade oferecia segurança deu lugar à busca pelo isolamento como forma de proteção contra a violência existente.

Costa (1999) defende que a violência urbana no contexto brasileiro tomou proporções alarmantes devido ao alinhamento do Estado aos interesses dos grupos

---

[99] Vídeo 155 do Apêndice B.
[100] Vídeo 146 do Apêndice B.
[101] Vídeo 10 do Apêndice B.
[102] A arte urbana ainda é um movimento predominantemente de artistas masculinos. Uma das causas para que a presença feminina seja menor está no espaço publico considerado violento e perigoso, em especial, para as mulheres permanecerem. Ressalto aqui que a discussão de gênero na arte urbana abre um vasto campo para o desenvolvimento de outras pesquisas.

dominantes, haja vista o crescente envolvimento de seus agentes em atos de violência e arbitrariedades cometidos contra a população mais pobre. Nesse sentido, Maricato (2013) alerta para as diversas teorias que discutem e associam equivocadamente a violência à pobreza. Outras teorias mais precisas estabelecem relações entre a violência urbana, a desigualdade, a exclusão e o desemprego.

Até então, a necessidade de profundas transformações no espaço público compõe a discussão sobre o direito à cidade, porém tantas vezes a intencionalidade é barrada diante das grandes corporações de construtoras e imobiliárias, tornando-se apenas uma linha molecular.

Nessa discussão sobre o direito à cidade, surge o direito à arte, que está associado diretamente à sua exposição no espaço público. Tantas vezes o discurso do uso da rua é justificado pela oportunidade de tornar a arte acessível a todos. Seria um contraponto democrático e popular às galerias e aos museus que ainda são considerados espaços elitizados, de difícil acesso às camadas sociais mais baixas da população. Esse ponto é exemplificado no relato do grafiteiro Galo e do urbanista Sérgio Franco:

> O rico e o mendigo terão a oportunidade única de ver aquilo. Ela é muito democrática. Doação de uma arte que não se tem controle nenhum. É um exercício de humildade, doação para o próximo sem saber o que vai acontecer depois[103] (Galo, *Sampa Graffiti 5*, 2010).

> O grafite democratizou a arte. Ele não faz um trabalho para ficar isolado num museu nem na galeria. Não precisa dos críticos de arte, nem da aceitação do Estado, não precisa da apreciação dos estudiosos da arte. Ele existe por existir. Na rua[104] (Sérgio Franco, *Paredes que Gritam*, 2016).

Um fato em especial chamou a minha atenção e pode sinalizar que linhas de fuga já começam a ser vistas na reapropriação do espaço público pela população. Depois das ações populistas de João Doria no início de 2017, um morador do Beco do Batman[105] resolveu apagar os grafites que estavam no seu muro, pintando-o de cinza. Porém a pressão social foi tamanha que o mesmo cedeu seu muro horas depois para novas grafitagens (O GLOBO, 2017). Posso interpretar essa repercussão com a efetivação de duas falas de pichadores criticando a propriedade privada que domina a cidade. Um deles expõe que muro de alguém é uma imposição muito mais séria do que o picho[106]. Outro demarca território ao explicar que o muro é do morador do portão para dentro, do portão para fora é de ninguém[107]. Nesse caso, visualizo que as linhas moleculares com a potência de mudança do significado de espaço público começa a se materializar por meio dessa ação de recuo do morador. Uma rota de fuga que rompe o muro da propriedade privada e permite que a arte urbana se aproprie como um bem coletivo.

---

[103] Vídeo 30 do Apêndice B.
[104] Vídeo 4 do Apêndice B.
[105] Localizado na Vila Madalena foi ocupado primeiramente pelo Coletivo Tupinãodá, um dos primeiros grupos de artistas grafiteiros do Brasil (BBC, 2017).
[106] Vídeo 6 do Apêndice B.
[107] Vídeo 73 do Apêndice B.

2.2.5 O direito ao prazer

Grandes discussões que sucedem qualquer ação de repressão do poder público aos grafismos se referem à sua legalidade, à liberdade da arte, ao uso democrático do espaço público. Isso ocorreu nas duas mais recentes iniciativas de banir da cidade de São Paulo os grafites e as pichações ilegais: na gestão do prefeito Gilberto Kassab em 2009 e, há pouco, na gestão do Prefeito João Doria, em 2017. Normalmente, os movimentos de reação são liderados pela classe artística que se sente diretamente atingida, reconhecendo os grafismos – ou pelo menos o grafite – como uma manifestação artística. Porém, percebo que essa reação é seguida de uma resposta mais suave do poder público e, consequentemente, o protesto é silenciado.

Por outro lado, quanto maior a repressão e as tentativas de controle do espaço público por parte do poder municipal, maior também passa a ser a vontade de transgredir dos artistas urbanos, em especial dos pichadores. É como se o efeito colateral fosse mais forte que o efeito esperado.

Logo após o lançamento do *Programa Cidade Linda*, o *site* do *El País* (2017) publicou uma matéria intitulada *A "maré cinza" de Doria toma São Paulo e revolta grafiteiros e artistas*. Nela, especialistas expuseram suas opiniões sobre a situação e anteciparam consequências. O pesquisador de Antropologia Urbana Alexandre Pereira alertou que essa ação pública poderia provocar um incentivo natural ao picho, uma vez que são inerentes à pichação a perseguição e a proeza. Desde o governo de Jânio Quadros, em 1985, que se tenta limar a pichação conforme recorte de jornal na Figura 2.8, porém sem êxito.

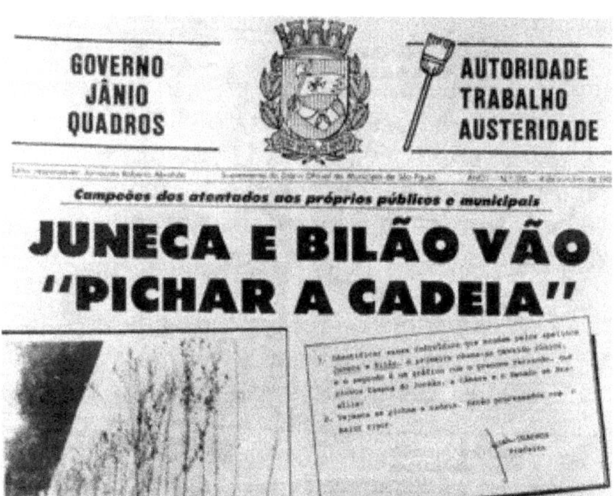

Figura 2.8: Jânio Quadros e a perseguição à arte urbana.
Fonte: *Site* de O Estadão, acesso em 15/11/2017.

O aspecto da ilegalidade e da transgressão são tão fortes nos grafismos que já se buscam termos alternativos para promover essa dissociação. Para Eduardo Kobra, o que diferencia mural de grafite é a legalidade: "o mural é simplesmente a arte autorizada. O grafite é feito de forma ilegal[108]". Ele, inclusive, se intitula agora

---

[108] Vídeo 152 do Apêndice B.

muralista. O mesmo entendimento tem Rui Amaral, um dos precursores do grafite nos anos 1980: "O grafite ainda é ilegal. O grafite legal é o mural. A transgressão faz parte do DNA. O que marca o grafite é a ilegalidade, o que te leva a fazer o trabalho[109]".

Em uma compreensão diferente, em entrevista, o grafiteiro Shock defende que o aspecto da transgressão já é algo ultrapassado no grafite, datado do período dos anos 1970 até início dos anos 1990. Na sua ótica, a grafitagem já "evoluiu" e consegue dialogar melhor com o Estado e com o mercado artístico, porém mantendo a ideologia do *hip-hop*[110]. O prazer não está mais na adrenalina da pressa, da fuga, pois o grafite contemporâneo demanda tempo, logística e técnicas mais apuradas.

A ilegalidade, por consequência, evoca outros entendimentos para os grafismos: vandalismo, desordem, depredação do patrimônio, associação direta com as drogas, o mundo do crime e da violência urbana. Essa estratégia é tão usada pela mídia que praticamente toda reportagem que contempla diretamente a pichação promove essas relações. O programa *Conexão Repórter*, exibido no canal SBT, produziu um episódio exclusivo sobre a pichação. Além do tom sombrio da matéria e das associações com as drogas, a pobreza, a periferia e a violência, o título já era uma provocação clara de embate: (*A Guerra aos Pichadores*) e a manchete, uma depreciação contundente (*Uma viagem ao submundo da pichação*)[111].

Acredito que esse entendimento é compartilhado pela maior parte da população e não é infundado. Um pichador não identificado relata: "O cara, para conseguir tinta, rouba. Não é sempre que se tem o dinheiro. Um ato ilegal leva a outro ato ilegal". Outro do mesmo grupo ainda afirma: "Como é possível ser um anjo morando com o demônio? Na favela todos consomem drogas"[112].

Porém, em uma proposta rizomática, é preciso fazer também outras leituras, estabelecer outras linhas, outras possibilidades de verificar o objeto em discussão. O desejo de transgredir pode ser o contraponto da opressão. O desejo pela adrenalina pode ser um contraponto de uma vida entediante, monótona e operativa. Seriam linhas de fuga ainda não aprisionadas pelos instrumentos de captura do Estado e que estão na base da arte urbana, enquanto movimento decorrente do *hip-hop*.

A transgressão é tão presente no discurso da arte urbana como a adrenalina. Para outro pichador, também não identificado: "Quanto maior a dificuldade, maior é a glória do pichador. É sofrido, perigoso, arriscado, pode tomar processo, perder a vida. Adrenalina que quando passa, quando termina é um prazer"[113]. Cripta Djan toca nessa relação da adrenalina com a vida paralela que o pichador geralmente leva:

> A população precisa ouvir a voz dos pichadores. Eles não querem mostrar o rosto nem revelar suas identidades. A cobrança está sendo desproporcional. Todos os problemas da

---

[109] Vídeo 8 do Apêndice B.
[110] Shock é da terceira geração do grafite em São Paulo e afirmou que demorou muito tempo para viver do grafite, sua principal fonte de renda.
[111] Vídeo 56 do Apêndice B.
[112] Vídeo 146 do Apêndice B.
[113] Vídeo 73 do Apêndice B.

cidade parecem que são causados pelos pichadores. Eles agem na clandestinidade. No trabalho diário, as pessoas não sabem que a pessoa seja pichador. A família pode saber, mas no trabalho não. Eles não querem que os filhos sejam pichadores também. Outros não expõem aos seus filhos que picham. O risco da prisão é o combustível que os move. Há adrenalina. Eles gostam de desafiar o perigo. Não há lei, há adrenalina[114].

Nesse discurso, vários pontos merecem ser destacados. Inicialmente, o fato de um pichador tantas vezes ser um trabalhador normal que, inclusive, compra a tinta com recursos próprios, rompendo a ideia de que toda tinta é resultado de roubo. Essa vida paralela, de um cidadão normal que mora na periferia, é normalmente marcada por uma cidade que oprime e que o trata de forma instrumental apenas como máquina, resgatando os conceitos de *homem lento* (SANTOS, 2004) e de *homem passivo* (LEFEBVRE, 2001). O perigo da pichação, pelo fato de ser ilegal e pela performance arriscada ao escalar prédios, viadutos, pontes e torres sempre à procura de maior visibilidade em um ponto mais alto da cidade, pode desmotivar os pichadores a orientar seus filhos a seguir esse caminho, como um instinto natural de proteção paterna. Outro entendimento é a total incompatibilidade da arte urbana transgressora com o papel de ordenamento do Estado. Uma vez a transgressão sendo uma questão ontológica para a grafitagem e a pichação, o Estado como doutrinador e controlador é condição de sua existência, por apresentar as condições que estabelecem os limites a serem rompidos. Porém, além das condições das metrópoles brasileiras criticadas pelos artistas urbanos, outro ponto que pode justificar o motivo de o movimento da arte urbana ter tanta ascensão no Brasil está no fato de o Estado ser extremamente ineficiente em suas políticas de manutenção e controle do espaço público. Apesar da existência de uma legislação balizadora, o poder público não consegue atuar com eficiência na proibição do que é ilegal.

Isso se faz compreensível no relato do sociólogo e filósofo César Augusto Eugênio, referindo-se, nesse caso, apenas ao pichador:

> O pichador é um transgressor. Transgredir a lei justifica (é o que dá sentido) à sua existência. A ilegalidade é a existência do pichador. Se der espaço, ele não vai querer usar o espaço. Ele quer a ilegalidade. O enquadramento é o seu próprio grupo. Mesmo eles não se percebendo enquadrados dentro do próprio grupo, mas eles estão. Eles se sentem tão originais como águias solitárias no mundo. Eles formaram um grupo e eles podem não obedecer as leis que nós obedecemos, mas eles obedecem as leis criadas pelo próprio grupo. Quando o garoto diz que não tem oportunidade, não tem curso, ele está criando as justificativas para a própria transgressão. Na pichação, não tem como o Estado atuar pois é totalmente antagônico. O Estado não pode dar capacitação de pichação, delimitar espaços na cidade... uma vez que a pichação é naturalmente o contra[115].

---

114 Vídeo 73 do Apêndice B.
115 Vídeo 73 do Apêndice B.

Porém, a partir do Tratado de Nomadologia de Deleuze e Guattari, entendo que essa dualidade da arte urbana com o Estado não possui fronteiras bem definidas. Não há território totalmente liso, tampouco totalmente estriado. Essa realidade é de avanços e recuos, incorporações, "ex"corporações, transformações e conquistas. Há máquina de guerra dentro do Estado como o contrário. No universo da pichação, uma vez que há as suas próprias leis – como o respeito ao picho que já está no muro sem poder "atropelá-lo" –, percebo que a geração de um estatuto particular já é um aprisionamento a uma máquina de guerra que tem a transgressão como linha de fuga primária. Vejo aqui um território movediço capaz de aprisionamentos por qualquer lado, tanto do lado do Estado como da própria arte urbana.

Esse comportamento gregário dos pichadores é também explicado pela psicóloga Olga Tessari quando os descreve como um grupo coeso, unido em prol de um mesmo ideal, porém há uma disputa interna pelo reconhecimento de quem é o melhor. Essa disputa se dá entre os colegas para saber quem pichou mais alto, maior e mais vezes. É o esporte radical da periferia, e os "atletas" acabam se viciando na adrenalina. Nesse aspecto, os combustíveis dos pichadores seriam, portanto, adrenalina e vaidade[116]. Aqui, o caráter político e de crítica à sociedade moderna perdem intensidade, podendo ser apenas um sintoma dessa sociedade.

> Pichação não é forma de protesto. Protesto é quando se imprime "Fora Lula!". Isso não é pichação. Pichação é uma forma de amor, de adrenalina[117] (pichador não identificado, *Contra a Parede*, 2015).
> É um estilo de vida clandestino. Se fosse permitido, não teria graça. Silêncio da noite, adrenalina, a contravenção, a atração pela ilegalidade[118] (Pichador não identificado, *A Guerra aos Pichadores*, 2017).
> Ver o seu nome, ser conhecido, adrenalina do momento[119] (Pichador não identificado, *Occupation visuelle*, 2015).
> Sensação de adrenalina a mil, esquece de tudo, dos problemas[120] (relato de Maicon Exorcity que teve as pernas amputadas nos trilhos, por um desmaio que teve quando fazia surfe no trem, *Vandalismo ou Protesto*, 2014).

Isso, portanto, corrobora o entendimento de um pichador não identificado que reconhece as três principais motivações para o envolvimento dos pichadores com a cultura de rua: primeiro como reconhecimento social, segundo como *hobby* e adrenalina, terceiro como um aspecto de arte de protesto[121].

2.3 O discurso da arte urbana e a experiência individual

Ao tecer os fios que compõem o discurso da arte urbana, posso constatar que ele ainda é carregado de crítica ao Estado e ao capitalismo, assumindo o lado do

---

[116] Vídeo 86 do Apêndice B.
[117] Vídeo 146 do Apêndice B.
[118] Vídeo 56 do Apêndice B.
[119] Vídeo 6 do Apêndice B.
[120] Vídeo 86 do Apêndice B.
[121] Vídeo 111 do Apêndice B.

oprimido pelo "sistema", que é empurrado para as margens da cidade e da sociedade. Se há coerência entre o discurso e o conteúdo da arte produzida, esse é um outro ponto que ainda não tenho a pretensão de explorar. Compreendo aqui que o aspecto político da arte urbana vai além do conteúdo da arte, mas está impregnado no discurso dos seus artistas e, muito mais, no simples ato de fazer arte no espaço público, devendo, de alguma forma, afetar o espectador. Na minha ótica, é primordialmente nessa relação de produção da arte urbana com a cidade que fluxos políticos com um tom de crítica à modernidade emergem.

Na compreensão do discurso da arte urbana a partir das categorias de análise apresentadas, identifico predominantemente a presença das seguintes linhas conforme tabela síntese abaixo:

Enunciado	Linha		
	Molecular	De fuga	Molar
O traço cinzento da cidade	●		●
A cidade funcional	●		●
A outra face da cidade	●		●
O espaço público sob perigosos riscos		●	●
O direito ao prazer		●	●

Tabela 2.2: Enunciados presentes no discurso da arte urbana e suas linhas rizomáticas.
Fonte: O autor (2017).

A identificação dessas linhas não quer dizer que outras não podem existir. Provavelmente existem nessa composição rizomática, mais ampla e profunda. Porém destaco aquelas identificadas na minha análise que já se expressam com tamanha robustez que me permitem apresentá-las. Com isso, outras linhas em formação, assim como as ramificações finais de um rizoma, estão em expansão e me permitem, nesse caso, ao máximo concluir: tenho aqui um mapa que já se faz ultrapassado no momento em que digito o ponto final desta sentença.

No que compreende a linha de controle, estriamento de territórios e codificação de fluxos, para cada enunciado crítico, o Estado e o capital, em suas múltiplas facetas, têm linhas molares que impedem ou pelo menos dificultam ações sociais transformadoras a partir da arte urbana. Aqui não se busca estabelecer relação de causa e efeito, até porque toda crítica pressupõe, nesse caso, a já existência do fato, mas se pretende identificar como a máquina de guerra da arte urbana atua com suas linhas que procuram fugir do poder hegemônico dominador. Lembrando Deleuze e Guattari (1993), só em última instância é que a máquina de guerra encara e enfrenta os aparelhos de captura do Estado, assim como o artista urbano que pinta seus grafismos não autorizados na calada da noite, fora do alcance das câmeras de monitoramento do Estado e dos sistemas de segurança particulares dos condomínios.

Para a crítica à monotonia espacial da cidade, existe um estriamento espaço/tempo feito pela ideologia da modernidade que se materializa no progresso, na verticalização da cidade, na produção industrial em grande escala. Essa ideologia já está absorvida por grande parte da população, que assimilou o progresso como positivo, mesmo que suas benesses não lhe sejam ofertadas. Para a crítica à cidade funcional, o urbanismo moderno dota o Estado de uma legislação frouxa e permissiva, como também de um aparelhamento do regime estatal que lhe permite atuar em orquestração com o capital (DEL RIO e GALLO, 2000; HALL, 2016; LEME, 1999; SCHIFFER, 1989). No que se refere à desigualdade social presente nas metrópoles brasileiras, as linhas molares são fixadas a partir das formas perversas de produção e acumulação de lucro presentes na economia brasileira com o término do regime escravocrata e o advento da nossa industrialização tardios (SANTOS, 1967; MARICATO, 2000; PRADO JR, 2004), como também nas relações internas próprias dos nossos conflitos de classes sociais (OLIVEIRA, 2013; ROLNIK, 2017).

Quanto ao espaço público, a arte urbana consegue promover uma maior discussão sobre o seu uso e sua apropriação. Sempre que há um tensionamento com as gestões municipais de São Paulo por apagar grafites e pichações não autorizados, essa reflexão emerge e parte da sociedade discute os atuais significados que o espaço público tem assumido em nossas metrópoles: o público, o privado e o ocupado; a violência urbana; as fronteiras físicas e simbólicas; a coexistência de diferentes classes sociais em um mesmo espaço público etc.

Por fim, identifico que, para linhas moleculares de rompimento da arte urbana com o "sistema" em uma busca por prazer e adrenalina, há as ações de controle do Estado no espaço público. Como a gestão do espaço público é atribuição do poder estatal que não faz com a eficiência esperada, conforme já citado anteriormente, temos a degradação desse espaço, onde o ilegal, o proibido e injusto parecem dominar.

Saindo de uma visão macro com a promoção de transformações sociais mais amplas, parto para uma visão micro, do cotidiano do cidadão, nesse caso o artista urbano. Compreendo também que o lado do oprimido não pode se caracterizar como um posicionamento fixo do artista urbano como vítima de uma ideologia da modernidade, uma vez que ele também protagoniza, age e reage, enquanto cidadão e sujeito político. Se a arte urbana ainda não foi capaz de promover mudanças generalizadas no padrão de vida das grandes metrópoles, é na experiência individual do artista que ela pode se constituir efetivamente como linha de fuga, legal ou ilegalmente.

Em uma visão "romantizada", a ideologia da arte urbana busca a melhoria coletiva, não apenas a mudança de vida restrita ao artista. É de sua responsabilidade promover melhorias também em sua comunidade, atuando com um efeito multiplicador na sua prática cotidiana, como cidadão responsável pelo seu entorno.

Nesse sentido, Crawford (1999) expõe que, para Lefebvre, é na primazia da experiência humana que está o aspecto fundamental de qualquer definição de urbanismo. Ele se constitui na riqueza, na vitalidade da vida diária e na realidade ordinária. O urbanismo da vida cotidiana, portanto, prioriza a experiência vivida para compreender a cidade, haja vista que ela é um produto social, criado a partir das demandas do uso diário e das lutas sociais dos seus habitantes. Rolnik (2017) reforça esse entendimento quando afirma que São Paulo é um contínuo e crescente território de conflitos. Porém, em especial a partir dos anos 1990, movimentos no sentido de promover uma cidade mais justa começaram a surgir a partir de pequenas experiências individuais que tomaram fôlego e se expandiram.

Sendo assim, o artista urbano seria, por si só, uma potência de mudança, a princípio da sua realidade, podendo afetar outros cidadãos próximos ou distantes que forem impactados com o seu ato de fazer arte em um espaço público.

Capítulo 03
A arte urbana em linhas de fuga

A teorização crítica de estado apresentada pelos filósofos Gilles Deleuze e Félix Guattari é reconhecida pelos aspectos particulares e inovadores que podem ser discutidos e analisados como importantes eventos e fenômenos históricos e contemporâneos. A maior parte de seu conteúdo está presente em *Nomadology: The War Machine*. Em português, o mesmo texto se encontra no quinto volume do livro *Mil Platôs,* com o título *Tratado de Nomadologia: a máquina de guerra,* acompanhado dos platôs *Aparelho de Captura* e *O Liso e o Estriado.*

Para Deleuze, *nomadologia* é um conceito preocupado com a distribuição nômade e a ideia de nômade *versus nomos.* O nômade é moldado por uma identidade de ser que não está ligada ou atada ao território. Sendo assim, a nomadologia nos permite fazer perguntas sobre as políticas de um território, as identidades do *self* e dos outros, bem como a relevância das identidades tanto definidas como indefinidas (ZAHERI, 2016; BOUNDAS, 2006). O território dos nômades é o espaço liso, enquanto os espaços estriados são criados pelos sedentários. Estabelece-se aqui o conflito entre máquina de guerra e Estado, *logos* e *nomos*, xadrez e *go*, movimento e velocidade, arborescência e rizoma, ciência real e ciência menor.

Os filósofos partem da premissa de que a sociedade deve ser compreendida enquanto fluxos. A máquina social, ou *socius,* possui, como objetos, puros fluxos que abrangem todos os aspectos da vida: de pessoas, alimentos, excrementos, sentimentos, aqueles religiosos, identitários, de trabalho, de capital entre outros. Nesse sentido, a função da máquina social é organizar e controlar esses fluxos que estão constantemente em interação e movimento. Para isso, faz-se necessário imprimir códigos e rotulá-los. Compreende-se a sociedade, portanto, como um *socius* de inscrição de fluxos cujos movimentos só são feitos quando a inscrição o exige ou permite (DELEUZE e GUATTARI, 2010).

Porém, a sociedade não consegue ter controle de todos os fluxos, por mais que se busque eliminar espaços além dos seus limites já codificados. Constantemente, depara-se com fluxos que não se encaixam em códigos impressos, ultrapassam os limites e fogem. Isso se dá, por exemplo, diante de acontecimentos extraordinários, os quais possibilitam que fluxos novos surjam de onde não se espera ou que fluxos já codificados assumam novos atributos ou rotas não previstas. Repentinamente, uma linha de fuga, descodificada, rompe o *socius* e ameaça desestabilizar todo o sistema de códigos. Diante desse problema, os fluxos descodificados, considerados caóticos e selvagens, precisam ser inscritos, registrados e codificados "de tal modo que nenhum fluxo corra sem ser tamponado, canalizado, regulado" (DELEUZE e GUATTARI, 2010, p.51). Tem-se aqui o que os filósofos franceses chamam de processo de axiomatização voltado para a dominação dos fluxos descodificados.

Com o desenvolvimento do capitalismo, essa dinâmica mudou. Marx descreve o surgimento do capitalismo a partir da análise de quatro fluxos que, na ocasião do regime feudal, poderiam ser considerados descodificados. O primeiro se refere à massa humana disponível ao trabalho em troca de recursos mínimos que garantissem sua sobrevivência. O segundo fluxo é fruto da acumulação primitiva centrada nas mãos de poucos que são capazes de comprar qualquer coisa. Isso gera uma circulação de dinheiro e mercadoria, um embrião do entendimento de mercado. O terceiro fluxo descodificado é consequência do segundo com a circulação de mercadorias, onde se intensifica a propriedade privada. Por fim, há os novos meios de produção com o surgimento da máquina a vapor, uma descodificação da técnica que contribui para o aumento da produtividade (DELEUZE e GUATTARI, 2010).

A partir desse entendimento, observa-se que o capitalismo surge e se alimenta, então, da descodificação de fluxos. Se, por um lado, ele estimula essa descodificação como meio de gerar novas subjetividades capitalistas, por outro ele também se articula com o Estado Moderno para controlá-los e trazê-los por meio do processo axiomático. Dessa forma, o que antes era responsabilidade da máquina social, passa a ser responsabilidade prioritariamente do Estado. Pode-se perceber tal fenômeno quando o poder público atua no controle de trabalhadores e na regulação de mercados (SANTOS, 2010).

O Estado Moderno está necessariamente a serviço do capital, independentemente de seu regime político, seja totalitário, seja socialdemocrata, seja socialista. Ocorre, então, um isomorfismo em prol do capitalismo, denominado *capitalismo mundial integrado* (GUATTARI, 1986). Nesse caso, o que diferenciaria um Estado totalitário de um socialdemocrático está no processo de axiomatização. Enquanto em um regime totalitário ocorre a redução dos axiomas que se manifesta por meio, por exemplo, da supressão de conquistas sociais, em um regime democrático os axiomas são multiplicados, objetivando conter os fluxos descodificados para codificar ou reterritorializá-los (DELEUZE e GUATTARI, 1986). Nesse cenário, demandas de minorias são atendidas, como conquistas trabalhistas entre outras. Porém, uma vez atendidas, conquistadas, o processo não para. Na análise micropolítica da máquina de guerra, novos pensamentos emanam incessantemente capazes de gerar mais fluxos descodificados. Na opinião de Guattari e Rolnik (2011), são pensamentos nômades altamente interdisciplinares, desejosos por mudanças e nunca atrelados a determinadas perspectivas fundantes.

Porém, o conceito de capitalismo mundial integrado é muito mais extenso que a atuação do Estado Moderno. Guattari (1986) defende que o capitalismo se expande na sociedade, atuando, inclusive, nos setores não produtivos para que eles possam indiretamente se produzir. A dona de casa, a criança na escola, o telespectador diante do vídeo, o consumidor no supermercado, todos estão atuando a partir de valores capitalistas.

> A subjetividade capitalizada, produzida pelos equipamentos coletivos, tem a função de tornar homogêneos os valores do capitalismo, preparando os indivíduos para a produção econômica e subjetiva. Mesmo que um indivíduo, que passou

pelos equipamentos coletivos, não consiga ser inserido no mundo do trabalho para produzir, ele estará apto para reproduzir as relações subjetivas capitalizadas (CAMARGO, 2011, p.71).

Retornando à atuação do Estado Moderno, sua dinâmica é explicada pela ameaça que tais fluxos descodificados exercem no capitalismo. O Estado perde o seu papel dominante de sobrecodificação e ganha um papel subordinado à axiomática econômica em prol da acumulação privada. Nessa perspectiva, é indispensável que o capitalismo, por meio do aparato estatal, se aproprie desses fluxos para colocá-los a serviço da produção e do mercado capitalista. Há, então, no interior do Estado, os processos de subjetivação, gerando desejos, modos de percepção, de sentir e de viver que interessam ao capitalismo, o que permite a manutenção do controle. Nesse sentido, para os filósofos, nunca existiu o Estado Liberal, uma vez que a presença estatal está sempre a serviço do capitalismo por meio do seu aparelho de captura (DELEUZE e GUATTARI, 1997).

Isso é corroborado pela preocupação do Estado em sempre capturar territórios, desterritorializar[122] e reterritorializá-los, tornando-os sua propriedade. O espaço e o tempo deixam de ser lisos, constituídos pela máquina de guerra, para se tornar estriados. Essa dinâmica, chamada de *estriamento de espaço/tempo*, pode ser tanto horizontal como vertical. Considera-se horizontal quando ocorre a sobrecodificação do território e do tempo, objetivando sua reformulação em seções equivalentes e intercambiáveis. O vertical é na perspectiva de controle, com o Estado exercendo uma visão geral superior.

Nesse sentido, Deleuze e Guattari (1993) discutem essa ação de estriamento de espaço a partir do modelo arborescente. Para elucidá-lo, inicialmente, os autores comparam a composição de duas obras: *O Anti-Édipo* e *Mil Platôs*. O primeiro é considerado um livro-árvore que possui uma raiz pivotante como unidade principal em que o livro adquire um eixo e as folhas que o circundam são as imagens do mundo, da realidade e do pensamento. Por outro lado, *Mil Platôs*, em expressão e conteúdo, objetiva ser um livro-rizoma com o mundo, um ideal em que "acontecimentos vividos, determinações históricas, conceitos pensados, indivíduos, grupos e formações sociais" constituem "linhas de articulação ou segmentaridade, estratos, territorialidades, mas também linhas de fuga, movimentos de desterritorialização e desestratificação" (FERREIRA, 2009, p. 175). Ele é um mapa que pode ser decalcado e manchado, tornando-o uma imagem positiva ou negativa, sucesso ou fracasso. Tem multiplicidade representada em linhas, sem necessidade de sujeito e objeto, posições ou pontos.

Compreende-se um rizoma[123], portanto, por meio de seus princípios que contemplam a heterogeneidade das linhas com suas conexões, a ruptura a-significante e a evolução a-paralela. Em especial, a ruptura a-significante implica no

---

[122] Em *O que é filosofia?* Deleuze e Guattari (1993) salientam que a ideia de desterritorialização pode ser física, mental ou espiritual.

[123] Essa ideia de continuidade rizomorfa é um ponto de discordância evidenciado por Virilio. Para ele, enquanto Deleuze progride por captações, sua observância se centra muito mais na interrupção, no acidente que sinaliza a produção (VIRILIO e LOTRINGER, 1984). Nesse sentido, apesar dos diálogos teóricos entre Deleuze, Guattari e Virilio terem sido constantes, a atenção dada a um determinado fenômeno pode seguir diferentes ângulos.

exercício constante de pensar diferente[124], uma vez que o rizoma cresce e se transforma em uma linha abstrata e de fuga (DELEUZE, 2006; WILLIAMS, 2012). No que concerne à evolução a-paralela, o rizoma significa o movimento de se desterritorizar e se reterritorizar no outro. Isso pode ser exemplificado na relação entre o livro e o mundo, na qual o livro pode assegurar a desterritorialização do mundo, que, mas o mundo opera uma reterritorialização do livro que, por sua vez, se desterritorializa em si mesmo no mundo.

> Ser rizomorfo é produzir hastes e filamentos que parecem raízes, ou melhor ainda, que se conectam com elas penetrando no tronco, podendo fazê-las servir a novos e estranhos usos. Estamos cansados da árvore. Não devemos mais acreditar em árvores, em raízes ou radículas, já sofremos muito. Toda a cultura arborescente é fundada sobre elas, da biologia à linguística. Ao contrário, nada é belo, nada é amoroso, nada é político a não ser que sejam arbustos subterrâneos e as raízes aéreas, o adventício e o rizoma. [...] O pensamento não é arborescente e o cérebro não é uma matéria enraizada nem ramificada (DELEUZE e GUATTARI, 2000, p.29).

3.1 A máquina de guerra em sua exterioridade

Inicialmente, Thirkell-White (2011) alerta para o risco de tentar definir a máquina de guerra podendo cair em um binarismo e colocá-la em simples oposição ao aparelho de Estado: ordem *versus* anarquia, grade *versus* espaço indefinido, fixidez de categorias *versus* subversão das mesmas, leis *versus* técnicas aplicadas de forma criativa, programas políticos *versus* resistências criativas e espontâneas.

No entanto, enquanto o Estado tenta o controle total dos fluxos, ele sempre deixa de cumprir suas ambições. Nunca se pode controlar completamente a máquina de guerra. Enquanto isso, a máquina de guerra é idealmente fluida e anárquica; vem de fora do Estado e subverte suas leis, mas é sempre possível para ela assumir o Estado, produzindo o terror puro. Ambos, porém, são maneiras de pensar, instituições ou assembleias políticas concretas. O que se tem são diferentes polos ou conjuntos de conceitos relacionados ou até mesmo associações, ao em vez de relações de estatutos e categorias claramente articuladas.

Na verdade, não há limites rígidos ou separações em nenhum aspecto. "A este respeito, percebe-se que a própria escrita de Deleuze e Guattari é uma demonstração do tipo de pensamento nômade escorregadio que escapa a classificações estabelecidas e claramente definidas" (THIRKELL-WHITE, 2011, p.31).

No ensaio intitulado *Nomad Thought,* para explicar a máquina de guerra, Deleuze destaca a importância do filósofo alemão Friedrich Nietzsche como um exemplar da cultura contra o Iluminismo. Tem-se a vitória da velocidade, do

---

[124] O pensamento não é sobre a essência ou a verdade, mas sobre evoluções, mudanças e diferenças. Um pensamento capaz de ser libertador ao sujeito pensante.

movimento e do nomadismo guerreiro sobre a fraquezas kantianas e neo-kantianas da dialética. Nesse sentido, a máquina de guerra nietzschiana substitui os opostos binários pela diferença (DEUCHARS, 2011a).

No pensamento nômade de Nietzsche, o guerreiro suplanta a natureza sedentária da codificação e recodificação presentes em três elementos fundamentais para a filosofia: direito, instituições e contratos. Nietzsche anuncia o advento de uma nova política do movimento *versus* sedentarismo, a partir da máquina de guerra móvel suplantando a máquina administrativa racional, cujos filósofos seriam burocratas da razão pura.

Tem-se em Nietzsche a força criativa que pode ser utilizada para fins revolucionários, oferecendo uma resistência ao Estado e ao capitalismo modernos. Aqui não há o propósito de meramente derrubar a forma estatal para poder recriá-la, mas sim, de transformar o pensamento em uma máquina de guerra, uma força nômade. O pensamento nômade representa uma mudança radical no pensamento de esquerda por estar relacionado ao exterior que não tem a intenção de reanimar uma unidade despótica interna (DELEUZE, 1996).

Reid (2003) considera a máquina de guerra deleuzeana como uma resistência político-cultural ao aparelho de captura do Estado que não pode ser fixada na malha de códigos que estão incorporados ao aparelho estatal. Ela pode servir como agente de resistência, sem descartar a possibilidade de ser capturada e incorporada ao aparato do Estado. Mobilidade e resistência são entendimentos centrais para esse tipo de pensamento.

No *Tratado de Nomadologia: a máquina de guerra*, Deleuze e Guattari expõem alguns axiomas que tratam da máquina de guerra. Um destaca que ela é exterior ao aparelho de Estado – já introduzido aqui anteriormente – e há outro que salienta sua origem como uma invenção dos nômades.

Sua exterioridade é explicada pelos filósofos franceses em três proposições: a primeira atesta a exterioridade por meio da etnologia, na qual o pensamento de Pierre Clastres é basilar; a segunda é pautada pela epistemologia; e a terceira, pela noologia. Aqui, destaco as duas primeiras, devido à investigação ora realizada.

Clastres (1987) rompe com o entendimento de que as sociedades primitivas, definidas frequentemente como aquelas sem a presença do Estado, ainda estavam em um grau mais elementar de desenvolvimento econômico ou de diferenciação política que as tornaria incapazes de compreender um aparelho tão complexo como o Estado. Contra esse postulado evolucionista, Clastres indaga se as sociedades primitivas intencionalmente evitariam a existência de um aparelho de Estado, haja vista que elas possuíam a figura de chefes e apresentavam condições suficientemente sofisticadas para fazer tal salto evolutivo. Ele descreve em detalhes numerosas sociedades primitivas que são, na verdade, apátridas, mas onde os grupos reprimem ativamente o poder social necessário para estabelecer uma formação estatal. Tais sociedades compõem um mosaico extraordinário de nações, tribos e sociedades formadas por grupos locais que demandam esforços contínuos para preservar sua autonomia.

Esse entendimento da etnologia moderna (de que as sociedades evoluem quase linearmente de nômades para sedentárias devido à agricultura e de que ocorreu um desenvolvimento gradual na complexidade das relações de poder que possibilitou a formação do aparato estatal) é, portanto, fortemente questionado por Clastres. O que ele sugere é que o poder é exercido por meio de várias formas, como no exemplo do chefe guerreiro que perde todo o seu poder quando o conflito termina. Em outras palavras, Clastres sugere uma forma de poder mais socialmente incorporada e situacional.

O apelo para Deleuze e Guattari no trabalho de Clastres é que ele identifica a guerra nas sociedades primitivas como o mecanismo mais seguro dirigido contra a formação do Estado, pois ela mantém a dispersão e segmentaridade de grupos. Assim, ele percebe que os povos primitivos tinham uma ideia muito clara das consequências da formação do Estado, tomando uma ação preventiva bastante complexa para mantê-lo contido.

Nesse ponto, Deleuze e Guattari tomam o cuidado de salientar que a máquina de guerra que é a invenção dos nômades, não é, por definição, melhor do que o aparelho de Estado, mas apenas que ela opera a partir de princípios diferentes, como a indisciplina fundamental do guerreiro, o questionamento contínuo de hierarquia, uma chantagem perpétua por abandono, traição e um sentido de honra muito volátil, o que, uma vez mais, impede a formação do Estado (DEUCHARS, 2011a).

> Seguimos Clastres quando ele mostra que o Estado não se explica por um desenvolvimento das forças produtivas, nem por uma diferenciação das forças políticas. É ele, ao contrário, que torna possível o empreendimento das grandes obras, a constituição dos excedentes e a organização das funções públicas correspondentes. É ele que torna possível a distinção entre governantes e governados. Não há como explicar o Estado por aquilo que o supõe, mesmo recorrendo à dialética. Parece evidente que o Estado surge de uma só vez, sob uma forma imperial, e não remete a fatores progressivos. Seu surgimento num determinado lugar é como um golpe de gênio, o nascimento de Atena. Também estamos de acordo com Clastres quando mostra que uma máquina de guerra está dirigida contra o Estado, seja contra Estados potenciais cuja formação ela conjura de antemão, seja, mais ainda, contra os Estados atuais a cuja destruição se propõe (DELEUZE e GUATTARI, 1993, p. 21).

No que se refere à explicação da exterioridade da máquina de guerra por meio da epistemologia, Deleuze e Guattari (1993) destacam a existência da ciência menor ou nômade em paralelo com a ciência real, ou imperial. Enquanto a ciência real tem seu estatuto bem definido, trata a realidade como algo mensurável, pressupondo o espaço como linear, fechado e estriado, a ciência menor é considerada excêntrica, de difícil classificação e abriga o entendimento de que a realidade é vista como um conjunto de fluxos (devires).

A ciência menor é reconhecida pela sua heterogeneidade da matéria e constitui-se de um modelo de problematização inerente ao ato de pensar sem ser centrada na razão. Na verdade, a ciência menor desenvolve um tipo diferente de conhecimento abstrato, tantas vezes semelhante à intuição e que pode ser identificada nas artes. Diferente da ciência real, que trata do pensamento afirmativo de universalidade na construção de modelos estáveis e homogêneos, a menor formula problemas em relação a desafios específicos, singulares (GHASSAN e BLYTHE, 2013; LEACH, 2004; DELANDA, 2000). Nessa perspectiva,

> o espaço homogêneo não é em absoluto um espaço liso, ao contrário, é a forma do espaço estriado. O espaço dos pilares. Ele é estriado pela queda dos corpos, as verticais de gravidade, a distribuição da matéria em fatias paralelas, o escoamento lamelar ou laminar do que é fluxo.[...] e cada vez que a ciência descobrir um novo campo, tentará formalizá-lo segundo o modelo do campo gravitacional (DELEUZE e GUATTARI, 1993, p. 35).

A compreensão da máquina de guerra é também contemplada no axioma II do *Tratado*. Nele os filósofos expõem aspectos que a associam aos nômades, ratificando a sua exterioridade em relação ao aparelho de Estado.

Sob o aspecto espacial-geográfico, a máquina de guerra está diretamente relacionada ao modo como o nômade lida com a terra, constituindo um território sobre a mesma. Não há fixidez sobre a terra (sedentarismo), mas trajetos de um ponto a outro definindo territórios. É competência do Estado limitar esse movimento nômade que ocorre em um espaço liso, heterogêneo situado entre espaços estriados: a floresta com os verticais de gravidade e a agricultura, que traça um quadriculado com suas paralelas e transversais generalizadas e homogêneas. A vida do nômade, por meio da máquina de guerra, ocorre nesse intermezzo. Ele, o nômade, não se define por um movimento relativo no espaço estriado, mas pelo movimento absoluto ou velocidade em ocupar o espaço liso. Essa dinâmica é compreendida como um vetor de desterritorialização que ocorre no espaço liso, o campo das diferenças, das singularidades por onde fluem seus movimentos característicos. Nesse sentido, a primeira tarefa do Estado é a apropriação da máquina de guerra, convertendo, então, o espaço liso em estriado (CROGAN, 2008; ZOURABICHVILI, 2004; COLEBROOK, 2006).

Lysen e Pisters (2012) explicam que o conteúdo do platô *O Liso e o Estriado* detalha esses espaços como um par conceitual que permite repensá-los como uma mistura complexa entre forças nômades e capturas sedentárias. Entre os modelos que Deleuze e Guattari descrevem para explicar onde encontrar espaços lisos e estriados, o modelo marítimo é bastante elucidativo. O mar é um espaço liso por excelência: a água aberta sempre movida pelo vento, o sol e as estrelas, nomadicamente percorrido pelo ruído, cor e ondulações. Porém, o aumento da navegação em águas abertas resultou em demandas por seu estriamento. Deleuze e Guattari indicam que, de fato, esses espaços só existem em formas complexas e misturadas. Além disso, o liso e estriado trabalham em domínios diferentes. "Se o mar é o campo espacial por excelência que traz suavidade e estriamento, a arte é talvez o domínio que pode dar a expressão mais variada e sutil da dinâmica complexa entre eles" (p. 1).

Tem-se o liso como o espaço heterogêneo em contraste com a homogeneidade do espaço estriado. O liso representa o campo das diferenças, das singularidades, no qual a máquina de guerra executa seus movimentos característicos. Porém, Crogan (2008) também enfatiza as misturas dos dois espaços, pois eles existem apenas em fusão. O liso está constantemente sendo traduzido e reterritorializado, passando a ser estriado. Em simultâneo, o estriado constantemente se inverte e volta a ser liso.

A máquina de guerra ainda pode ser explicada pelo aspecto afetivo, talvez o mais complexo e rico de elementos em que se percebe a densidade da sua relação com o aparelho de Estado. Os afetos se constituem na existência nômade e configuram as armas da máquina de guerra. Sob a posse do aparelho de captura do Estado, o instrumento é a ferramenta e se diferencia da arma-afeto em função do uso. Enquanto a máquina de guerra agencia o seu instrumento por meio da projeção – a considerar o vetor-velocidade – em que o movimento é absoluto e imanente, o Estado o utiliza por meio da introcepção, posição relacionada ao centro, a partir de instruções e manuais com movimentos determinados a partir de finalidades específicas (HALE, 2011).

A máquina de guerra é projetiva, pois tudo que lança e é lançado é, em princípio, uma arma-afeto. A ferramenta é introjetiva, pois adequa a matéria a um movimento centrífugo, diferente do movimento centrípeto do lançamento. A ferramenta pode ou não vir a ser arma-afeto. Ela opera uma violência a cada golpe, enquanto a arma-afeto tem sua força no espaço e no tempo, baseando-se na velocidade absoluta de uma ação livre.

Porém, o seu agenciamento não é estanque. Um instrumento que atende ao Estado pode também atender à máquina de guerra, tornando-se uma arma-afeto. Ele pode ser desenvolvido com fins específicos, fabricado em série para o trabalho humano a partir de demandas do Estado e também comportar em si mecanismos de projeção que permitem um tipo de utilização afetiva. Nesse momento, o instrumento não está mais definido por um centro racional ou político, e seu manejo está relacionado a uma ação livre (devires), jamais a um objetivo definido. Eis aí a razão de ser considerado afeto, pois se tem uma descarga imediata de emoção, passional e imprevisível. Enquanto isso, a ferramenta está na ordem do sentimento, com emoção retardada, resistente e deslocada (BOUNDAS, 2006).

> Tanto a arma como a ferramenta são atravessados por um *phylum* maquínico[125], isto é, por uma "matéria não formada" ou "fluxo de matéria" que seleciona, qualifica e mesmo inventa os elementos técnicos por meio dos agenciamentos e a partir do qual não se pode definir de modo intrínseco uma diferença entre arma e ferramenta, tão somente de modo extrínseco (FERREIRA, 2009, p. 184).

Nesse contexto, o que faz, então, um instrumento se tornar arma-afeto ou ferramenta? A partir dessa reflexão, surge a figura do metalúrgico, o homem do subsolo, como intermezzo liso-estriado. Esse espaço híbrido é considerado esburacado, onde o metalúrgico coleta o metal em estado líquido do interior da Terra. Nele, há experimentação de materiais e formas que, apesar da sua hibridez, permitem afirmar ser o primeiro movimento de desterritorialização, indicando a passagem ou a transição de todas as formas para o seu exterior nômade (HALE,

---

[125] Conteúdo propriamente metalúrgico e itinerante que constitui um fluxo material ou uma materialidade de fluxo (PIRTERS, 2016) .

2011).

A metalurgia se torna a força criadora capaz de ameaçar o aparelho de Estado. Suas peças são produzidas a partir da coagulação instantânea dos materiais trabalhados. Apesar de ela ser a melhor ilustração das características nômades, não se pode negar sua aproximação com a forma-Estado, sendo, então, um solo comum que liga os dois paradigmas e traduz todas as suas tensões. O metalúrgico tanto serve para um como para o outro, um ser duplo que se comunica tanto com os homens da terra, sedentários em seu espaço estriado, como com os homens do solo, nômades em seu espaço liso, a depender do instrumento em produção que pode ser refletido, por exemplo, em movimentos de aceleração ou lentidão de fluxos, característicos da vida individual e coletiva (ATAMER, 2011).

Aqui, é adotada a imagem da metalurgia pois o metal, em seu estado líquido nas camadas mais internas da Terra, não tem uma forma, mas uma materialidade energética que se encontra em variação contínua, em desenvolvimento contínuo da forma, um verdadeiro corpo sem órgãos que é o que define propriamente a operação metalúrgica. O que o metal e a metalurgia trazem à luz é uma vida própria da matéria, um estado vital da matéria como tal que existe em todos os lugares, mas normalmente é escondido ou coberto, tantas vezes irreconhecível. Deleuze e Guattari argumentam ainda que o metal é mais comparável à música, não só por causa dos sons da forja, mas também porque ambos se desenvolvem em uma variação contínua de suas próprias propriedades formais e materiais (PIRTERS, 2016).

3.2 A arte urbana como máquina de guerra[126]

A afirmação contundente de Foucault de que o século XXI será um século deleuzeano é justificada pela atual aplicabilidade de tudo ou quase tudo dito por ele, em especial em parceria com Guattari (FERREIRA, 2009). Seu pensamento contido no *Tratado de Nomadologia* é utilizado para explicar fenômenos em diferentes áreas de conhecimento, merecendo destaque o campo das artes em suas diversas linguagens.

Assuntos que gravitam em torno da arte – como crítica política, produção de subjetividades, artefato criativo, ditames de mercado, entre outros – também estão presentes e são basilares para a compreensão dos paradigmas de máquina de guerra e aparelho de captura do Estado.

Nesse sentido, Deuchars (2011b) expõe que a máquina de guerra envolve potencialmente a todos, pois fornece uma ontologia radicalmente diferente, tanto para as tendências globalizantes do poder capitalista, quanto para as várias formas

---

[126] A discussão sobre arte é bastante abrangente e de difícil consenso. Trago para o livro apenas aquela que dialoga mais intensamente com política, uma vez que a arte urbana, a partir de sua concepção, é arte e é política, como também devido à predominância do olhar deleuzeano para uma arte como uma provocação crítica, da diferença, capaz de promover afectos e perceptos. Destaco, ainda, que essa relação entre arte e política não se restringe ao conteúdo da obra, mas pode se manifestar no ato de produzir, na forma de expor, no contexto ou simplesmente no olhar do espectador.

de resistência a esse mecanismo de poder. Isso abre um novo caminho para a compreensão das relações de poder contemporâneas, situando a máquina de guerra como uma forma criativa e desafiadora de resistência político-cultural à atual ordenação da política global.

Para Deleuze e Guattari (1993), na dimensão do pensamento, muitas formações sociais podem constituir máquinas de guerra. Tais formações podem assumir tanto ares de movimentos artísticos como outros revolucionários, traçando uma linha criativa de voo, um lugar suave de deslocamento. Elas seriam máquinas de guerra, cujas consequências são reveladas somente na medida em que demonstram habilidades para esculpir espaços, em vez de ocupá-los a partir de princípios ou processo de ordenação superior ou predeterminado.

Porém, se ainda não há um consenso sobre o que é arte, associá-la à máquina de guerra torna a discussão mais polêmica. Nas reflexões acerca da arte, o filósofo e urbanista Paul Virilio levanta constantemente questões sobre o *status* da arte moderna e o impacto das novas tecnologias sobre a técnica artística e a pluralidade das práticas artísticas em geral (VIRILIO, 2003; VIRILIO e BAJ, 2003; VIRILIO e LOTRINGER, 2002; VIRILIO e ARMITAGE, 2011).

Virilio (2003) deposita sua crença em uma arte que existe como meio de expressão crítico-oposicionista e que essa função praticamente desapareceu da produção do mundo artístico nas últimas décadas. Na sua ótica, a arte produzida atualmente, por exemplo, pouco dialoga criticamente com as questões centrais de sua teorização como as tecnologias da velocidade, a cultura da aceleração e o devir virtual.

> Para Virilio, a arte é necessariamente inserida no mundo, ou melhor, ela surge e tira sua vida da existência do artista no mundo. A arte não pode e não deve se separar do mundo e das diversas maneiras pelas quais o mundo está sujeito a mudanças. Ela não pode e não deve se separar da experiência corporal situada ou do que poderia chamar de "*human sensorium*" da vida corporificada (JAMES, 2007, p. 108).

Em complementação, o filósofo canadense Alain Beaulieu, especialista na obra deleuzeana, em seu livro *Cuerpo y acontecimento: la estética de Gilles Deleuze*, afirma que Deleuze considera a arte como um meio privilegiado de resistência frente ao presente. O desafio estético deleuzeano consiste em experimentar as obras em sua singularidade, situando-se o mais próximo possível do processo vital que a originou. Em outras palavras, Deleuze não busca identificar o belo ou interpretar o sentido das obras, mas experimentar a vida não orgânica das forças impessoais comuns às sensações daquele que experimenta e das próprias obras de arte. Essas linhas demarcatórias permitem identificar duas das características principais da estética deleuzeana: a busca da imanência e a experimentação das forças. O seu estudo das sensações responde a estas modalidades específicas (CHACÓN; LUTEREAU, 2012).

Nesse sentido, a arte, como modo de pensamento, deve deixar no caminho o senso comum e abrir o campo afetivo de forças que atacam com violência, uma desestabilização que arrasta ao limite das faculdades perceptivas entrando em uma dissonância que excita e embaralha. Esta abertura da arte por fora do reconhecimento e da imitação tende a um exterior inapreensível, intensamente produtivo de encontros singulares, múltiplos e indefinidos (DIAZ, 2014). Portanto, essa ideia de arte extrapola conceitos como o de Coli (1995), segundo o qual a arte são determinadas manifestações da atividade humana diante das quais o sentimento do espectador é admirativo, e o de Argan (2014), para quem a arte, para ser tal, depende basicamente da atitude e da intenção da dupla artista/espectador.

Em sintonia ao exposto anteriormente, Deleuze e Guattari (1993) explicam que o espaço criativo é mais rico quanto mais mutável for, quanto mais se permitir a mudança, a migração, a fuga de um território e a reintegração de outros, um livre contraponto. No entanto, às vezes, isso se exagera, operando com uma confusão de conceitos e sons. Em vez de produzir uma máquina cósmica, capaz de gerar um criativo sólido, se constrói, então, uma interferência que mistura os sentidos e as ideias. Diaz (2011) defende que é apostando nessa complexidade que se ampliam os horizontes simbólicos.

3.3 Arte: *perceptos* e *afectos*

Um dos traços marcantes da filosofia de Gilles Deleuze é a sua constante intercessão com as mais diversas linguagens artísticas, em especial com as artes visuais e a literatura. Para o filósofo francês, não há uma hierarquização entre ciência, filosofia e arte. Enquanto a ciência é responsável pela criação de funções, a filosofia cria conceitos e a arte, perceptos e afectos[127] (ABREU, 2012; WILLIAMS, 2013). Entre elas – ciência, filosofia e arte – há infinitas possibilidades de conexões e nenhuma pode reivindicar posição privilegiada diante das demais.

Machado (2009) reforça esse pensamento deleuzeano explicando que cada domínio deve se efetivar criando algo que lhe é particular. A arte tem seu procedimento próprio de pensamento, e a sua relação com a filosofia não é de ordem jurídica, mas maquinal, com ressonâncias, mas nunca hierarquias, exemplificado com o conceito de "corpo sem órgãos", utilizado tanto em *Lógica do Sentido* como em *O Anti-Édipo* e *Mil Platôs*.

Por meio da arte, o filósofo francês buscou assinalar determinado modo de pensar, certo devir-artístico do pensamento, em que este último se constituiria ao longo de um movimento ou percurso do pensador/artista (MANGUEIRA e MAURÍCIO, 2012). Em sua produção, buscou-se estabelecer possíveis intercessões entre a arte e a filosofia, em especial em aplicar determinados conceitos filosóficos no campo artístico.

No âmbito da pintura, vale mencionar o trabalho de Deleuze intitulado *Lógica da Sensação*, lançado em 1981, no qual o filósofo faz uma análise da obra do pintor irlandês Francis Bacon para mostrar como suas pinturas carregam também

---

[127] Termo *afecto* é empregado aqui com a grafia "c" em referência ao conceito criado por Deleuze e Guattari em sua obra *O que É a Filosofia?*.

pensamentos ou modos diferentes de pensar. Por meio do privilégio que o pintor dá à figura em detrimento da figuração, há uma mudança no modo de pensar, pois, até então, priorizar a figuração, o representacional, era a forma predominante ao longo da história da pintura.

Dessa forma, para Deleuze, Bacon sempre buscava escapar da representação na pintura, evidenciando as forças existentes e atuantes na figura. O trabalho do pintor seria o de tornar visíveis as diferentes forças que agem nos corpos, modificando-os, provocando-lhes alterações:

> A tarefa da pintura é definida como a tentativa de tornar visíveis forças que não são visíveis. Da mesma forma, a música se esforça para tornar sonoras forças que não são sonoras. Isso é evidente. A força tem uma relação estreita com a sensação: é preciso que uma força se exerça sobre um corpo, ou seja, sobre um ponto da onda, para que haja sensação (DELEUZE, 2007, p. 62).

Seu destaque está na capacidade de pintar sensações que vão além da representação de uma cena, sensações essas que são produzidas por forças invisíveis. Sua atuação se dá diretamente no sistema nervoso do espectador, atuando no seu pensamento de forma intensa e violenta (BRITO, 2013).

Mais adiante, em *O que É a Filosofia?*, Deleuze e Guattari explicam que a arte tem a capacidade de mobilizar sensações e prolongar instantes. A arte se conserva por romper com o conservadorismo de cada época, vencendo o tempo, tornando-se atemporal e dialogando constantemente com o passado, o presente e o futuro. A arte, para Deleuze e Guattari, é autônoma e, uma vez criada, não depende nem do seu criador nem do espectador. Essa não presença de um vínculo de autoria, de contextualização ou da experiência libertam a arte da prisão do estilo, do olhar, da história.

Marcelo (2014) ressalta a importância que os filósofos franceses dão à independência da arte. A arte é a conservação do acontecimento, ela faz do acontecimento uma sensação. A arte conserva e conserva-se em si. A obra de arte se sustenta sozinha, mesmo que não volte a ser executada, reproduzida ou exibida novamente. Os blocos de sensações, compostos de afectos e perceptos, precisam de vazios (a sensação se compõe com o vazio) para que a obra de arte possa se expandir. Esses vazios constituem a possibilidade de transformação. Um espaço de atuação no qual os perceptos e os afectos são da ordem do não humano, e estes somente são atingidos quando apartados da experiência. O percepto não é um signo, nem representação de algo; o percepto e o afecto, esclarecem os filósofos, fazem nascer mundos na ausência do homem. A arte pensa por perceptos e afectos.

Deleuze e Guattari (1993) estabelecem também o conceito de *território* que implica no desenvolvimento da arte, pois seu surgimento ocorre junto à constituição de um território, composição estética que é "um jorro de traços, de cores e de som, inseparáveis na medida em que se tornam expressivos" (p. 283).

A arte, nesse caso, é um plano de pensamentos traçado pelas sensações, uma produção de virtualidades. E é no território virtual onde estão os perceptos e afetos. Zordan (2005) detalha que Deleuze e Guattari radicalizam a arte ao associá-la com o devir:

> bloco de sensações lambido por oceanos, tocado por brisas, sacudido por ventanias, atravessado pelo burburinho das cidades. Esse bloco se compõe com sensações como a do amarelo nos girassóis, o clamor da multidão, um sabor. O homem não é senão o corpo imperceptível e impessoal por onde todas essas forças passam. As afeções e as percepções pessoais não produzem arte. Assim como as opiniões não inventam conceitos, as sensações pessoais só criam um plano de composição artístico quando se perdem num fundo mais vasto, muito maior que a vida do artista que as encarna (ZORDAN, 2005 p. 263).

O devir é aquilo que está em via de acontecer, aquilo que se mostra inacabado, incompleto, que nunca é plenitude, apesar de conter a potencialidade de ser. O devir, para Deluze e Guattari, é sempre minoritário, anti-hegemônico, subalterno; é devir-mulher, devir-louco, devir-animal; devir-outro da língua, em processo de decomposição da língua hegemônica, da língua materna, da língua da pátria. O devir é caminho de fuga (ABREU, 2010).

A arte não é uma técnica para Deleuze e Guattari. A técnica funciona como instrumento de atualização das virtualidades que a arte compõe. O plano de composição que a arte cria é a superfície paradoxal de uma metafísica concreta, um evento "envolto em uma rede enraizada na atualidade e igualmente aberta ao devir, ao virtual" (MEIRA, 2003, p. 105).

Sendo assim, tem-se a arte capaz de afectar tanto quem a faz como aquele que a contempla. Aqui, há o emprego do conceito de *afecto* criado por Deleuze e Guattari (1993), que se refere ao que conserva em si às sensações de uma obra de arte, ou outro objeto ou referência.

> É de toda a arte que seria preciso dizer: o artista é mostrador de afectos, inventor de afectos, criador de afectos, em relação com os perceptos ou as visões que nos dá. Não é somente em sua obra que ele os cria, ele os dá para nós e nos faz transformar-nos com ele, ele nos apanha no composto (DELEUZE e GUATTARI, 1993, pp. 227-228).

É nesse sentido que Schultz (2010) defende que uma das melhores ilustrações de afecto se encontra em pichações e grafites impressos nas grandes metrópoles.

> As pichações e o grafites estão presentes pelos muros, portas de garagem, na fachada dos prédios, viadutos, postes, vagões, túneis, ruínas, monumentos e tantas outras superfícies disponíveis que possam servir de suporte. Incorporados à paisagem das metrópoles, a pichação e o grafite estão presentes tanto nas vias de circulação quanto nos espaços intransitáveis. Já não se pode mais ignorar a sua presença. Há algo que *afecta* a todos, tanto autores como transeuntes (Schultz, 2010, p. 98).

3.4 O grafismo na arte de rua

Em diferentes épocas e partes do mundo, os muros das ruas são uma tela para uma comunicação essencialmente pública. A experiência urbana, a cultura, a cidade, as ruas estão repletas de estímulos visuais que vão se somando às memórias, percepções e experiências individuais e da coletividade social (RINK e METTRAU, 2010; ROSS, 2015; DE RUITER, 2015, COWICK; 2015).

Conhecida mundialmente como *street art,* ou *aerosol art*, a arte urbana, conforme já mencionei, tem sua origem nos Estados Unidos, mais precisamente em Nova York, no final da década de 1960. Tendo como cenário uma cidade caótica, com índices crescentes de violência e tentativas frustradas de austeridade pelo poder público, os metrôs de Nova York foram o primeiro espaço público de manifestação dos grafismos, identificados como uma crítica à deficiência dos serviços públicos, nesse caso os transportes coletivos (NEAL, 2014).

Inicialmente, os grafismos eram feitos por jovens negros que utilizavam o *spray* para grafitar os vagões do metrô com letras trincadas, imagens e esquemas de cores. Com as melhorias da cidade, os grafismos impressos nas ruas e nos metrôs não desapareceram, mas mudaram. O que antes registrava apenas um grito dos excluídos que demandavam por melhores serviços e condições de vida na grande cidade, agora ganhou o trono de visibilidade e notoriedade no século XXI.

Para Andreoli (2004), essas telas urbanas podem ser ocupadas de diversas formas: letreiros de propaganda, cartazes, decalques, sinalizações, grafismos, entre outros. Porém, seu olhar sempre se faz mais atento para os grafismos cuja amplitude, no Brasil, se restringe basicamente às pichações e aos grafites.

Verificando a classificação adotada nos Estados Unidos, percebo que a pichação é, na verdade, um estilo de grafite. O grafite (ou *graffiti,* nos Estados Unidos) possui vários estilos, dentre eles destaco o *tag style, throw-up, stencil, blockbuster, sticker (slap), wild, piece,* e *heaven style* (DELANA, 2009). Porém, no Brasil, esses estilos são agrupados essencialmente em dois: as pichações (que correspondem propriamente ao *tag style*) e os grafites, que abarcam os demais.

Atualmente, o grafite adquiriu outros significados, tornando-se uma expressão artístico-estética que se manifesta na rua com latas de *spray, stencil* ou a mão livre, e é reconhecido pelo seu dinamismo, pela temporalidade e pelo uso de cores vibrantes (ELSTEIN, 2015). Sua manifestação realça a diversidade e a desigualdade no meio urbano, tendo a problematização como âmbito de sua criação (KP, 2001). No artigo *Watch Art in Action: Reverse Graffiti & Train Tagging Videos*, Kurt (2007) apresenta novas variações dos grafismos em vídeos, nos quais os artistas produzem diante das câmeras. Merecem destaque os tipos *reverse graffiti, 3D street art* e *light graffiti,* classificados atualmente como neo-grafite.

Entende-se por *tag style* – ou simplesmente *pichação* no Brasil – a forma mais básica e rápida de escrita dos grafismos. Com esse estilo, os artistas urbanos geralmente representam seu nome ou alcunha, em uma só cor. O *tag style* é utilizado como uma maneira de reconhecimento e visibilidade entre um ou mais grupos em diversos lugares. No Brasil, essa modalidade tomou tamanha extensão que passou a ser considerada um movimento particular, separado da grafitagem. Porém, seria simplório alegar que apenas a maciça presença da pichação nas metrópoles brasileiras justificaria a classificação de um movimento próprio. Suas características particulares – em especial na prática coletiva – estudadas por diversos pesquisadores, a diferenciam da dinâmica da grafitagem. Para o estudioso do universo da pichação Gustavo Coelho, ela jamais pode ser compreendida como prática individual:

> Enquanto potência coletiva, potência de sentido, a pichação vai além da escolha individual. Ela te toma, ela é entorpecente. A formiga só é compreendida enquanto formigueiro[128] (Gustavo Coelho, *Grafite, arte, vandalismo e preconceito no Cultura de Ponta*, 2014).

Isso é corroborado pelo entendimento de pichação apresentado pelo pesquisador Thiago Santa Rosa. Na sua ótica, ela vai além de uma identidade individual, é uma assinatura que identifica também uma galera no espaço público, promovendo identificações com este espaço (DP, 2015).

Os grafismos, portanto, seriam um tipo de intervenção urbana produzida de modo artesanal e que não tem a pretensão de se parecer o máximo possível com o produto de máquinas, obedecendo a um rigor estético determinado por padrões. Para Andreoli (2004), tal rigor só denuncia um conjunto de princípios de ordenamento visual que não evidencia mais do que a capacidade de destreza, de controle das minúcias, como, letreiros de estabelecimentos.

Maurício Villaça, um dos precursores da arte da grafitagem no Brasil, compartilha a ideia de que os grafismos são também as garatujas feitas desde a mais tenra idade, os rabiscos e gravações feitos em bancos de praça, banheiros e até mesmo aqueles que surgem quando falamos ao telefone. Assim, também, a grafitagem que se difunde de forma intensa nos centros urbanos significa riscar, documentar, de forma consciente ou não, fatos e situações ao longo do tempo. Refere-se a uma necessidade humana, como dançar, falar, dormir e comer (GITAHY, 1999). Dentro desse raciocínio, o grafiteiro Alex Orsetti associa a grafitagem a um impulso de criança, uma vez que é inerente ao ser humano o instinto de pintar e pichar a parede. Nesse contexto, os pais exercem o poder de Estado com um papel limitador. Algumas dessas crianças transformam essa potência e se tornam artistas, outras ficam com isso em estado de latência[129].

Tavares (2009) define os grafismos como "manifestações intra/entre/sobremuros que nomeiam brechas na realidade" (p. 22). A diferença entre grafite e pichação é definida principalmente pelo tipo de figuração. No caso do grafite, usa-se o recurso figurativo de personagens anônimos. Já a pichação emprega uma tipografia feroz e ilegível para leigos.

No que se refere ao teor artístico das intervenções urbanas, Gombrich (1979) defende que, diante da população em geral, elas portam um valor e sentido (preconcebidos e inquestionáveis) a partir de um *status* de objeto artístico. Em um

---

[128] Vídeo 7 do Apêndice B.
[129] Vídeos 10 e 16 do Apêndice B.

sentido mais provocativo, Brígida Campbell, artista urbana do Grupo Poro, discute:

> Quando você vai a uma exposição, tudo que está lá é arte, porque está dentro de um processo institucional de legitimação. Mas na rua não. Isso para a gente é interessante. Fazer como que as pessoas entrem em contato com trabalho de arte sem saber que aquilo é arte. Entrar em contato com aquilo como qualquer outra coisa[130].

Aí encontro um ponto muito interessante que traz à baila novamente a discussão de Marcel Duchamp sobre o que é arte e sua institucionalização. Percebo que a arte urbana, quando se manifesta realmente na rua, sem qualquer sinalização prévia para o passante ou o espectador sobre o que vai encontrar na próxima esquina, permite o inesperado, em que ele próprio, tantas vezes em um curto lapso temporal, classifica se é arte ou não.

Dentro de um universo repleto de estímulos visuais diversos (placas de trânsito, propagandas, vitrines, prédios, carros, corpos humanos parados ou em movimento, entre outros), a arte urbana se coloca em uma posição de certa igualdade com os demais apelos visuais e permite que qualquer pessoa faça a sua classificação sem prévios carimbos e certificações. Essa condição a torna particular e, ao mesmo tempo, polêmica. Tanto a pichação como a grafitagem, em especial aquela não autorizada, passam por essa livre avaliação.

Uma vez adentrando no universo da arte urbana, no caso dos grafismos, Silva (2001) alerta para o perigo de promover dualidades maniqueístas fixas entre a grafitagem e a pichação: boa *versus* ruim, correta *versus* errada, valorizada *versus* punida e erradicada, arte *versus* crime.

3.4.1 O risco dos maniqueísmos

Ao analisar a arte urbana, não é difícil cair nos binarismos e tentar separar grafitagem e pichação como representações artísticas opostas e, tantas vezes, rivais. Nesse aspecto em especial, assim como Silva (2001), Andreoli (2004) também analisa e critica tal dualismo, presente pelo menos em quatro dimensões: estética, legal, ética e política.

Na elaboração estética, considera-se a grafitagem como elaborada, colorida e bonita, enquanto a pichação é improvisada, feia, monocromática. Já no campo judicial, a grafitagem, atendendo a requisitos, pode ser considerada legal, a pichação é invasora, desrespeitosa, uma arte criminosa. Na questão ética, a grafitagem é alegre e cordial, previamente negociada; por outro lado, a pichação é ofensiva e chula. No campo político, identifica-se na grafitagem uma referência partidário-ideológica, o que normalmente não se consegue decifrar na pichação.

Apesar desse olhar prudente aos dualismos, quando tento analisar o posicionamento dos artistas urbanos, a cisão entre grafiteiros e pichadores é

---

[130] Vídeo 48 do Apêndice B.

constantemente presente, colocando-os muitas vezes em polos opostos em diversas dimensões. Uma das maiores discussões está no apelo estético. A grafitagem, conforme explicado anteriormente, tem um apelo mais agradável, harmonioso e colorido. Para o artista urbano Fel, o grafite "expressa mais sentimento, cores, passa paz"[131]. E sua maior aceitação é justificada porque a sociedade normalmente contempla o que é belo e rejeita o que é feio[132], dentro de padrões culturais de beleza previamente definidos. Porém, esse foco entre o que é belo e o que é feio no grafite não é compartilhado por todos os grafiteiros. Para Thiago Mundano, autointitulado grafiteiro-ativista por atrelar o grafite a ações sociais, "a arte não é para você gostar, é para você refletir e pensar" (EL PAÍS, 2013). Nesse sentido, percebo também a presença de outros discursos mais socialmente politizados:

> A época em que a arte é o belo é do século passado. A arte não é mais ser bonita e enfeitar a minha sala. A arte é para refletir sobre o nosso mundo, representar a nossa sociedade. O grafite que só serve para colorir a cidade, nem é grafite [...] Quero um grafite que faça a minha vizinha pensar sobre algo. A criança que sai da escola tem que ver o grafite e pensar sobre algo[133] (pichador não identificado, *Luz, Câmera, Pichação*, 2016).

Já a pichação tem uma estética considerada desagradável, desestabilizante e monocromática. Nesse padrão cultural que massifica o que belo, o olhar da maior parte da sociedade não foi educado a contemplá-la como arte. O pichador Cripta Djan[134] e outro não identificado[135] defendem que essa discriminação reside também pela resistência da sociedade dominante em aceitar uma "estética da periferia", em uma discussão que vai além da beleza, mais envolvendo a ideia de liberdade.

Sob o enfoque da legalidade, no Brasil, pichação e grafitagem têm conceituações bem distintas especificadas. A Lei dos Crimes Ambientais, n° 9605/98, em seu artigo 65, legaliza o grafite em detrimento da pichação. A prática do grafite é permitida e não constitui crime desde que realizada com o objetivo de valorização do patrimônio público ou privado mediante manifestação artística com o consentimento do proprietário do bem privado ou com a autorização dos órgãos governamentais responsáveis pela preservação e conservação do patrimônio histórico e artístico nacional.

Porém, a sociedade ainda não tem um consenso sobre o que é arte e o que é crime no caso da arte urbana. Para a professora de Direito Janaina Ferreira, a pichação não deve ser considerada crime, assim como não é na Alemanha. Na sua ótica, ou ambos são considerados movimento artísticos ou do contrário, nenhum deve ser[136].

Ainda a respeito desse debate sobre a legalidade da arte urbana, os meios de comunicação fazem sua parte e disseminam, geralmente, a pichação como uma praga urbana e ato de vandalismo, manifestação que ameaça o patrimônio público e privado. Enquanto a grafitagem é cada vez mais aceita, reconhecida e estimulada.

---

[131] Vídeo 146 do Apêndice B.
[132] Vídeo 11 do Apêndice B.
[133] Vídeo 58 do Apêndice B.
[134] Vídeo 5 do Apêndice B.
[135] Vídeo 6 do Apêndice B.
[136] Vídeo 59 do Apêndice B.

Mais adiante, discuto como essa aliança da mídia com o capitalismo tem uma intencionalidade com propósitos mercadológicos.

João Wainer, repórter-fotógrafo apresenta uma visão particular em relação à prática da pichação. Ele considera a pichação uma forma legítima de arte que não pode ser ignorada ou classificada simplesmente como ilegal. Sua leitura para a pichação está voltada para a estética e o desenvolvimento de um estilo próprio que combina com "a cor do asfalto, o cinza dos prédios, o cheiro da fumaça que sai do escapamento dos ônibus, o barulho do motor, da buzina dos motoboys, da correria..." (WAINER *apud* Schultz, 2010, p. 101). Para o repórter, esse tipo de intervenção urbana vem a ser uma forma pacífica e legítima de protesto contra a violência das cidades:

> Além de bonito, o ato de pichar é um efeito colateral do sistema. É a devolução, com ódio, de tudo de ruim que foi imposto ao jovem da periferia. Muitos garotos tratados como marginais nas delegacias, mesmo quando são vítimas, ridicularizados em escolas públicas ruins e obrigados a viajar num sistema de transporte de péssima qualidade devolvem essa raiva na forma de assaltos, sequestros e crimes. O pichador faz isso de uma maneira pacífica. É o jeito que ele encontrou de mostrar ao mundo que existe (WAINER *apud* Schultz, 2010, p. 101).

Complementando esse entendimento, Nascimento (2013) defende que a pichação é uma arte que não deve satisfações, por não possuir nenhum valor ao capitalismo. Ela ignora a aprovação da sociedade e visa apenas despertar novas experiências estéticas únicas e verdadeiras.

Em contrapartida, ainda na ordem dos impasses, Iverson (2008), Bosco (2010) e Hutson (2011) enxergam a grafitagem como uma arte plástica com um sistema simbólico possível de ser decodificado socialmente, diferenciando-se da pichação, cujos artistas produzem pouca simbolização e seus traços ou *tags* são como rabiscos sem sentido para a maioria dos pedestres. A pichação é uma violência dos socialmente excluídos e sua manifestação vai de encontro ao pacto social. Ela os ajuda a acomodar relações confusas e difíceis em uma tentativa de harmonizar com o mundo. Os pichadores atuam em qualquer lugar que ofereça visibilidade à sua ação, independentemente do valor histórico ou social do local. Suas *tags* não são decodificadas pela sociedade, quando muito o reconhecimento desses sinais ocorre entre eles, os próprios pichadores.

É crescente o número de grafiteiros que reivindicam o *status* de artista, distanciando-se dos pichadores por considerá-los vândalos. Em contrapartida, pichadores enxergam a prática do grafite como uma manifestação já cooptada pelo sistema. Percebem-se aí as tentativas isoladas de diferenciação em uma busca de valorização de uma prática em detrimento de outra (ANDREOLI, 2004; OLIVEIRA, 2009). Isso pode ser corroborado no discurso de pichadores que alegam que a existência da contestação e do protesto implica em manter a ilegalidade. Uma vez que se consegue "autorização" para fazer sua arte junto à prefeitura ou à propriedade privada, perde-se a liberdade[137]

---

[137] Vídeo 4 do Apêndice B.

Para Mariana Berd, essa discussão se a pichação é ou não arte deve levar em consideração a vontade dos próprios pichadores. Na sua ótica, pichação não é arte, pois eles próprios não se consideram artistas.

> Na hora em que eles forem incorporados pela arte, talvez eles virem outra coisa. Qual a importância desse enquadramento? Pichador normalmente é jovem, se arrisca e se coloca num lugar limite para se posicionar como um cara que chegou lá, está no lugar onde ninguém mais está. Fruto de uma sociedade desigual[138] (Mariana Berd, *Pichação é arte? Cidade Ocupada*, 2016).

Percebo, então, que essa discussão pode assumir diversos posicionamentos a depender dos argumentos de cada um. O importante é compreender o grafismo como um fenômeno complexo e repleto de fluxos de diferentes ordens e sentidos, muitos ainda capazes de desestabilizar as normas e os padrões hegemônicos, permitindo novas sensações e sentimentos e, principalmente, dotando o espaço público de novos significados.

Pereira (2013) evidencia a dificuldade de traçar fronteiras muito rígidas entre a grafitagem e a pichação. Por meio de um estudo etnográfico, o pesquisador identificou códigos de conduta entre grifes[139] de pichadores. Constatou-se que havia certas disputas entre pichadores e grafiteiros, em especial pelo fato de muitos desses imprimirem seus grafites em espaços onde já constavam pichos, desrespeitando a memória dos pichadores. Havia também grafiteiros que produziam sua arte respeitando os pichos já existentes naquele espaço, incorporando-os ao grafite.

3.4.2 Em busca das intercessões

Rompendo os binarismos e tratando das interseções, Moura (2014) explica que muitos grafiteiros são também pichadores e vice-versa. Com isso, a estética do grafite se assemelha em muitos casos à da pichação, como ocorre nos estilos *bomb*, *throw up* e *wild*. Percebe-se que há, atualmente, o grapixo, uma categoria que mescla as letras da pichação com o sombreamento e outras técnicas do grafite. Além disso, a assinatura dos grafiteiros normalmente é uma *tag*, utilizando a mesma estética da pichação.

Nessa tentativa de ampliar a compreensão, diversos estudiosos explicam que a discussão sobre o fenômeno dos grafismos passa também pelo entendimento da arte, da cidade e do urbano. Por meio dos seus desenhos impressos em paredes e muros, identifica-se a presença da vida urbana, do cotidiano, dos problemas sociais, econômicos e políticos que povoam a mente de artistas de rua e invadem o olhar de passantes. Em tal vertente, Bosco (2010) considera especificamente o grafite como um modo de apropriação do espaço urbano, sendo considerado um ato de

---

[138] Vídeo 3 do Apêndice B.
[139] Forma como é denominado um grupo de pichadores, sinônimo de tribo, turma. Cada grife tem seus códigos particulares que são respeitados pelos participantes (PEREIRA, 2013).

interação, produtor de sentidos e de significados sociais. No âmbito da pichação, Pereira (2013), seguindo a perspectiva levantada por Maurice Halbwachs[140], nota que a pichação também é um modo de representar o espaço urbano, construindo uma memória coletiva sobre o mesmo ou articulando referências de memória na paisagem urbana.

A arte urbana por si só já pode ser considerada uma forma de produção do espaço urbano, assim como a recíproca também é válida. O espaço público sofre diretamente os efeitos naturais resultantes da ação do tempo, das pessoas, dos movimentos, das ideologias que interferem também nos grafismos tornando-os tão dinâmicos como o próprio espaço onde eles se situam. Uma vez que se recorre à Lefebvre, impossível desconsiderar esse olhar:

> O espaço não pode mais ser concebido como passivo, vazio, ou então, como os "produtos", não tendo outro sentido senão o de ser trocado, o de ser consumido, o de desaparecer. Enquanto produto, por interação ou retroação, o espaço intervém na própria produção: organização do trabalho produtivo, transportes, fluxos de matérias-primas e de energias, redes de repartição de produtos. À sua maneira produtivo e produtor, o espaço (mal ou bem organizado) entra nas relações de produção e nas forças produtivas. Seu conceito não pode, portanto, ser isolado e permanecer estático. Ele se dialetiza: produto-produtor, suporte de relações econômicas e sociais. Ele não entra também na reprodução, a do aparelho produtivo, da reprodução ampliada, das relações que ele realiza praticamente, "no terreno"? (LEFEBVRE, 2013, p.5)

O grafismo, portanto, é reconhecido como a tatuagem da cidade, que traz arte a espaços mortos. Para outros, por ser associado à resistência, à manifestação de uma minoria oprimida em um mundo onde o poder do capitalismo dita as regras. Pode ser também uma cicatriz que traz consigo marcas de luta, liberdade de expressão, uma provocação que visa impactar e fazer refletir. Há, ainda, aqueles que a consideram uma micose que se espalha desordenadamente pelos espaços livres da cidade, desafiando o poder público e a propriedade privada, mais associada à pichação. Nesse âmbito, sem estabelecer distinções com a grafitagem, Wainer (2005) e Vaz (2005) consideram que a pichação é uma arte provocativa, capaz de causar reação no espectador ao se deparar com o inesperado. A pichação se tornou um ato de intervir em algo já existente, provocando impactos e reações, direcionando e alterando olhares para um fato ou lugar dentro da banalidade cotidiana.

De maneira geral, as imagens dos grafites e das pichações são capazes de desestabilizar a coesão social imposta pelo poder hegemônico, que pasteuriza subjetividades e reprime diferenças. A coesão social – ou sua falta – é retratada, nesse contexto, pela divisão dos espaços no ambiente urbano. Por um lado, há um espaço oficial projetado pelo poder público ou pela iniciativa privada e tantas vezes construído sem levar em consideração o uso que os cidadãos dariam a ele. Por outro lado, um mesmo espaço pode ser considerado alternativo ou da diferença, uma vez que pode ser usado e inventado na medida em que o cidadão o nomeia ou o utiliza.

---

[140] Perspectiva de que o espaço é um importante suporte para a memória (HALBWACHS, 1990).

Em complementação, os grafismos espalhados pelas ruas poderiam provocar também um desaceleramento do passante para a observação ou contemplação da arte exposta, sendo considerados ainda uma oposição à velocidade, à aceleração, características presentes na contemporaneidade dos grandes centros urbanos. Essa constatação permitiria a adoção de métodos como a ritmanálise[141], discutido por Lefebvre (1991, 2013) em diferentes momentos de sua produção literária. Ela consiste, basicamente, na análise histórica das sequências de repetições que impregnam e envolvem o corpo humano no espaço da vida cotidiana. Para Frehse (2016), esse instrumental pode contribuir para a apreensão empírica das transformações históricas que se insinuam na vida cotidiana das cidades contemporâneas.

Nesse campo de interpretações, são diversas as formas em que a grafitagem e a pichação são aderentes aos movimentos da máquina de guerra em permanente tensão com o aparelho de captura do Estado discutidos por Deleuze e Guattari (1993) no *Tratado de Nomadologia*. Para os autores, o paradigma da máquina de guerra é, como já mencionado, uma potência de metamorfose que tenta romper os axiomas limitantes ofertados pelos aparelhos de captura de Estado, considerados também como uma máquina social capitalista com seu aparelho de repressão. Enquanto o Estado busca uma fixidez, retendo movimentos descodificados, o outro está em oposição, constantemente gerando novas subjetividades, fluxos de desejos, metanoias (CROGAN, 2008; ONETO, 2010).

3.4.3 Entendendo os grafismos como fluxos

Adotando como base a discussão prévia sobre grafitagem e pichação, busco enriquecer essa compreensão sobre os grafismos, contemplando a arte urbana enquanto fluxos que se movimentam na cidade: nômades, rebeldes, descodificados, políticos, cooptados, mercantilizados, sedentários, aprisionados, entre outros. Mais uma vez, recorro a Deleuze e Guattari (1993), com suas formações não arborescentes do pensamento e à máquina de guerra com a emissão de fluxos em expansão rizomática. Encontro, portanto, a grafitagem e a pichação seguindo fluxos em sentidos diversos.

A partir dessa diversidade de sentidos, eu apresento aqui os fluxos que mais se fazem presentes nos discursos – já realizados ou desejosos – dos artistas urbanos, como também nas impressões nos muros, nos casos de trajetórias de vida

---

[141] Termo utilizado por Lefebvre emprestado de Gaston Bachelard que, por sua vez, assumiu tê-lo incorporado do filósofo português Lúcio Pinheiro dos Santos (FREHSE, 2016). A ritmanálise trabalha com a tríade: melodia, harmonia e ritmo. Para Schmid (2012), esse composição triádica é uma marca comum na produção teórica de Lefebvre em diferentes campos: nos conceitos fundamentais (forma, estrutura e função); na linguagem (dimensões paradigmática, sintática e simbólica); na produção do espaço (dimensões do sentido, concebido e vivido).

desses artistas, nas lojas e galerias de arte, nas políticas públicas etc. Seriam pistas de fluxos em movimento. Nesse rizoma, há caminhos estreitos onde novos fluxos se movimentam, outros seriam mais largos e robustos, por onde fluxos já se movem em maior intensidade e estão presentes em maior frequência que me permitem uma melhor compreensão para mapeá-los como um diagrama variável (FILHO e TETI, 2013).

Inicialmente, observando que a origem de grande parte dos artistas urbanos brasileiros está na periferia, adoto como ponto inicial[142] que os fluxos da arte urbana saem normalmente da periferia em direção ao centro da cidade como forças moleculares em linhas de fuga.

Assim como a periferia assume um sentido tanto simbólico como espacial, defendo o mesmo entendimento para o centro[143]. A periferia não se resume às cercanias da cidade, mas a toda área que concentra uma população predominantemente pobre que pode estar, inclusive, ao lado dos bairros mais ricos das metrópoles brasileiras. Ela compreende um conjunto de representações simbólicas em que, tantas vezes, concentra minorias (relacionadas à classe, à etnia, ao lugar de moradia, à condição de existência na metrópole) cujas lutas desafiam o poder instituído, dominador e hegemônico. Ela e o centro podem estar lado a lado, separados tanto por muros como linhas tênues que a história tratou de inquebrantar. Em São Paulo, temos o caso da emblemática imagem da Comunidade de Paraisópolis ao lado da riqueza de Morumbi.

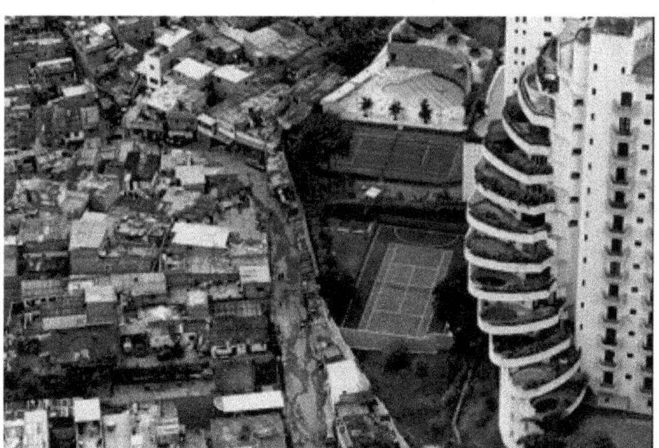

Figura 03.1: Paraisópolis e Morumbi.
Fonte: *Site* LSECities, acesso em 10/11/2017.

Da mesma forma, o centro aqui seriam as áreas de maior controle do poder público e da iniciativa privada, podendo ser o próprio centro da cidade, as áreas comerciais onde circula um maior fluxo de capital, os bairros mais ricos, os condomínios fechados, entre outros. É no centro que está a visibilidade social, capaz de tirar o artista urbano do anonimato, dando-lhe notoriedade e projeção. É também

---

[142] Esse ponto inicial não se configura a origem do fluxo, mas apenas um recorte de um rizoma com suas linhas para uma explicação mais didática. Compreendo que fluxos não têm começo nem fim.
[143] O entendimento mais amplo de centro e periferia é empregado ao longo de todo o texto devido à sua presença predominante no *corpus* da pesquisa, bem como, à sua adoção por praticamente todos os teóricos aqui contemplados.

no centro que a visibilidade se configura por meio do controle de polícia, com a vigilância do poder público ou da iniciativa privada, com seguranças, policiais e o aparato tecnológico de câmeras de monitoramento. O centro tanto absorve como afugenta, a depender do interesse do "sistema" sob as rédeas do capitalismo, tendo o Estado como uma ferramenta a seu serviço.

Em uma compreensão de fluxos, é no centro que os fluxos artísticos da arte urbana podem ser codificados e apreendidos ou, ainda, identificados para serem anulados, a depender dos interesses dos aparelhos de captura. Em uma economia de mercado, os fluxos descodificados e originalmente rebeldes da arte urbana podem facilmente ser codificados e mercantilizados, atraídos por outros fluxos do capital, sendo incorporados pelo segmento oficial da arte (VIRILIO, 2003). Compreendo, portanto, o centro como o território na sua maior fluidez, o marítimo por excelência (LYSEN e PISTERS; 2012), em um contínuo processo de territorialização, desterritorialização e reterritorialização.

É no centro que o Estado se faz mais presente no controle do espaço público. Na periferia, o poder estatal normalmente atua com maior ausência ou sofreguidão, podendo deixar tal espaço abandonado, como uma oportunidade para a gentrificação, ou ocupado por milícias, gangues, o estado paralelo, conforme já citado. Porém, mesmo com o Estado presente no centro, temos ainda um exemplo cabal de sua ineficiência por não conseguir deter o que seria de sua obrigação: grafites e pichações não autorizados.

Partindo desse entendimento de periferia e centro, apresento a Figura 3.2 com o sentido em que, predominantemente, os fluxos da grafitagem seguem.

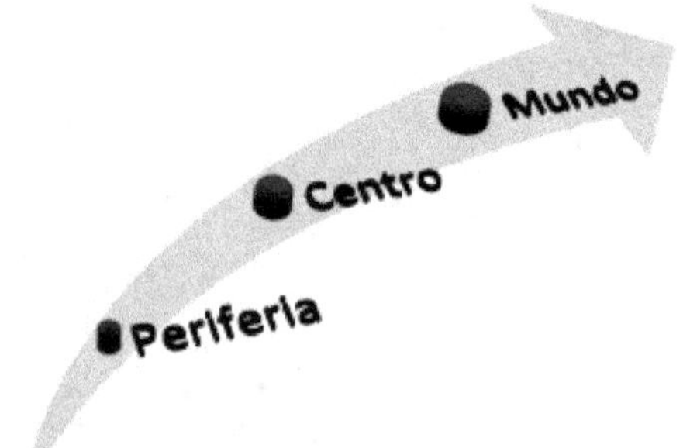

Figura 3.2: Compreensão de grafitagem enquanto fluxos.
Fonte: O autor (2017).

Nesse caso, uma vez que o "sistema" tem demonstrado gradual apoio à grafitagem, o centro passa a ser a porta de acesso do grafite brasileiro para o mundo. Esse apoio, inevitavelmente, passa também por ações de controle, censura e coerção que serão detalhadas no capítulo seguinte. Para os grafites, o poder público já disponibiliza espaços demarcados/estriados, realiza chamadas públicas, faz certames e patrocina eventos. Um exemplo dessa relação mais estreita está no *folder* abaixo, confeccionado pela Prefeitura de São Paulo na gestão do prefeito Fernando Haddad, com um roteiro de visitação dos principais pontos de grafites na capital paulista (Figura 3.3).

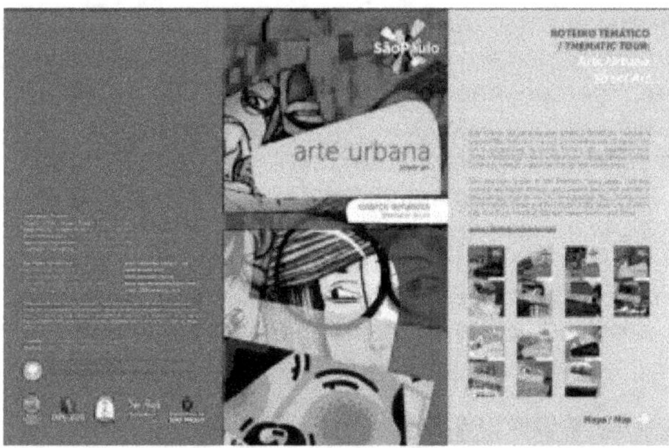

Figura 3.3: Roteiro de visitação da arte urbana em São Paulo.
Fonte: *Site* Cidade de São Paulo. Acesso em 22/04/2017.

Nas garras do capital, existe um mercado artístico que recebe e incorpora as grafitagens às galerias de arte, aos escritórios de arquitetura, às lojas em geral que a comercializam, incorporando o conceito de moda. Nesse caso, os fluxos da grafitagem, antes predominantemente da rua, do espaço público e da democratização da arte, invadem agora espaços privados.

Uma vez ingressando no centro, a grafitagem se expande por diversos segmentos e segue fluxos orientados primeiramente pelo mercado. Nesse caso, apresento exemplos extraídos de perfis do Instagram de importantes grafiteiros. Na Figura 3.4, está o grafiteiro Gustavo Cortelazzi que também é tatuador. Seu perfil no Instagram é *verde_gc*.

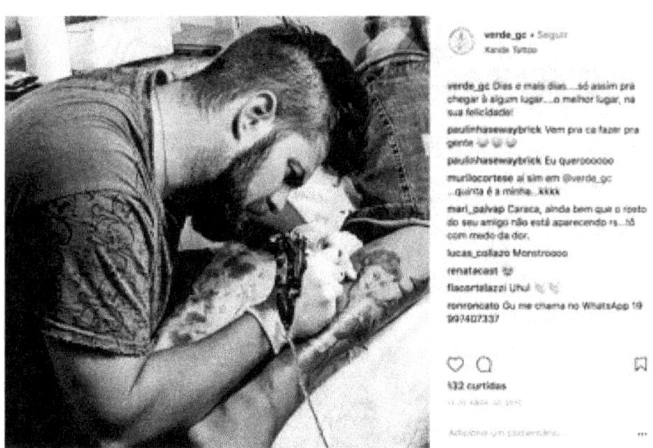

Figura 3.4: O grafiteiro e tatuador Gustavo Cortelazzi.
Fonte: Instagram de verde_gc. Acesso em 25/11/2017.

Caso interessante também é o de Jaime Prades, artista espanhol radicado em São Paulo, que apresenta o seu grafite aplicado em mobiliário. Mais adiante, a Figura 3.5 expõe poltronas cuja padronagem é feita a partir dos grafites de Prades. Percebo, portanto, que a grafitagem dialoga com maior fluidez com outros segmentos artísticos e vai conquistando territórios, onde os artistas urbanos são também tatuadores, designers, estilistas. Importante destacar aqui é que esses fluxos em movimento no centro podem ser iniciados na arte urbana e, posteriormente, extravasam para outras linguagens ou, ainda, seguem o sentido contrário, quando profissionais de outras áreas passam a se interessar pelos grafismos urbanos, percebendo sua visibilidade e/ou relevância comercial. No primeiro caso, esses fluxos seguem em linhas de fuga e migram para linhas molares, incorporados ao "sistema". Em analogia, esses fluxos, que antes eram rebeldes e transitavam predominantemente em espaços lisos, agora perdem velocidade ao encontrar os espaços estriados do centro e são capturados pelos aparelhos de Estado. No segundo, os fluxos sempre estão em linhas molares, uma vez que já seguem os ditames do mercado e apenas encontram outras formas de atuação. Nesse caso, adotando a mesma analogia, eles já circulam no espaço estriado e estão à procura de novas oportunidades de negócio.

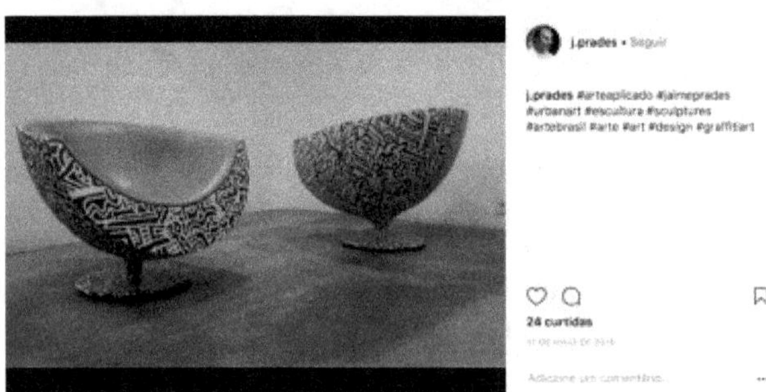

Figura 3.5: Mobiliário com grafite de Jaime Prades.
Fonte: Instagram de j.prades. Acesso em 25/11/2017.

Percebo que Prades transita no campo oficial das artes, do design e da arquitetura. Temos a exposição *Human Nature* na qual o artista expõe uma série de instalações em que traz à tona a questão da sustentabilidade (Figura 3.6).

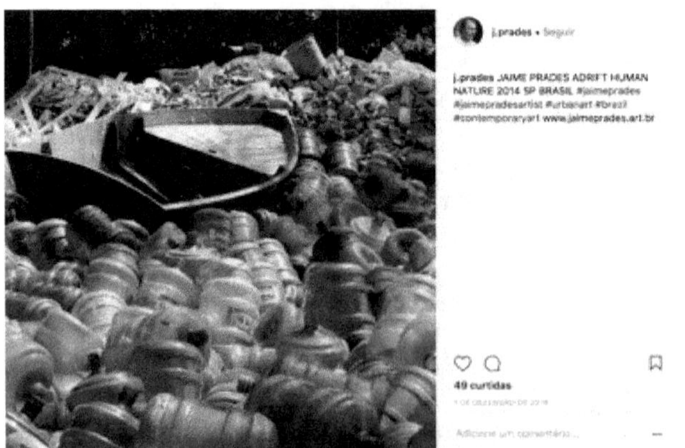

Figura 3.6: Instalação artística de Jaime Prades na Exposição *Human Nature*.
Fonte: Instagram de j.prades. Acesso em 25/11/2017.

Prades me direciona a uma outra questão sobre a compreensão de fluxos. Uma vez que esses fluxos da arte urbana, inicialmente oriundos da periferia, passam a ter a visibilidade e aceitação do centro, artistas que são originalmente do centro consideram esse segmento sedutor e aderem aos fluxos. O que antes era basicamente do jovem negro e pobre da periferia, começa a assumir outros tons de pele e padrões sociais. Atualmente, muitos artistas urbanos desconhecem a periferia por terem nascido em classes mais abastadas. Consequentemente, a arte urbana vai assumindo outras questões e direcionando seus fluxos em outros sentidos.

Com a incorporação ao centro, o sistema se alia aos fluxos da grafitagem e gradativamente controla a velocidade da máquina de guerra. Enquanto o movimento nômade é ágil, veloz e de fuga, a incorporação da máquina de guerra ao mercado das artes e ao Estado possibilita maior oferta de recursos para seu aprimoramento, que vão desde maquinários – capazes de ampliar e sofisticar a sua produção – ao próprio tempo, permitindo que as grafitagens levem até vários dias para serem produzidas. Antes, a grafitagem invadia o território do centro na surdina, na calada da noite, ao susto dos olhares desatentos. Agora, uma vez autorizada, ela é produzida com planejamento e tem o tempo e demais recursos necessários para seu detalhamento e sofisticação nas técnicas. Temos o caso de Speto (Figura 3.7) e Kobra (Figura 3.8) que produzem grandes grafitagens e, para se separar de qualquer aspecto de ilegalidade, já são considerados artistas que fazem murais, associados ao Movimento Muralista mexicano.

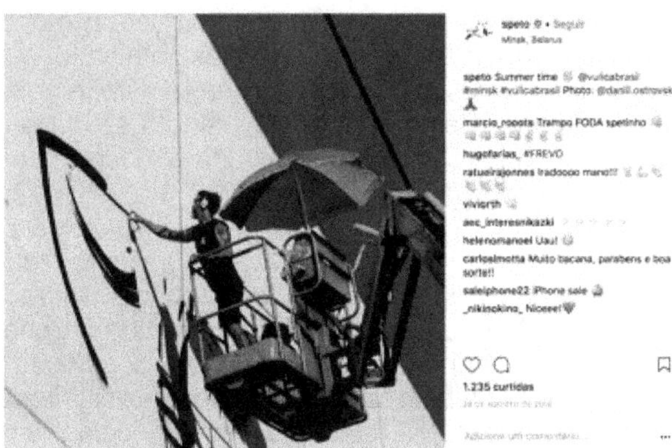

Figura 3.7: Speto em produção de mural.
Fonte: Instagram de speto. Acesso em 22/11/2017.

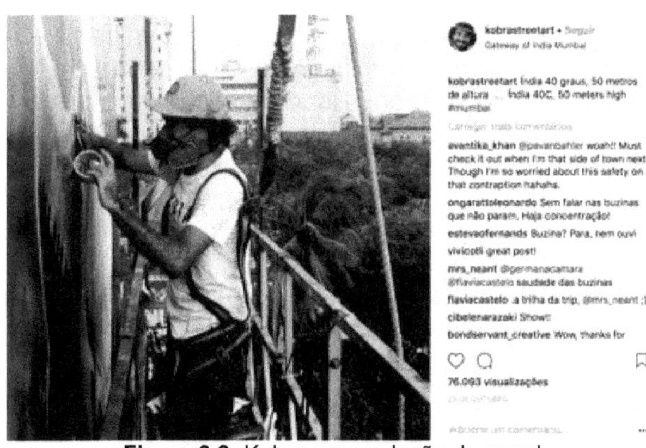

Figura 3.8: Kobra em produção de mural.
Fonte: Instagram de kobrastreetart. Acesso em 12/11/2017.

Depois da chegada ao centro, os fluxos tendem a seguir no sentido do mundo, em um mercado globalizado. Nesse caso, já é comum termos brasileiros reconhecidos internacionalmente como artistas urbanos de sucesso com estimada competência artística: Kobra, Os Gêmeos, Bicicleta sem Freio, Coletivo Burulino, Mona Caron, Tikka Meszaros, Fábio de Oliveira, entre outros. Para eles, é provável que a arte passe a ser agora uma importante fonte de renda e, consequentemente, a periferia, como ponto de partida, comece a se distanciar da sua realidade, sendo apenas mencionada para enaltecer o discurso do sucesso. Isso é muito recorrente nos relatos dos artistas urbanos da série de vídeos Sampa Graffiti produzida por Paulo Taman, bem como nos documentários com entrevistas com Kobra[144] e Os Gêmeos[145].

Importante seria verificar se a concepção ideológica da arte urbana defendida por alguns grafiteiros – a busca pelo bem da coletividade – se faz presente quando seus fluxos já conquistam o mundo. Identificaríamos, então, fluxos em sentido contrário: do mundo em regresso para a periferia. Nesse caso, a verificação teria o intuito de observar se tais artistas urbanos retornam ao ponto de origem para promover melhorias que vão além das suas vidas, afetando a vida de outras pessoas. O discurso da utopia, tão presente na grafitagem como realçou a professora da PUC-SP Rita de Cássia Oliveira[146], de fato se materializaria além do embelezamento da cidade cinza, funcional, e atuaria também na melhoria objetiva das condições de vida de outras pessoas.

Com um olhar bastante crítico, em entrevista, o grafiteiro Mauro Neri explicou que esse regresso à periferia existe e é positivo, pois pode trazer resultados efetivos para muitas comunidades. Porém, esses fluxos de retorno funcionam basicamente como um "valor agregado" à imagem do grafiteiro, compondo sua pauta ou diferencial competitivo para também ser explorado publicitariamente nas redes sociais. Interpreto que o território já está tão estriado pelas linhas molares de mercado que as ações sociais existentes também estão contaminadas para a promoção de uma grife, uma marca ou imagem de um grafiteiro.

Percebo, ainda, que esses fluxos no sentido da cidade para o mundo são crescentes, uma vez que a grafitagem tem despertado um maior interesse no segmento das artes plásticas. Porém, ainda são poucos artistas urbanos que saem da periferia e rompem o espesso muro de acesso e permanência no centro. Um muro que, no contexto brasileiro, é consolidado praticamente desde a sua fundação com a escravidão, como destacou Joaquim Nabuco *apud* Maricato (2000), cujas consequências são sentidas até hoje nas metrópoles brasileiras.

Nem todos os fluxos da grafitagem partem da cidade em direção ao mundo. Diante das grafitagens não autorizadas, seus fluxos se assemelham aos da pichação. Há ainda aqueles artistas urbanos que, por questões políticas, optam por continuar em um diálogo incessante com a comunidade periférica de origem. O Coletivo Imargem é um caso ilustrativo.

---

[144] Vídeos 3, 152 e 153 do Apêndice B.
[145] Vídeo 157 do Apêndice B.
[146] Vídeo 48 do Apêndice B.

O grafiteiro Mauro Neri explicou que o coletivo Imargem surgiu como uma possibilidade de democratizar o acesso à arte. Sua primeira exposição foi feita às margens da represa do Grajaú, por isso o nome Imargem, da margem, a partir de uma provocação: por que atravessar a cidade para ter acesso à arte? Neri já tem um reconhecimento além da periferia, porém sua atuação, por uma convicção ideológica, dialoga com a periferia em fluxos intensos e em diversos sentidos. O coletivo realiza vários projetos que visam beneficiar as comunidades, em especial, no Grajaú: o Projeto Imargem em Ação, o Extremo Sul, o Festival de Direitos Humanos, Cidadania pelas Ruas, entre outros.

Partindo para os fluxos da pichação, a dinâmica é diferente. A sociabilidade é uma característica muito presente na pichação. Ela se inicia na *quebrada*, termo utilizado pelos artistas para designar o bairro de periferia onde eles residem. Para Magnani (2007), é na quebrada ou pedaço que se desenvolve uma sociabilidade básica, muitas vezes mais profunda que os próprios laços familiares dos pichadores. Nela, as relações são mais densas, estáveis e com maior comprometimento em comparação àquelas formais e individualizadas impostas pela sociedade.

Essa sociabilidade continua acontecendo e se fortalece, quando os pichadores saem da periferia e se dirigem ao centro (área central da cidade) para o encontro no *point*. Lá, há a interação com inúmeros pichadores desconhecidos, "mas que acabam se reconhecendo pelo fato de compartilhar dos mesmos códigos de pertencimento" (p. 128), podendo ser manifestados pelas vestimentas, gírias, práticas e gostos musicais (CARVALHO, 2011).

É no *point* que os pichadores arquitetam seus próximos trajetos para fazer os "rolês", fortalecem a sua popularidade, ampliam a rede de contatos, divulgam festas, etc. Para Carvalho (2011), essas reuniões são fundamentais para a integração do movimento.

Normalmente nas metrópoles brasileiras, os *points* se localizam em sua área central, pelo fato de ser espaço de passagem dos pichadores de diferentes quebradas, como também de oferecer maior visibilidade para a sua produção artística. Porém, essa permanência dos pichadores no centro é curta, pois um ponto de estrangulamento desses fluxos está exatamente nas barreiras e nos muros de acesso ao centro que não lhes permitem ultrapassar. O pichador transita no centro, realiza seus encontros e produz sua arte em muros, marquises, viadutos e empenas de prédios. Porém seu regresso é sempre para a periferia, conforme esquema apresentado na Figura 3.9.

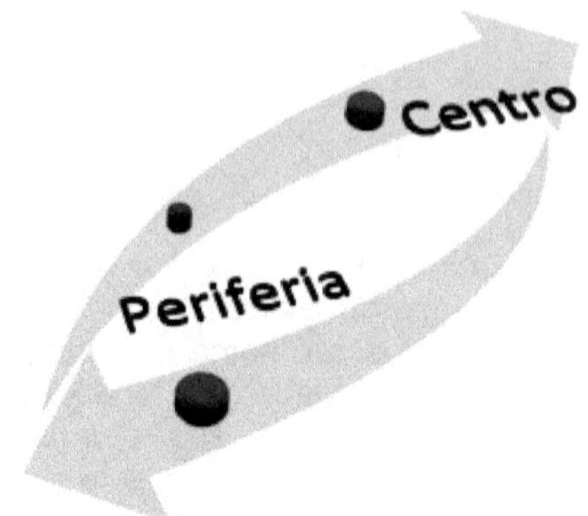

Figura 3.9: Compreensão de pichação enquanto fluxos.
Fonte: O autor (2017).

É importante entender, além dos fluxos, as barreiras que restringem seu ingresso e permanência no centro enquanto arte urbana. Inicialmente, há o discurso de repelência do centro devido à origem da arte urbana em geral, por ser uma manifestação que surge na periferia, oriunda de minorias que possibilitam ameaçar o poder hegemônico. Além disso, há a associação da pichação e do grafite não autorizados com o que é transgressor, ilício e proibido. Merece destaque, também, o gosto estético que promove uma forte distinção entre a grafitagem e a pichação. É mais fácil agradar com a grafitagem, caracterizada por ser uma arte que recorre ao colorido, ao lúdico e à imagem que permite uma compreensão ou entendimento por parte do espectador, do que com o grafismo da pichação, que é monocromático, perturbador, com formas que recorrem mais à escrita de letras pontiagudas que remetem ao alfabeto *viking* ou rúnico e normalmente é indecifrável para o centro (Figura 3.10).

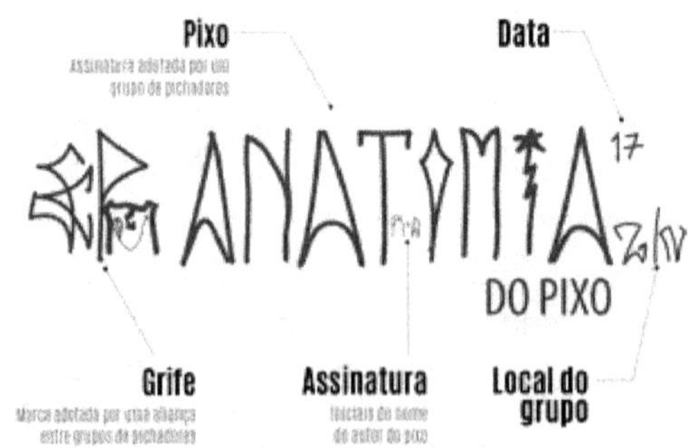

Figura 3.10: Tentativa de decifrar uma pichação.
Fonte: Apartes (2017).

Essa questão da sua incompreensão e de contemplar uma estética do caos é trazida no texto de abertura do documentário *PixoAção II*. Além de trazer uma ideologia que marca o movimento, ele discute, também, a sua reprovação por parte da sociedade:

> Pixo, de maneira subliminar, tende a ser ruído que revela / Tintas que rasgam as amarras visuais urbanas numa apropriação do espaço / Partem do indivíduo por trás das

letras, formas e frases / E conectam o coletivo / Assim, se fosse possível concentrar em uma única ideia esse mundo plural do pixo, esta seria: / Esse muro, esse prédio, essa propriedade não é sua / Não reconhecemos esta cerca / A cidade não tem dono e tal tinta depositada nas ruas traduzem versão da alma urbana através do ícone *meu* no espaço *nosso* / Se na estrutura jurídica e nas pautas dos telejornais o pixo é imposto como atividade criminosa / Seria prudente um esclarecimento vindo da fala e da postura dos donos dos traços, cores e tintas / Negando a imagem de figura do crime e assumindo a postura de Revolucionários / munidos de sua indecifrável estética do caos[147].

Uma vez que tais fluxos não avançam por serem banidos pelo centro, os pichadores atuam em uma dinâmica de demarcação de território e identidade, ultrapassando os muros físicos dos condomínios fechados, alcançando os locais mais inacessíveis e fazendo rapel em busca dos pontos mais altos da cidade. O fato de ser ilegal gera uma "incessante tensão entre o existir e o ser apagado, por se inscrever sob o crivo da efemeridade" (DIÓGENES, 2014, p.7). Essas ações podem ser explicadas como uma resposta às barreiras simbólicas que lhes são praticamente intransponíveis. Nesse ponto, é interessante resgatar Augé (2010) que explica essas barreiras em dois sentidos: a população mais pobre é excluída do mundo globalizado, proibida de fazer parte das áreas mais abastadas e de vivenciar as vantagens da sociedade de consumo, porém o contrário tem livre trânsito. Aqueles inseridos no sistema possuem mais facilidade de acesso às zonas marginalizadas e periféricas, em condições de segurança[148]. Isso justifica o discurso de o pichador ser tão mais carregado de revolta e necessidade de transgressão, uma vez que as barreiras e os muros físicos e simbólicos fazem parte de sua rotina. Um membro do Coletivo Mãos que Gritam explica: "Vive-se numa sociedade de regras, nada pode. Tudo tem dono. A pichação é um momento em que você é livre. Faz uso da cidade[149]".

Nesse sentido, por mais que a pichação seja associada com a distopia, é nela, enquanto ideologia, que há ainda uma discussão acalorada sobre o direito à cidade. Nesse caso, os fluxos da pichação não se concentram em conquistar o centro para a aceitação e inclusão ao sistema, mas em mudar a dinâmica do centro, priorizando o público em detrimento do privado, a inclusão abrangente em detrimento da segmentação. O pichador pode fazer sua *tag* na cobertura de um prédio residencial e, inclusive, desejar morar nela, porém isso não aparece em seu discurso político. Pelo contrário, a crítica está exatamente na propriedade privada e na desigualdade social.

O pichador Bruno Rodrigues, o Locuras, explica a existência de uma dinâmica paralela à aceitação do centro, criada pela própria comunidade da pichação em que também há o reconhecimento, a notoriedade e a legitimação do artista urbano entre eles. O reconhecimento do pichador se dá a depender da sua classificação inicial: se

---

[147] Vídeo 11 do Apêndice B.

[148] O livro *Admirável Mundo Novo*, de Aldous Huxley, traz essa imagem com duas sociedades em mundos distintos: uma que vive na barbárie e outra que goza das vantagens da civilização. A segunda pode fazer excursão para a primeira, porém o contrário não é permitido. Hoje, temos as excursões às comunidades populares, as visitas guiadas, como é o caso de Paraisópolis, em São Paulo.

[149] Vídeo 04 do Apêndice B.

ele é pichador do baixo ou do alto. No primeiro caso, devido ao menor risco, uma vez que ele não precisa escalar para fazer sua arte, seu reconhecimento pelos pares acontece mediante a frequência do picho (quanto mais "rolês" ele fizer, com maior presença da sua arte espalhada na cidade, melhor), a audácia da ação (por exemplo, pichar próximo a uma delegacia) e a estética (maior detalhamento e perfeição do picho). No caso do pichador do alto, devido à complexidade e ao risco de sua ação, não se esperam muitos pichos seus espalhados pela cidade, mas que aqueles impressos sejam resultado de um nível maior de audácia, perigo e dificuldade. Ele também é avaliado na questão estética: tamanho da letra, largura entre outros elementos (Figura 3.11).

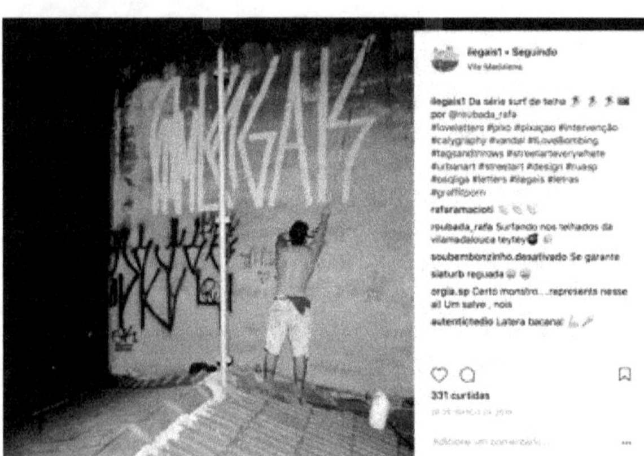

Figura 3.11: Atuação de um pichador.
Fonte: Instagram de ilegais1. Acesso em 12/11/2017.

Pereira (2010) expõe que essa dinâmica promove uma inversão de estigma. Enquanto os bairros pobres de periferia trazem consigo uma imagem negativa para a cidade, entre os pichadores, ser reconhecido como pertencente a um determinado bairro de periferia é um ponto positivo que lhe remete à identidade e pertencimento a um grupo.

Nos fluxos da pichação, o centro só se torna acessível mediante a transgressão, por isso suas ações são predominantemente noturnas, silenciosas, ágeis, com poucos recursos, normalmente em pequenos grupos, sem buscar o conflito direto com o controle territorial, mas na procura das lacunas e fissuras das seguranças públicas e privadas. Seus fluxos seguem em linhas moleculares, enquanto potência, que se transformam em linhas de fuga, enquanto ação efetiva[150]. O centro é o pico do Everest onde se vai, conquista e regressa. Uma conquista basicamente espacial, territorial, dificilmente social. Sendo assim, esses fluxos saem da periferia, invadem a cidade clandestinamente e voltam para a periferia normalmente antes de o sol nascer, conforme a Figura 3.8. Nisso, a adrenalina e a emoção da conquista estão presentes, exigindo sempre do pichador, tanto do baixo como do alto, o risco de sua liberdade e até de sua vida.

---

[150] A série *100comédia* (Vídeos 49, 50, 51, 52 e 53), disponível no YouTube, apresenta o universo da pichação em diferentes contextos. Com poucos relatos e predominantemente imagens e músicas ao fundo, a série expõe vários pichadores em ação, suas festas, encontros e reuniões em metrôs, nas ruas, em bares à noite.

Aqui, o regresso à periferia não se relaciona com a promoção da melhoria da qualidade de vida daqueles que ali se encontram, mas o simples movimento dos fluxos da pichação de não continuarem adiante – em trânsito pelo centro – por se depararem com as barreiras já discutidas, linhas molares de atuação do Estado e do capitalismo, ou ainda por um posicionamento próprio do artista com fortes tons ideológicos de não ingressar no sistema, mesmo que as portas do centro lhe sejam "abertas" por meio do reconhecimento da sua produção pela sociedade e pelos oficiais da arte.

Porém, a interrupção dos fluxos da pichação não se dá apenas na ordem citada. Assim, muitos artistas são aprisionados e até mortos. No dia 30 de novembro de 2017, quinta-feira, houve um protesto de pichadores contra a decisão da Juíza Débora Faitarone, que inocentou os cinco policiais que mataram os pichadores Alex (Ald) e Ailton (Nani) por entender que eles agiram em legítima defesa. A convocatória ao evento contida no perfil do Facebook do Movimento PixoAção foi acompanhada do seguinte texto:

> [...] A juíza alega que os policiais têm boa fé e com isso ignorou provas materiais. A sentença diz que certamente nossos amigos estavam armados e com a intenção de roubar. Certamente não passa na cabeça da juíza que o objetivo de um pixador, ao invadir um prédio, não é levar nada mas deixar sua marca. O preconceito social dela é tão grande que a imparcialidade esta morre dentro daquela sentença pelo próprio tom em que foi escrita. A juíza escolheu um lado e foi o da polícia. Pixar é um crime e sabemos disso, ALD e NANI sabiam disso. Os dois já tinham rodado várias vezes. Outra vez, foram pegos no alto de um prédio na mesma avenida, é obvio que os policiais decidiram fazer justiça com as próprias mãos, dar o exemplo. Qual é o maior crime, pixar ou executar alguém e ocultar provas? A juíza disse mais uma vez para a polícia de SP: "continuem matando, façam justiça com as próprias mãos". "Enquanto absolver os assassinos de farda for mais importante que a justiça para os nossos a tinta vai continuar gritando na cidade". P.M.E (*Pixo Manifesto Escrito*, acesso em 07/12/2017).

Esse é apenas mais um caso dentre tantos já registrados nas estatísticas da pichação, cujos fluxos desterritoralizantes são interrompidos e tamponados em um embate direto com os aparelhos de captura do Estado.

Dessa forma, a tentativa de explicar a arte urbana através de fluxos é propositalmente aberta e, à medida que ela avança social, territorial, cronológica e mercadologicamente, novos fluxos surgem, capazes de desestabilizar o sistema e, paradoxalmente, ser a principal fonte que o alimenta e o mantém vivo, em um capitalismo em expansão, como defendem Deleuze e Guattari (1993).

Capítulo 04
Tintas à prova do Estado

O embate da arte urbana com o Estado e o que lhe é imposto está presente tanto na origem do movimento, desde o *hip hop* na realidade americana dos anos 1960, como no Brasil, quando os grafismos tomaram maior fôlego e se espalharam pelas ruas das principais metrópoles. No nosso contexto, o discurso crítico desses artistas urbanos culmina normalmente na aliança do Estado com o capital, sendo o primeiro um instrumento de dominação a serviço do sistema capitalista hegemônico. Essa crítica tensionante é mais acentuada, uma vez que os grafismos se predispõem, tantas vezes, a fazer uma leitura negativa da vida urbana, onde o poder público assume grande parcela de responsabilidade, haja vista seu título de planejador urbano.

Uma vez os grafismos gerando incômodo ao sistema, devido ao seu caráter de ilegalidade, transgressão e tentativa de dar voz àqueles que, intencionalmente, são pouco ouvidos nas decisões da *polis*, o Estado e o capital compreendem que eles precisam ser apreendidos, capturados, codificados em seu território estriado. A arte urbana, então, representa – ainda em sua maioria – uma classe artística que está fora das redes aprisionadoras do sistema.

Nesse sentido, Deleuze e Guattari, ao explicar a atuação do Estado no *Tratado de Nomadologia*, empenham uma atenção especial à sua relação com aquela sociedade que está fora de seu território de domínio, de controle, demandando-lhe um esforço de apreensão de fluxos, por meio de seu aparelho de captura. Isso é narrado logo no *Axioma I* do *Tratado de Nomadologia* cujo título é *A máquina de guerra é exterior ao aparelho de Estado* (DELEUZE e GUATTARI, 1993).

Para compreender o aparelho de captura do Estado, os filósofos franceses lançam mão de quatro enfoques: da mitologia indo-europeia, dos jogos, da epopeia e do drama. Opto, ao considerar os grafismos e a discussão sócio-espacial onde os mesmos são produzidos e expostos, explicar os dois primeiros enfoques.

A partir da mitologia indo-europeia, sob o olhar de Georges Dumézil, tem-se o paradigma do aparelho de captura de Estado composto pela articulação de dois fenômenos gêmeos: o fenômeno da dominação, representado pela divindade Varuna, e o fenômeno da soberania, por meio da divindade Mitra. "A noção de soberania e sua prática necessitam desses dois elementos que se alternam, rivalizam e se complementam. Juntos, eles traduzem o duplo movimento que faz emergir e mantém o aparelho de Estado, cujo objetivo é o controle que pode ser feito tanto pela lei como pela ameaça" (ONETO, 2010, p. 149).

Mitra, conhecida como a divindade do sol, atua como o sacerdote jurista e legislador que busca trazer todos os elementos (pessoas e coisas) sob sua jurisdição. De maneira semelhante aos mecanismos panópticos de Foucault, o modelo de soberania não permite a fuga (DEUCHARS, 2011a). Por outro lado, Varuna é conhecida como o rei-mágico, o déspota com a sua capacidade de prender ou libertar, dotar um ser inanimado de vida ou delegar-lhe a morte. Atua sobre oceanos, mares, rios e os répteis que ali visitam[151]. Dumézil argumenta que uma divisão específica do trabalho determina a relação entre esses deuses sobre o seu poder soberano. Enquanto Mitra se volta aos aspectos racionais e legais da soberania, Varuna representa os aspectos mágico-religiosos da soberania. A importância da tese de Dumézil, no que diz respeito a Deleuze e Guattari, é a ausência de guerra e de um deus guerreiro dessa camada mais alta. É apenas no segundo nível divino que existem deuses guerreiros dominados por Indra, o modelo do ideal guerreiro. É Indra quem conduz a guerra, organiza exércitos e, em contraste com Varuna e Mitra, persegue geralmente sua vontade com o esforço da força física (REID, 2010).

A divindade Indra é o paradigma da máquina de guerra, é a potência de metamorfose que não cessa de assombrar Varuna e Mitra, colocando-se como pura exterioridade à soberania, sempre pronta a atuar sem prévia preparação. Tal potência não pode ser entendida como uma relação dinâmica entre polos de poder. Ela é da ordem do efêmero, da velocidade, da multiplicidade, sendo considerada de outra espécie e natureza ao aparelho de captura do Estado, por isso não pode ser entendida como uma terceira instância ou uma via alternativa que busca substituir o poder estatal hegemônico (DELEUZE e GUATTARI, 1993).

No que tange o enfoque dos jogos, há um paralelismo entre os jogos de xadrez e o go chinês. O xadrez é representado pelas suas peças com qualidades e valores determinados *a priori*, associado à rigidez da hierarquia militar. O go chinês tem suas peças com propriedades extrínsecas, a depender da situação em que se encontram.

> Seria preciso tomar um exemplo limitado, comparar a máquina de guerra ao aparelho de Estado segundo a teoria dos jogos. Sejam o xadrez e o go, do ponto de vista das peças, das relações entre as peças e do espaço concernido. O xadrez é um jogo de Estado. [...] As peças do xadrez são codificadas, têm uma natureza interior ou propriedades intrínsecas, de onde decorrem seus movimentos, suas posições, seus afrontamentos. Os peões do go, ao contrário, são grãos, pastilhas, simples unidades aritméticas, cuja única função é anônima, coletiva ou de terceira pessoa: 'Ele' avança, pode ser um homem, uma mulher, uma pulga ou um elefante. Os peões do go são os elementos de um agenciamento maquínico não subjetivado, sem propriedades intrínsecas, porém apenas de situação (DELEUZE e GUATTARI, 1993, p. 14).

Considerando o tabuleiro como o território onde as peças se movimentam, no xadrez esse espaço é fechado. Vai-se de um ponto a outro buscando ocupar o máximo de casas com um mínimo de peças. Já no go, a distribuição ocorre em

---

[151] Pode-se identificar grande relação com a compreensão de sociedade a partir de seus fluxos, conforme descrito anteriormente.

espaço aberto, com a possibilidade de surgimento em qualquer ponto onde o movimento é contínuo, sem ponto de partida e de chegada. Há o espaço liso (*nomos*) do go em oposição ao espaço estriado (o Estado, a *polis*) do xadrez (ONETO, 2010).

> É que o xadrez codifica e descodifica o espaço, enquanto o go procede de modo inteiramente diferente, territorializa-o e o desterritorializa (fazer de fora um território no espaço, consolidar esse território mediante a construção de um segundo território adjacente, desterritorializar o inimigo através da ruptura interna de seu território, desterritorializar-se a si mesmo renunciando, indo a outra parte...). Uma outra justiça, um outro movimento, um outro espaço-tempo (DELEUZE e GUATTARI, 1993, p. 15).

Diante dos casos apresentados em que o poder público é incitado a enfrentar a arte urbana, a cidade de São Paulo – a partir das repercussões dos programas *Cidade Limpa* e *Cidade Linda* – é considerada atualmente uma realidade ressaltante a ser vista e discutida.

Como já mencionado, esse caráter de protesto inerente aos grafismos, que traz as clamas da periferia para o centro da cidade e os bairros mais abastados, gera um desconforto nas classes dominantes que dificilmente passaria silenciado pelo poder público, em especial na maior cidade do País: São Paulo. À medida em que os grafites e as pichações se espalhavam desordenadamente nas ruas da capital paulista, o poder municipal era forçado a adotar ações de ordenamento e controle.

Nos últimos 10 anos, dois momentos expressivos geraram tensionamentos entre a Prefeitura de São Paulo e os artistas urbanos. Um deles ocorreu com ex-prefeito Gilberto Kassab, a partir da implementação da Lei Municipal n° 14.223, de 26 de setembro de 2006, que objetivava principalmente o ordenamento dos elementos publicitários que compõem a paisagem urbana da cidade de São Paulo. Em 2009, foram apagados os grafites e pichações dos muros da Avenida 23 de Maio, sobrepintando-os de cinza. Para o jornalista Rogério Andrade, essa ação da prefeitura revelou uma tendência maníaca por ordem e controle, o que caracterizava a gestão de Gilberto Kassab (ESTADÃO, 2009). Como consequência, isso gerou uma força de oposição da classe artística que se sentiu desrespeitada com a retirada, em especial, dos grafites.

Da promulgação da lei aos dias atuais, o Programa *Cidade Limpa* foi flexibilizado em dois momentos. Inicialmente, havia a tentativa de banir a propaganda nas ruas, porém, na própria gestão de Kassab em 2011, foi publicado um decreto que já permitia propaganda em fachadas de prédios históricos que forem restaurados, em cinzeiros nas portas de bares e na entrada de estabelecimentos que permitam o acesso a seus banheiros. O texto também regulamentou os termos de cooperação para que a iniciativa privada cuidasse de praças, parques e canteiros centrais de avenidas, que teriam de passar pelo crivo da CPPU – Comissão de Proteção da Paisagem Urbana (FOLHA, 2010).

No ano passado, Doria enviou à Câmara Municipal um projeto de lei nessa mesma linha. Entre as medidas pretendidas estão a permissão de propaganda em lixeiras e banheiros públicos, como também, em placas de identificação de ruas, grades, quiosques e bicicletários. Pretende-se ainda instalar totens interativos que serão usados para a divulgação de informações e poderão ser equipados com wi-fi. Pelo projeto, a prefeitura autoriza a concessão para empresas ou consórcios para exploração publicitária em elementos do mobiliário urbano (VEJA – SÃO PAULO, 2017d).

Retomando os tensionamentos da gestão municipal com os artistas urbanos, fato similar ocorreu no início de 2017, portanto já na gestão de João Doria, que repetiu o ato apagando alguns grafites considerados estragados na Avenida 23 de Maio e no Arco do Jânio. Além disso, a prefeitura adotou uma série de ações de "tolerância zero", em especial contra os pichadores (UOL, 2017a).

Porém, nesse ínterim, outras iniciativas pontuais dos aparelhos de captura do Estado revelaram a sua relação delicada com a arte urbana. Ressalto neste capítulo, além daquelas de maior impacto já citadas (as linhas molares materializadas em políticas públicas), projetos como o *Ossário* do grafiteiro Alexandre Órion e o *Muro da Estação Adolfo Pinheiro* – uma parceria entre o Sesc e o Metrô de São Paulo –, onde o poder de censura foi mais contundente.

Destaco que o Estado, aqui contemplado sobremaneira na prefeitura de São Paulo, não pode ser considerado de forma monolítica e linear. Nenhuma gestão é capaz de ter um discurso tão coerente que não externalize seus conflitos e oposições internas.

Observando a política brasileira em que secretárias e ministérios são normalmente loteados entre partidos políticos, ocupantes de cargos públicos podem ter diferentes visões a respeito de um determinado assunto que, inclusive, não harmonizam com o pensamento do chefe do executivo em pauta. Nesse sentido, saliento que não fiz nenhuma incursão nas gestões municipais aqui contempladas para identificar resistências internas às ações dos prefeitos Kassab e Doria. É natural que movimentos opostos tenham existido e que poderiam ser considerados máquinas de guerra dentro do próprio aparelho de Estado, porém não busquei tais evidências.

Trago, ainda, uma reflexão sobre a maneira como a mídia (especificamente a televisão e os canais impressos) vêm tratando os grafismos, reforçando para a sociedade em geral os aspectos considerados "negativos" da pichação e os "positivos" da grafitagem. Traduzo essas relações de aproximação e afastamento também como estratégias de captura à máquina de guerra, porém com linhas molares diferentes, em um contínuo processo de estriamento de territórios.

Um tópico mais complexo é a discussão do ingresso da arte urbana no mundo oficial da arte. Em um primeiro momento, identifico claramente uma linha molar de apreensão e "domesticação" da arte urbana, porém tal avaliação pode ser incompleta, uma vez que percebo também esse fenômeno como possível rota de fuga dos grafismos em uma relação simbiótica e controversa entre aparelhos de captura e máquina de guerra, assim como houve no *hip hop* e na *pop art* anteriormente.

4.1 São Paulo como o tabuleiro do jogo

Lefebvre (2001, 2013) defende que o espaço não é meramente natural, um vazio à espera de ser preenchido, onde os indivíduos chegam e ocupam. Na verdade, o espaço é uma construção social, produto de uma série complexa de fatores em que a vida cotidiana e suas práticas criam significados, símbolos, sinais e valores. À sua época, cada sociedade produz seu próprio espaço para atender às suas necessidades e prioridades. Busca-se, portanto, nessa produção do espaço, assegurar também a coesão social, a competência funcional e o poder e controle políticos.

Em janeiro do ano passado, a mídia estampou o caso de São Paulo, em que o espaço público revelava uma disputa simbólica além das tintas: de um lado, o recém-empossado prefeito de São Paulo João Doria, defendendo o seu *Programa Cidade Linda*; do outro, pichadores e grafiteiros que reclamavam pelo direito da livre exposição da sua produção nos muros da cidade – algumas inclusive autorizadas por gestões municipais anteriores de Kassab e de Haddad – e pela falta de diálogo com a prefeitura na implementação do programa. Diante da polêmica, a sociedade se posicionava, assumindo os diversos tons de cinza que iam do apoio irrestrito à ação do prefeito de passar tinta cinza sobre os grafismos até a defesa dos grafites e das pichações espalhados pela cidade.

Em nome da promoção da disciplina, da ordem e da limpeza, essas medidas inicias do atual prefeito travaram uma batalha com os artistas urbanos. A iniciativa de apagar grafites da Av. 23 de Maio e dos Arcos do Jânio (UOL, 2017a) fazia parte de uma série de ações consideradas de "tolerância zero" que visavam atender às Leis Federais n° 9.605, de 12/02/1998, e n° 12.408, de 25/05/2011, que tratam de crimes ao meio ambiente, como a prática de grafitagem e pichação sem prévia autorização e a comercialização de tinta aerossol. Deleuze e Guattari (1993) reforçam o poder da legislação como reguladora da vontade do Estado, no sentido normativo, e aprisionadora de linhas moleculares. Esse aparato legal contra os grafismos é um exemplo da soberania alicerçada pela fixidez da lei, em oposição ao nômade, ao mutante ameaçador.

Relembro que a formação daquele corredor partiu de uma proposta do ex-prefeito Fernando Haddad, que via naquela avenida o potencial de ser um painel das melhores expressões do grafite de rua da cidade e de uma decisão da Secretaria Municipal de Cultura de fortalecer o grafite como expressão cultural contemporânea, que ajudaria a dar cor a São Paulo (24/7, 2017).

Ainda compreendendo o pacote de ações de Doria, pretende-se que haja, na cidade de São Paulo, oito espaços já previamente definidos pela Secretaria Municipal de Cultura para a grafitagem, os famosos grafitódromos. Essa discussão sobre a demarcação de áreas públicas para a prática dos grafismos está presente no artigo *The game of fame: mural, graffiti, erasure,* de Halsey e Pederick (2010).

Eles debatem em que medida a exposição de grafites apenas em áreas autorizadas atenua o seu caráter revolucionário, de resistência e crítica social, uma vez que o poder público pode exercer um poder de censura frente àquilo que comprometa sua imagem ou reputação.

Em complementação com um olhar mais mercadológico, em *Understanding and Investigating Graffiti*, Barnard (2007) constata que a adoção de políticas de controle contra os grafismos gera também um mercado bastante interessante e lucrativo (mobiliário urbano específico, tintas resistentes às pinturas de aerossol, monitoramento remoto), bem como uma onerosa sistematização na esfera pública (criação de departamentos, locação de servidores, procedimentos, leis, tribunais).

Em uma audiência pública realizada em janeiro de 2017 na Câmara Municipal de São Paulo para discussão do Projeto de Lei n° 56/2005, que cria o Disque-Pichação – uma linha telefônica que recebe denúncias contra pichadores na cidade de São Paulo – mais uma vez pode-se evidenciar quão polêmico está o debate em torno da pichação e do grafite.

Isso corrobora a visão de Zieleniec (2016) ao explicar que esse debate gera opiniões diametralmente opostas. Se, por um lado, os grafismos são compreendidos como uma expressão vibrante nas ruas, uma prática de identidade juvenil, uma representação criativa da urbanidade; por outro, ele é associado ao vandalismo, ao comportamento social desviante, à decadência de uma sociedade ou à ineficiência do poder público.

Analisando os discursos inflamados da audiência pública, era possível identificar diversos pontos de vista: aqueles liderados pelo poder público que baniam veementemente a livre exposição dos grafismos; aqueles que os defendiam agrupando a pichação ao segmento da arte urbana, juntamente com os grafites e murais; os que defendiam a pichação, porém não a classificavam como arte urbana; aqueles que só defendiam os grafites e baniam as pichações, etc. Os posicionamentos eram diversos e complexos ao serem agrupados.

Visualizo aqui a cidade de São Paulo como um tabuleiro no qual o jogo se faz presente e, apesar da existência de forças opostas, tantas vezes elas se aproximam de forma sinérgica e, em outras, elas se afastam com repulsa destruidora. Como consequência, não se pode esperar da sociedade posicionamentos maniqueístas, mas uma diversidade de opiniões que atua como mapa dessa performance das peças sobre o tabuleiro. Se há uma constante estratégia do Estado a serviço do capitalismo para estriar esse território (legislação, política pública, tecnologias de controle, delimitação espacial, reforço de uma ideologia hegemônica), a arte urbana apresenta suas rotas de fuga que tentam não ficar aprisionadas. São fluxos em territórios lisos que rompem a racionalidade em busca do novo, do pulsante, do diferente, do desconhecido. O rompimento com o legal e o legítimo, gerando novas sensações a partir da arte, fortalecendo de identidades provisórias, demarcando territorialidades abstratas e, principalmente, revelando o caos urbano como uma consequência perversa da chegada da modernidade.

Dentre tantos protestos espetacularizados pela mídia, um caso que bem exemplificou a complexidade dos posicionamentos da sociedade diante da ação da

Prefeitura de São Paulo foi o mural do grafiteiro Eduardo Kobra. Exposto na Avenida 23 de Maio, ele era um mural que retratava uma São Paulo antiga entre os anos 1920 e 1930. Foi inaugurado em 2009 como um presente de aniversário à cidade que completava 455 de fundação na ocasião.

4.1.1 A arte urbana em quatro tempos

O mural de Kobra, apresentado a seguir na Figura 4.1, foi inaugurado na gestão do prefeito Gilberto Kassab e era exposto sob o viaduto Tutóia, na Avenida 23 de Maio. Ele fazia parte do projeto intitulado *Muros da Memória,* em que o artista reavivava a história da cidade por meio da arte urbana. Entre 2006 e 2009, Kobra já tinha grafitado dezoito murais em avenidas e ruas de São Paulo (PREFEITURA.SP, 2009; BLOG EDUARDO KOBRA, 2017).

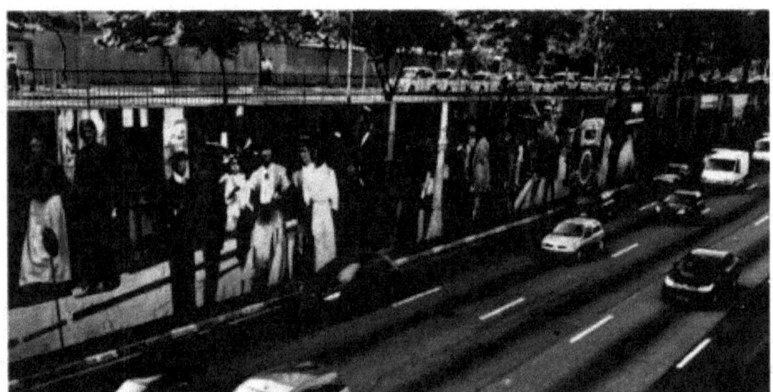

Figura 4.1: Mural de Kobra que retratava São Paulo nas décadas de 1920 e 1930.
Fonte: UOL (2017b).

Ao observá-lo, percebo que o mural trazia consigo muitos elementos do Movimento Muralista. A obra, além de ser um resgate histórico mostrando os hábitos e costumes dos habitantes de São Paulo no início do século passado, promovia uma aproximação da arte com o público. Nesse sentido, vale salientar a importância dada por diversos teóricos – Lefebvre, Harvey, Maricato, Rolnik e Guattari – que ressaltam a importância da historicidade como uma memória que não pode ser abandonada na formação de um cidadão crítico. Nesse caso, de acordo com Amaral (1984), o Movimento Muralista – aqui com os novos recursos do grafite – mantém-se vivo em sua vocação socioeducativa, uma expressão capaz de ser contra as opressões que recaem em especial diante das minorias.

Resgatando também o método de ritmanálise, discutido por Lefebvre (1991, 2013), esse mural permitiria um constante exercício de análise comparativa sobre tempos e movimentos da cidade nos anos 1920 e 1930 em comparação com os atuais. Isso, no mínimo, ao observar a composição de imagens, evidenciaria uma discussão sobre a qualidade de vida contemporânea, o uso do espaço público em diferentes épocas, a mobilidade urbana entre outros.

Nesse exercício de reflexão e comparação que o mural de Kobra poderia provocar, trago os significados de rua em uma São Paulo do final do século XIX.

> Até a década de 1870, as ruas paulistanas eram um espaço em que, a despeito da paulatina ampliação do setor de serviços e de manufatura, se mantinham relevantes sobretudo as atividades de criação de animais e de distribuição de gêneros de primeira necessidade. Eram as ruas também que, nos dias santos, abrigavam as grandes procissões e festas, congregando grande parte da população. No entanto, na esteira das transformações socioeconômicas em curso, o cenário urbano paulistano é levado a conviver com toda uma política, cada vez mais ostensiva, de racionalização dos usos sociais das ruas, implementada pelo poder público (FREHSE, 2016, p. 174).

Ao observar esse paralelismo do uso da rua em diferentes épocas, é natural verificar quais os novos significados que o espaço público assume nos dias atuais em uma cidade como São Paulo conhecida pelas suas grandes dimensões territoriais, economia propulsora do País, violência alarmante e engarrafamentos quilométricos. Percebo que isso também justifica a presença da discussão sobre o espaço público como um dos pilares críticos da arte urbana.

Esse mural, de acordo com a matéria publicada no G1 (2017), seria preservado no *Programa Cidade Linda* e não sofreria a ação de remoção de grafites por estar em bom estado. Porém, no dia 25 de janeiro de 2017, o mural apareceu com um trecho pintado de cinza por cima e com um lambe-lambe colado que retratava Doria segurando um compressor como se ele estivesse apagando o grafite (Figura 4.2). O protesto foi acompanhado de outros ao longo da avenida: o nome *Doria* foi escrito repetidas vezes e tintas coloridas foram arremessadas em trechos já pintados de cinza.

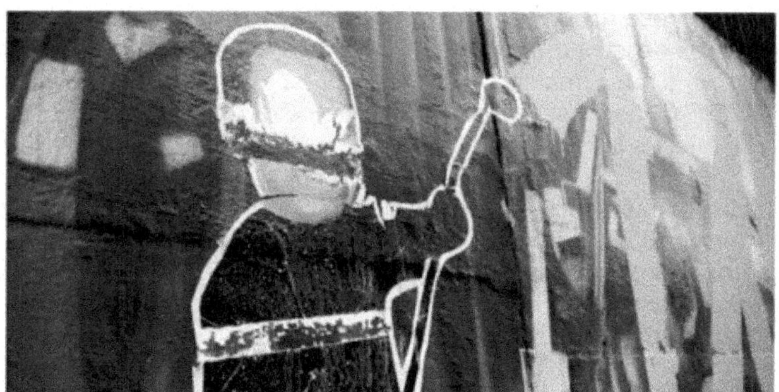

Figura 4.2: Protesto em cima do mural de Kobra.
Fonte: UOL (2017b).

Interessante observar aqui como a máquina de guerra se comporta. Não há um embate direto com o Estado como uma guerra armada, colocando em cheque a soberania legal e o poder instituído dos deuses Varuna e Mitra. Mas Indra se materializa na calada da noite, no descuido do controle panóptico estatal e em linhas de fuga e *spray* que desafiam a ordem e impõem o pensamento diferente, gerando uma tensão na sociedade. A escolha por utilizar o mural de Kobra pelos próprios artistas urbanos para servir de protesto não deve ter sido ao acaso. Além de ele ser o muralista brasileiro mais famoso no momento, esse mural ocupava lugar estratégico tanto no sentido espacial como no simbólico da cidade. Acrescentar ao mural uma arte-guerrilha daria maior visibilidade ao protesto e ingressaria em um campo aparentemente apaziguado e harmonioso entre os grandes grafiteiros – atuais muralistas – e o Estado, exigindo-lhes novos posicionamentos.

Outro fato relevante foi a ação popular depositada na justiça, em que se solicita a suspensão imediata do *Programa Cidade Linda* por considerar que a prefeitura não consultou o Conselho Municipal de Preservação do Patrimônio Histórico, Cultural e Ambiental de São Paulo (Conpresp) antes de realizar a pintura sobre os grafites (ConJur, 2017). Em resposta, a liminar do Juiz Adriano Marcos Laroca, da 12ª Vara de Fazenda Pública de São Paulo, proibiu o prefeito de apagar os grafites. Na redação do documento, o jurista defende o grafite como bem cultural, uma forma de reapropriação do espaço urbano que merece a preservação e o fomento do poder público. Na ocasião, ele distingue grafite de pichação da seguinte forma:

> Enquanto o grafite é uma pintura mais elaborada e complexa, multicolorida, envolvendo diversas técnicas e desenhos, que busca transmitir uma informação ou opinião, a pichação, que remanesce na legislação brasileira como ato de vandalismo, é caracterizada pelo ato de escrever palavras de protesto ou insulto, assinaturas pessoais ou de gangues em muros, fachadas de edifícios, monumentos e vias públicas, geralmente com o uso de tinta preta (TJ-SP, 2017, p. 3).

Esse recorte revela como a discussão sobre o que é arte invade inclusive o campo jurídico, onde a sua autorização poderia ter, pelo menos, duas interpretações: a presença da arte urbana como máquina de guerra enfronhada nos próprios aparelhos de captura de Estado, aparentemente apreendida, mas gerando fluxos novos; ou ainda uma forma de incorporar a arte urbana, em especial a grafitagem, à legislação existente como uma maneira de enquadramento opressivo, sob o efeito da lei e da jurisprudência.

Antes disso, não posso deixar de perceber que o conceito de arte por si só já é de difícil apreensão e possibilita que cada um, especialista ou não, teça sua opinião, faça exclusões ou incorporações. Mais complexo ainda é o caso da arte urbana enquanto movimento que não possui uma estética única que o identifique, recorrendo mais a um contexto, uma época ou conteúdo.

Quanto à proposta dos grafitódromos com uma curadoria para seleção de grafites, a polêmica também se fez presente, em especial por acreditar que tal ação seria bastante restritiva e iria de encontro à transgressão, uma marca presente nos grafismos. Aqueles artistas urbanos que não forem contemplados pela curadoria não parariam com a sua arte – eles continuariam pichando e grafitando onde bem quisessem, ainda mais motivados para assumir uma postura de oposição e resistência ao poder público.

Para o pichador Cripta Djan, essa tensão instalada só revelava as prioridades de Doria ao polemizar os grafismos nas ruas de São Paulo, deixando de lado os reais problemas da cidade, como moradia, saúde, educação e transporte público. Essa mesma opinião foi compartilhada em outro protesto artístico em que Doria foi grafitado varrendo para baixo do tapete uns pichos enquanto afirmava em um balão de diálogo: "Isso não é arte! Romero Brito é top!".

Em represália exclusivamente à expansão da pichação, o Departamento Estadual de Investigações Criminais (Deic) de São Paulo assumiu a responsabilidade de atuar contra os pichadores. Os resultados da efetividade da ação já foram apresentados. Espera-se, ainda, que o número aumente significativamente com a implementação do *Programa City Câmeras,* cujo objetivo é instalar 10 mil câmeras na cidade até o final de 2020. Isso só confirma o entendimento de Barnard (2007) ao expor a dimensão dos gastos públicos nesse segmento de controle e onipresença do Estado e, consequentemente, o mercado que surge para atender tais demandas.

Diante desse conflito que se arrasta há anos, Cripta Djan publicou o manifesto *O pixo nosso de cada dia* como uma possível resposta à grande parcela da sociedade que ainda pode aceitar o grafite, mas se posiciona contrária à pichação.

> [...] O que pra uns é vandalismo, pra nós é (re)apropriação, o pixador é o artista urbano que vê a cidade como suporte. Estamos nos (re)apropriando de uma cidade que foi negada a nós. O pixo é a retomada da cidade por parte dos excluídos. Cada parede pixada é sinônimo de insatisfação social, se agrada ou desagrada já é outra questão, o importante mesmo é que incomode. A pixação pede mais do que passagem, pede permanência, como pedra lascada e não polida. Como um conceito, e não inconsequência pede solidez e clama por respeito, e se assim não for o pixo vai pegar (BLOG DE CRIPTA DJAN, 2017).

Nesse recorte, percebo um olhar que defende o picho como uma manifestação artística que vai além do vandalismo inconsequente. Há uma disputa de territorialidades cuja arma é o desconforto com a presença desagradável daqueles que são excluídos da cidade, vivendo à sua margem, de forma precária e periférica.

Cripta Djan, em seu jogo de prefixos, discute a ideia de apropriação. Porém, desde quando observo a formação das nossas metrópoles brasileiras a partir do que conhecemos como industrialização tardia, a cidade nunca foi desenhada para ser apropriada pelo público operário, de baixo poder aquisitivo, predominantemente negro que conseguiu sua "alforria" do regime escravocrata. Na verdade, a apropriação é inversa. A cidade é que se beneficia das mãos trabalhadoras dessa massa periférica, classificando-a literalmente como mão de obra, realizando novas formas modernas de escravidão e aprisionamento. Em movimentos pendulares diários, essa massa periférica invade o centro e as áreas privilegiadas da cidade de São Paulo, disponibilizando sua força de trabalho, serviços e produtos que atendam às demandas das classes privilegiadas.

É nesse sentido que discuto a atual arte urbana como o regresso do artesão, com ares de operário. Percebo, em grande medida, que esse artista urbano sai do seu *habitat* natural – normalmente uma sociedade moderna em estágios primários – e ingressa no mundo moderno, mais avançado, para prestar serviços artísticos como um simples artesão que oferece sua produção manual e, ao final do dia, retorna com suas ferramentas e as mãos calejadas, nesse caso, a mochila repleta de latas de *spray* e as mãos sujas de tinta.

Pergunto, então, se, em algum momento, a cidade descrita por Cripta Djan já foi realmente sua. Na verdade, nunca foi possível falar em (re)apropriação quando sequer a apropriação do espaço urbano já foi feita por determinados públicos. Gradativamente, à medida que nossas capitais cresciam, o poder público excluía essa mão de obra das localidades privilegiadas da cidade, varrendo-a para as áreas periféricas, onde o Estado pouco atua. Atualmente, a academia tem discutido fortemente tais processos de gentrificação.

Dando continuidade ao incidente, em outra matéria publicada no *site* do *The Huffington Post* (2017), Kobra respondeu ao protesto feito em mural de sua autoria:

> Comecei na pichação, minha origem é na periferia. Tenho vários amigos pichadores. Jamais vou me envolver com algo que seja contrário a qualquer manifestação de arte na rua. Não tenho nada a ver com isso, senão estaria indo completamente contra as minhas origens.

Por outro lado, alardeando a guerra ao *spray*, Doria responde que "são agressores, são destruidores. Não vamos fraquejar contra os pichadores. Ou mudam de profissão ou mudam de cidade". Consciente ou não, o reconhecimento do prefeito de que a pichação é uma profissão já permitiria, no mínimo, novas reflexões sobre a arte urbana. A linha que demarca a grafitagem da pichação é bastante tênue e não pode ser entendida de forma tão simplória como a sociedade em geral costuma fazer. Além do fato de muitos grafiteiros e muralistas começarem suas carreiras como pichadores, todos têm normalmente a mesma origem social e sofrem com a ausência ou ineficiência do Estado na garantia dos direitos à cidade.

Em sequência, tenho a Figura 4.3 com o muro pintado de cinza. O paredão que antes abrigava o mural de Kobra, agora expõe de forma monocromática o retrato de um conflito, em uma cor neutra que deveria remeter à proposta de limpeza, mas, na verdade, no imaginário da população de São Paulo, o cinza está mais associado aos efeitos colaterais da modernidade: ao céu escuro, ao ar poluído, ao asfalto, à qualidade de vida sofrível, à monotonia do viver.

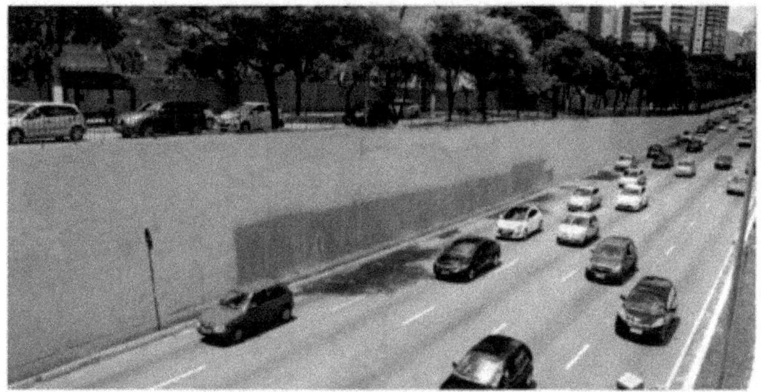

Figura 4.3: Ação da prefeitura depois do protesto no mural de Kobra.
Fonte: UOL (2017b).

Porém, não foi a imposição da pintura de um muro que abafou as vozes que ali se fizeram presentes. Na verdade, foi colocada mais uma camada de tinta na história da cidade. Uma camada que, uma vez retirada, identificará um processo de luta que ultrapassa os grafismos, invadindo a cidade, a construção do espaço, o cotidiano das pessoas. Mais do que limpar a cidade e prender aqueles que infringem a ordem, essa iniciativa da prefeitura de São Paulo trouxe novamente à tona amplas discussões sobre a arte urbana e o direito à cidade na sociedade.

Como uma saída estratégica ao impasse criado com o *Programa Cidade Linda*, Dória substituiu agora os muros cinzas por verde (Figura 4.4). Com uma proposta ambientalmente correta, as tintas dos muros estão sendo substituídas por plantas. Em São Paulo, pretende-se colocar 6.000 m^2 de muros cobertos por plantas do tipo unha-de-gato e outros arbustos conhecidos como *trepadeiras*. Para o prefeito, "verde também é arte e a gente vai valorizar a vegetação. Unha-de-gato é a coisa mais bonita que existe" (VEJA – SÃO PAULO, 2017a).

Em comparação com a gestão de Kassab, a ação anterior foi mais pontual e foi interpretada como um recuo diante da pressão recebida. De acordo com o coordenador de obras da Secretaria de Cultura do Estado de São Paulo, Angelo Mellios, a prefeitura, na ocasião, entrou em contato com os artistas urbanos para que eles voltassem a grafitar em áreas disponibilizadas pela própria prefeitura, porém ela não quis arcar com os custos. Coube à Associação Comercial de São Paulo patrocinar a obra e os grafiteiros tiveram 15 dias para fazer o trabalho[152].

Enveredar para uma saída ecologicamente correta dificulta, na certa, as críticas anteriores e arrefece impasses. Essa decisão desviou o foco da presença ou não da arte urbana na cidade para a promoção de uma cidade mais sensível ecologicamente. Diante da tensão instalada, em que a popularidade do prefeito poderia ficar comprometida, em especial diante da classe artística, essa estratégia de substituir o cinza pelo verde no mínimo atraiu adeptos indecisos sobre o real papel da arte urbana na cidade. Aqui, evidencio que a discussão ecológica precede a discussão artística.

---

[152] Vídeo 157 do Apêndice B.

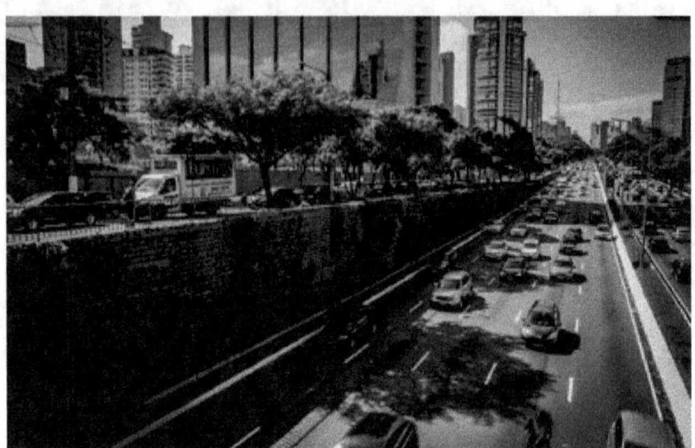

Figura 4.4: Saída ecológica da prefeitura, silenciando a discussão sobre arte urbana.
Fonte: Folha de São Paulo (2017b)

No que concerne ao legislativo, as demarcações entre o legal e o proibido também são costuradas não apenas nas sessões plenárias e votações. A revista da Câmara Municipal de São Paulo publicou, na edição de março/junho de 2017, uma extensa matéria sobre a arte urbana em São Paulo e, de forma bastante didática, tentou diferenciar a grafitagem e a pichação não autorizadas daquelas permitidas chamadas de *murais* ou *pseudografites*, conforme Figura 4.5 apresentada abaixo.

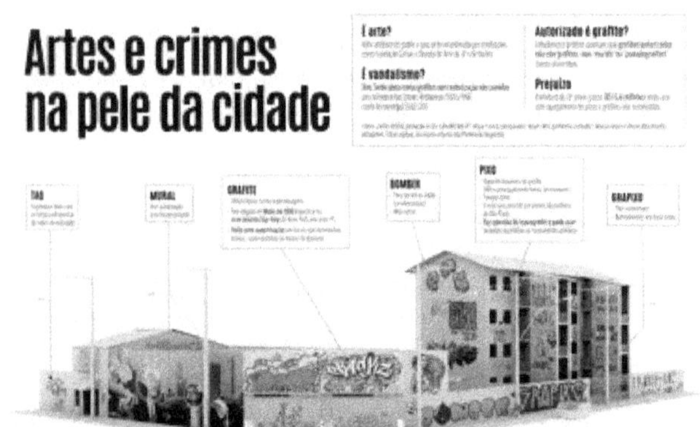

Figura 4.5: Distinções entre arte e crime para a CMSP.
Fonte: Apartes (2017).

Percebo, em diversas matérias, um tom catequético e doutrinador que visa orientar a população a fazer as devidas distinções em um campo no qual os conceitos ainda são tão difusos e existe certa dificuldade em distinguir o grafite autorizado, com seus diversos tipos, da pichação não autorizada. No que concerne ao Estado, em seus três poderes, o discurso, portanto, está cada vez mais azeitado e coerente.

4.1.2 A censura em carne e osso

Além das iniciativas midiáticas do poder público contra a arte urbana na capital paulista, há uma série de pequenos incidentes que revelam o olhar controlador do Estado, exercendo o seu poder de censura.

O *Projeto Ossário,* do grafiteiro Alexandre Orion[153], foi realizado no período de 2004 a 2007 nos túneis de São Paulo. Ao todo, foram desenhados mais de 3.500 crânios em vários túneis da cidade. A técnica utilizada foi chamada de *grafite reverso,* em que o grafiteiro desenhava crânios apenas retirando a poluição que estava fixada nas paredes dos túneis e revelando a cor da parede do túnel. Depois, ele coletou o pó preto para servir de pigmento para tinta em outros trabalhos.

Na verdade, Orion foi capaz de enxergar o que a sociedade não conseguia ver. Em 2004, ele entrou em túneis recém-pintados em São Paulo para observar em quanto tempo a poluição gerada pelos automóveis ficava impregnada nas paredes. Percebeu que, em três meses, a parede amarela de um dos túneis ficou preta (Figura 4.6). Dessa forma, sua arte fazia uma crítica que retratava a morte do ser humano devido à poluição da cidade[154].

Para Orion, "o universo *outsider* está cheio de regras. Ser um *outsider* dentro do universo *outsider.* O crime do grafite e da tinta era a depredação. Essa ação era de limpeza, mas a censura quebra tudo. Embate com o sistema[155]".

Essa fuligem, que mudava o cenário da cidade lentamente, passava despercebida pelo olhar de todos. Porém quando Orion começou o seu projeto, a reação do poder público foi imediata. O professor de Sociologia da USP José de Souza Martins relatou a ação estatal antes que um dos painéis ficasse pronto:

> [...] o operador da câmera de vigilância viu que no túnel havia algo estranho, algo que não deveria estar lá, a obra de arte. A Guarda Civil Metropolitana parou e repreendeu, a Polícia Militar parou e mandou parar, a Limpeza Pública mobilizou funcionários, mangueiras e muita água e lavou o imenso painel, matou a obra de arte visível sobre a morte invisível (MARTINS *apud* ORION, p.19, 2013).

O simples ato de limpar um muro se tornou crime, sob a justificativa de fazer uma "grafitagem não autorizada". A prefeitura lavou – ou melhor, terminou de lavar – a área da intervenção, uma vez que não era interessante manter aquela mensagem exposta. Realçar os males da poluição oriundos dos transportes motorizados que circulam na cidade seria entrar em confronto direto com a indústria automobilística, inaceitável para um Estado que prefere arcar com as consequências onerosas e desumanas na saúde pública, desde que mantenha sua fidelidade ao segmento

---

[153] Vídeos 44, 45, 46 e 47 do Apêndice B.
[154] Dados oficiais anunciam que o Sistema Único de Saúde (SUS) gasta mais de R$ 82 milhões com internações hospitalares decorrentes da poluição veicular na Grande São Paulo. Além disso, ocorrem seis mortes por dia na cidade por causa dos gases nocivos resultantes da queima de combustíveis dos veículos.
[155] Vídeo 47 do Apêndice B.

industrial. Identifico aqui um caso em que os interesses econômicos superam o bem-estar social e desumanizam a cidade.

Diante de um grafismo que denuncia a qualidade de vida não apenas daqueles que habitam as periferias, mas de todos os cidadãos, a arte urbana ameaça colocar a cidade contra o Estado. Situação bastante preocupante que pode ameaçar o poder hegemônico do capitalismo ao revelar que suas consequências têm efeitos destruidores generalizados, independentemente de classe social, renda, etc. Para os governantes, alertas desse tipo não podem tomar maiores proporções e devem ser rapidamente tolhidos pelo poder público por meio de seu poder de polícia.

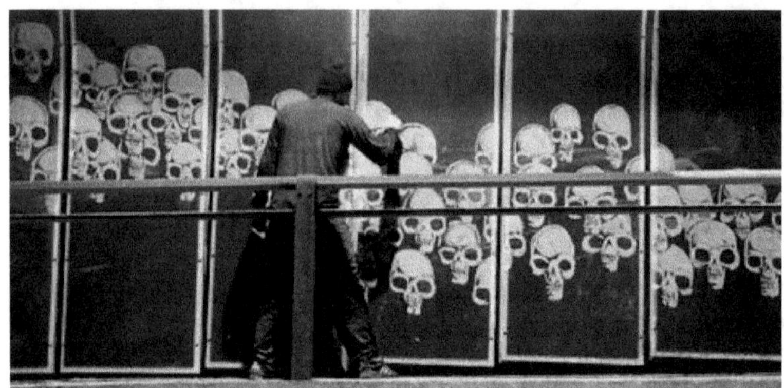
Figura 4.6: Alexandre Orion e o *Projeto Ossário*.
Fonte: Acervo de Gilberto Topczewski (2015).

Caso similar de censura explícita baseada no conteúdo da imagem e na mensagem transmitida pela arte urbana ocorreu no *Projeto Galeria Graffiti,* no muro da Estação Adolfo Pinheiro, em Santo Amaro, antes da sua inauguração em 2011. O projeto, idealizado pelo Sesc e pelo Metrô de São Paulo, tinha o objetivo de convidar grafiteiros para pintar o muro da estação. Dentre os trabalhos finalizados, dois deles foram apagados antes da inauguração do metrô: os grafites de Beto Silva e de Bruno Perê, que traziam, respectivamente, uma coxinha fardada de policial, "o PM Coxinha" (Figura 4.7), e os ônibus e vagões de metrô que circulam na cidade lotados de pessoas negras com os dizeres "todo vagão tem um pouco de navio negreiro" (Figura 4.8)[156].

Diante da repercussão do ato, o Sesc se pronunciou, reprovando a censura, e o Metrô pediu desculpas, liberando os grafiteiros para refazerem suas artes. Censurar esses dois grafites, mais uma vez, era uma forma de ocultar os "efeitos colaterais" da modernidade na sociedade contemporânea, já tão estampados na realidade das metrópoles brasileiras. Identifico aqui a arte urbana se manifestando de forma muito similar à sua ideologia quando do surgimento, uma arte explicitamente crítica que revelava as condições da periferia devido à ineficiência e/ou priorizações equivocadas do Estado.

---

[156] Vídeos 4 e 159 do Apêndice B.

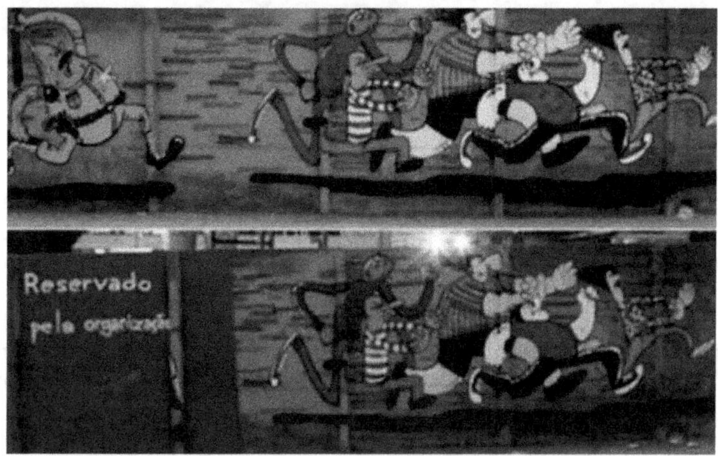

Figura 4.7: Grafite "PM Coxinha", antes e depois da censura.
Fonte: *Frick* de Bruno Perê.

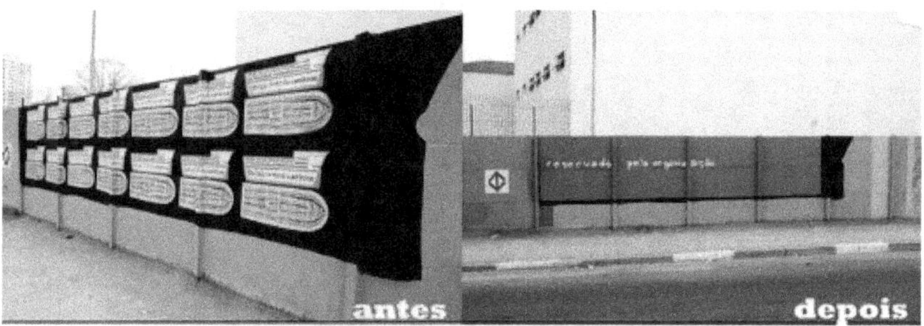

Figura 4.8: Grafite "Todo vagão tem um pouco de navio negreiro", antes e
depois da censura.
Fonte: *Site* Hum Historiador.

Além desses casos, é interessante observar outras formas como essa censura é exercida pelo poder público em diferentes contextos. No filme *Cidade Cinza*[157], há uma cena que registra o trabalho feito pelo Serviço de Pintura e Recuperação de Superfícies Pichadas da Prefeitura de São Paulo na gestão do prefeito Gilberto Kassab. Uma empresa terceirizada recebeu a atribuição de apagar grafites, sem critérios previamente definidos, deixando para os funcionários da rua a escolha do que apagar ou não. No vídeo, Luiz Alves da Costa (auxiliar de gabinete da Subprefeitura de Pinheiros) e Egas Marcolino de Assis (motorista da Prefeitura de São Paulo) observam os grafites expostos e decidem, em comum acordo, o que apagar ou não. Isso, além de evidenciar um poder arbitrário do Estado, revela que a análise criteriosa de conteúdo perde lugar para o gosto pessoal do fiscal quando se migra do nível estratégico para o operacional na hierarquia do poder público. Observo aqui um caso em que a censura persiste, porém os critérios de corte passam a ser outros.

---

[157] Vídeo 157 do Apêndice B.

Esse caso pode ser bem ilustrado na Figura 4.9, com um trabalho de Paulo Ito, apresentado no *Canvas 2017 – Conference On Theology & Creativity*, que denunciou a ação de um policial como resultado da vontade de níveis hierárquicos superiores: seu comportamento é dirigido como uma marionete nas mãos do seu artista. Isso remete diretamente a Deleuze e Guattari (2000) quando evocam o princípio da multiplicidade nas características de um rizoma. Para eles, é preciso compreender a complexidade de um agenciamento, uma vez que a vontade e ação de um agente não se restringem a ele próprio, mas a uma trama complexa, repleta de linhas em que marionetes controlam outras marionetes, formando um rizoma. Nesse caso, culpar o policial pelas ações tomadas seria apenas atuar diante do mais fraco em uma cadeia na qual interesses maiores são os reais determinantes do que presenciamos nas ruas, por exemplo. Sendo assim, tangencio aqui apenas parte do rizoma cuja linha molar do poder de polícia intercepta a linha de fuga da arte urbana e gera a censura e o controle. No outro lado do rizoma no qual não ouso adentrar, a linha molar conduz a um emaranhado complexo que pode ingressar pelas polícias Civil e Militar, pela Secretaria de Segurança Pública, pelos gabinetes de secretários municipais e estaduais, pelo prefeito, pelos aliados que o apoiaram em campanha, entre outros, em fluxos incessantes por linhas que se multiplicam onde jamais haverá um núcleo, origem ou ponto de partida.

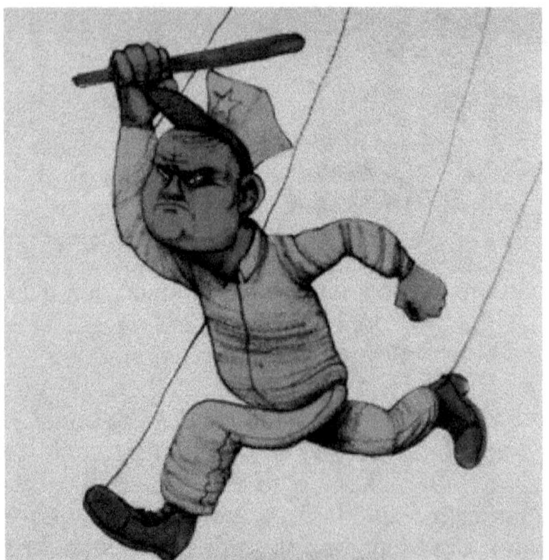

Figura 4.9: Trabalho produzido por Paulo Ito.
Fonte: *Instagram* de Paulo Ito. Acesso em 24/11/2017.

4.2 A mídia e seus extremos

Sempre que há uma tensão instalada entre o poder público e a arte urbana, a mídia consegue trazer a discussão local para o âmbito nacional, em uma tentativa frequente de massificar opiniões. Nos grandes incidentes críticos pesquisados – na gestão de Kassab e agora na de Doria –, encontrei uma maior concentração de matérias jornalísticas. Nelas, a pichação é veementemente banida, não havendo quase nenhum esforço para compreendê-la enquanto movimento artístico e político.

No caso da grafitagem, a mídia em geral a trata com tons mais suaves, uma vez que ela apresenta uma estética mais próxima do aceitável e agradável ao convencional (figuras compreensíveis, coloridas, linhas bem demarcadas, etc.), estando, cada vez mais, incorporada ao poder público e ao segmento oficial da arte. Traduzo essas relações de aproximação e afastamento também como estratégias de capturar a máquina de guerra, porém com linhas molares diferentes, em um contínuo processo de estriamento de territórios. Na pichação, pela eliminação, e na grafitagem autorizada, pela incorporação. No que tange à grafitagem não autorizada, a sociedade não tem um posicionamento tão claro, e o Estado pende para a proibição.

Em programas da TV aberta que trataram da pichação e da grafitagem, as abordagens seguem esse entendimento. Na Rede Globo, o *Profissão Repórter,* em outubro de 2016, exibiu um episódio cujo tema foi a pichação em São Paulo. A associação da pichação com a violência foi uma das marcas do programa, que relatou, em detalhes, a morte de um morador e o espancamento de seu pai por terem desafiado os pichadores que picharam seu muro[158].

Na Rede Record, também em outubro de 2016, foi exibida uma série sobre a pichação cuja chamada era alarmante: "O *Jornal da Record* mostra o perfil das gangues que passam as madrugadas sujando paredes e monumentos das cidades[159]". No SBT, o programa *Conexão Repórter*[160], já citado anteriormente, exibido em março de 2017, trouxe outra manchete assustadora: "Uma viagem ao submundo da pichação". Com um tom fúnebre do apresentador em toda a exibição, a pichação foi considerada um produto das drogas, da pobreza, da periferia e a da violência urbana. Em nenhum momento, houve um contraponto a esse olhar, observando a pichação enquanto arte e como protesto às condições impostas pela metrópole. Apesar de o programa exibir queixas dos pichadores sobre as condições de vida, esse ponto de vista não foi evidenciado pelo entrevistador como uma causa justa, mas como uma desculpa pouco convincente para a prática de vandalismo.

Mais uma associação direta da pichação com o vandalismo, ocorreu no debate promovido pela Rede Globo com os candidatos à Prefeitura de São Paulo em outubro de 2016. Um dos temas sorteados foi "Pichação e Vandalismo", estabelecendo uma relação direta e, inegavelmente, influenciando a resposta dos candidatos (DEMOCRATIZE MÍDIA, 2016).

No caso da TV fechada, a Globonews realizou em janeiro de 2017 um debate com o secretário municipal de cultura André Sturm e o arquiteto e urbanista Martin Corullon[161]. Nesse caso, percebi uma análise mais profunda da arte urbana, discutindo aspectos importantes como territorialidade, pertencimento e identidade, tanto para a grafitagem como para a pichação. Apesar dos posicionamentos bem distintos dos entrevistados, os maniqueísmos não se fizeram presentes e a jornalista tentou adotar um tom neutro para a discussão do caso.

Partindo para a mídia escrita, esses extremos são atenuados, porém a posição favorável à grafitagem, associando-a ao embelezamento em uma cidade

---

[158] Vídeos 59 e 60 do Apêndice B.
[159] Vídeo 87 do Apêndice B.
[160] Vídeo 56 do Apêndice B.
[161] Vídeo 1 do Apêndice B.

cinza, ainda está normalmente presente. As matérias de protesto às ações de Kassab e de Doria ao apagarem grafites se multiplicaram rapidamente, definindo uma postura da imprensa escrita a favor da arte urbana da grafitagem.

Em matéria publicada no *El País* (2013) com o título *São Paulo: a capital mundial do grafite* o texto salienta a importância do grafite como uma imposição para quebrar a monotonia da cidade. Isso é exposto integralmente pelos grafiteiros Otávio e Gustavo Pandolfo, mais conhecidos como Os Gêmeos.

Promovendo contrapontos a partir de diferentes opiniões, a reportagem do UOL (2017c) intitulada *Cidade linda? Três visões sobre a medida de Doria cobrir grafites em São Paulo* trouxe convidados para apresentarem suas opiniões sobre o *Programa Cidade Linda*: o professor doutor Carlos Zibel, do Departamento de Projetos da Faculdade de Arquitetura da Universidade de São Paulo (FAU-USP), o doutorando em sociologia pela Universidade de São Paulo e cocurador da *Bienal de Berlim* de 2012 Sérgio Miguel Franco e o coordenador do curso de Design da Universidade Presbiteriana Mackenzie Marcelo Oliveira. Aos três entrevistados, a grafitagem é indubitavelmente arte, porém para o primeiro a pichação é vista como "algo mais agressivo. [...] Apesar de também ser uma manifestação cultural, não possui uma intenção civilizatória, simplesmente sendo uma rebeldia, um ato contra o sistema como um todo". Para Sérgio Franco, "uma capital paulista possível é aquela em que se consegue fazer grafite e pichação livremente", considerando a pichação também uma manifestação artística. Por fim, Marcelo Oliveira não considera a pichação arte, mas apenas um movimento de negação, de contraponto, contestação.

Por outro lado, pegando matérias recentes, no que se refere especificamente à pichação, as reportagens anunciam as práticas ostensivas de controle e apreensão dos pichadores. Em matéria do *Estadão* (2017b), intitulada *Número de pichadores presos em São Paulo dobra em relação a 2016*, os resultados são apresentados reafirmando o êxito das políticas de controle do *Programa Cidade Linda*. Nessa mesma linha, em reportagem veiculada pela *IstoÉ* (2017), o título deixa clara a perseguição do poder público aos pichadores: "Ou mudam de ocupação, ou mudam de cidade". Ao longo do texto, trechos do discurso de Doria são transcritos acompanhados constantemente de frases que retratam os aplausos da população presente ao ato público.

Carvalho (2011) reforçou esse entendimento ao realizar um estudo que buscava analisar a repercussão da mídia a partir de dois eventos específicos: as intervenções feitas por cerca de quarenta pichadores no Centro Universitário Belas Artes e, logo em seguida, na 28º Bienal Internacional de São Paulo. Esses dois casos tiveram grande impacto na mídia, gerando uma "gama diversificada de juízos sobre a intervenção dos pichadores. Contudo, predominantemente, nos deparamos com apreciações que relegam os pichadores às categorias de vândalos e criminosos" (p. 129).

Dentre tantas opiniões analisadas, merece destaque o posicionamento dos curadores da Bienal – edição conhecida informalmente como *bienal do vazio* – que se apoiou nas leis para estabelecer seus julgamentos acerca da ação estabelecida pelos pichadores: um ato criminoso, previsto em lei, contra um patrimônio público e ao meio ambiente. Nesse caso, os curadores afirmaram que não podia ser aceita uma manifestação artística que infrinjia as regras normativas da sociedade, ou seja, a arte não podia se opor às leis.

Além da parte jornalística com dados estatísticos e opiniões a respeito, é preciso perceber o sedutor reconhecimento social do artista por meio da mídia. Àqueles artistas urbanos que trazem consigo o caráter da rebeldia diante das condições das metrópoles brasileiras, a mídia pode promover um sedutor reconhecimento, tirando-os da invisibilidade e tornando-os artistas reconhecidos pela sociedade. Dentro do segmento da arte urbana, esses que já possuem alguma projeção são considerados *mainstreams*, enquanto aqueles que ainda buscam (ou nem buscam) um lugar ao sol são classificados *undergrounds*. Nesse sentido, o grafite em especial sofre um processo de transformação à medida que vai sendo apropriado e aprovado pelas classes mais abastadas da sociedade.

Com o grafite sendo reconhecido como arte pela imprensa, legitimado pela arte oficial e classificado e segregado como mural, a arte da periferia vai sendo banida. Esses processos acontecem em paralelo, porém seguem fluxos em sentidos diferentes, gerando uma tensão crescente e uma maior estigmatização do grafiteiro e do pichador desconhecidos. É um fenômeno complexo e recente[162].

Um exemplo emblemático de exposição midiática está na trajetória artística do pichador Cripta Djan que completou 20 anos no ano retrasado. Seus grifos pularam os muros e ocuparam, a convite, a *29ª Bienal de São Paulo* em 2010 e a *7ª Bienal de Berlim*, em 2012 (G1, 2010; FOLHA, 2012). Além disso, sua vida foi registrada em película, sendo premiado pelo filme *Pixadores* na *39ª Mostra Internacional de Cinema de São Paulo*. Ele não é o único e outros pichadores já seguem sua trajetória. Em entrevista, com um tom visionário, o grafiteiro Mauro Neri explicou que a incorporação da pichação pela mídia e pelo mercado em geral é apenas uma questão de tempo. O que já acontece com a grafitagem vai acontecer com a pichação.

No caso da grafitagem, é comum a imprensa apresentar a trajetória de vida dos grafiteiros bem-sucedidos (a exemplo de Eduardo Kobra, os Gêmeos e Tikka) como casos de sucesso em que a arte do grafite foi capaz de tirá-los de suas condições humildes e do mundo da pichação para transpô-los para o estrelato e o reconhecimento internacional[163].

Outra linha molar mais preocupante está no caso a seguir com a ação do poder público no campo da arte urbana, reforçando o estigma do pichador como um jovem problemático. A série educativa ficcional produzida pela Secretaria de Educação do Estado de São Paulo e pela Fundação para o Desenvolvimento da Educação compõe o material didático a ser trabalhado nas escolas públicas do Estado de São Paulo. Especificamente o episódio 10 trata da relação do personagem Pedro com seus pais em uma crise familiar. Diante da desestruturação da família, Pedro adere a um grupo de pichadores que pinta, inclusive, o muro da própria escola onde estuda. Esse episódio não trata, em nenhum momento, a pichação como manifestação artística. Apenas reforça estigmas da pichação como

---

[162] Vídeo 146 do Apêndice B.
[163] Vídeos 152, 153, 157 e 29 do Apêndice B.

um movimento de vandalismo e agressividade pessoal de jovens problemáticos da periferia. O que merece maior análise é a exibição desse vídeo para jovens que estão em processo de formação em que o Estado impõe uma visão por meio de uma prática educativa aparentemente desprovida de conteúdo ideológico. Porém, essa iniciativa é demais compreendida quando resgatamos Guattari (1986) com o conceito de *Capitalismo Mundial Integrado,* cuja aplicação de ideologias em uma sociedade pode ocorrer em setores que não têm uma relação direta com a capacidade produtiva, porém são fundamentais para produzir e reproduzir um pensamento preestabelecido. Na sua ótica, todos estão atuando a partir de uma lógica capitalista, estando ou não em atuação de produção ou consumo.

4.3 A arte urbana na arte

Nessa perspectiva, a grafitagem, que nos anos 1980 era sinônimo de vandalismo generalizado, agora começa a ser respeitada e admirada por muitos da sociedade, sendo considerada uma manifestação artística urbana que merece, inclusive, ser preservada. É comum encontrar grafites pintados em galerias de arte e em outros espaços privados, como lojas, restaurantes e residências. Por outro lado, para a maior parte da população, a pichação ainda traz consigo fortes conotações de vandalismo, sujeira da paisagem urbana, falta de cidadania e o estereótipo da ação de marginais drogados da periferia, esvaziada de qualquer sentido artístico e político (PAIXÃO, 2011). Isso tem gerado um conflito dentro do próprio movimento da arte urbana:

> Sempre vai existir uma relação delicada entre a pichação e o grafite. O grafite tem mais aceitação pelo sistema, o grafite autorizado é espaço. O grafiteiro se aliou com o poder público e com a sociedade. Hoje, os pichadores atropelam grafite, por compreender que eles já estão totalmente cooptados pelo sistema[164] (BISCOITO, *Desculpe a nossa falha*, 2012).

Partindo da ideologia que ampara o discurso da arte urbana quando do seu surgimento, é oportuno pensar que o livre desejo do artista deveria estar impresso em suas pinturas sem qualquer interferência daqueles que oficializam a arte – especialistas, curadores, galeristas, museólogos entre outros – ou fazem suas encomendas. Porém, aos poucos, a liberdade do artista, que tinha o espaço público como suporte inspirador, sofre também os efeitos do confinamento desses outros espaços. Já se produz grafitagem e, quiçá, pichação sob encomenda. Com isso, os grafismos se tornam um interessante segmento gerador de emprego e renda, atraindo consequentemente, outros públicos além dos jovens negros e pobres das periferias das grandes cidades[165].

Percebo que a história se repete, porém com outros elementos e cenários. Resgatando a história do *hip-hop*, houve uma nítida contradição ao longo de sua

---

[164] Vídeo 155 do Apêndice B.
[165] Essa discussão sobre o cerceamento da liberdade do artista e ter que produzir algo que gere recursos para garantir a sua sobrevivência não é de hoje. Lembro Van Gogh (2002), no livro *Cartas a Théo*, lamentando o fato de ter de pintar quadros utilizando temas que não queria apenas para poder agradar possíveis compradores e, consequentemente, sobreviver.

existência, uma vez que sua crítica estava exatamente sobre a indústria cultural, mas o próprio movimento se beneficiou dela para sua expansão mundial, saindo do gueto para a cidade e alcançando o mundo[166]. O mesmo posso pensar da *pop art,* com sua crítica feroz ao mercado da arte e àqueles que detinham o poder de definir o que era arte. Ao término, uma vez invadindo os espaços artísticos oficiais mediante aprovação e aceitação de curadores, a *pop art* já estaria sucumbida aos desígnios do segmento. Isso se tornou a garantia de sua sobrevivência: a máquina de guerra incorporada aos aparelhos de captura em busca de sobrevivência e expansão. Porém, a consequência é preocupante. Existe uma paralisação ou lentificação desses fluxos libertários, haja vista que a indústria cultural continuou existindo e a arte nunca esteve tão dependente dos seus especialistas para defini-la como percebo hoje. Coincidência ou não, essa relação da arte urbana com a *pop art* se fez fortemente presente no Beco do Batman, em São Paulo, quando um vaso sanitário estava colocado diante de um grafite. Imediatamente, fiz essa relação com o urinol de Marcel Duchamp presente em um espaço público, cercado de arte urbana (Figura 4.10).

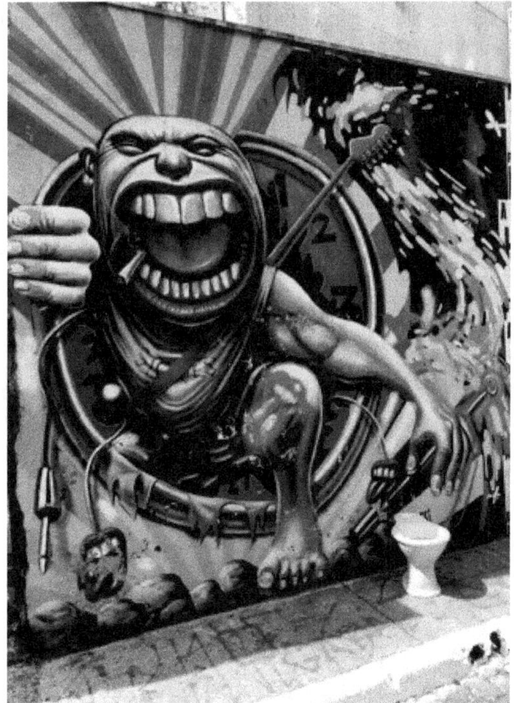

Figura 4.10: Vaso sanitário ao lado de um grafite no Beco do Batman.
Fonte: O autor (2017).

No caso da arte urbana, com suas críticas ao Estado e ao capitalismo, em especial à propriedade privada, que se sobrepõe ao espaço público, percebo que ela agora acessa exatamente os espaços privados, considerados elitizados como museus e galerias, sem mais impor um questionamento a respeito. Obviamente, essa linha molar é mais presente nas grafitagens.

---

[166] Vídeo 138 e 139 do Apêndice B.

Isso pode ser ilustrado no trabalho produzido por Amaral (2015) que centrou a investigação nas práticas de curadoria educativa e mediação de quatro exposições de arte urbana em museus, duas no Museu de Arte de São Paulo Assis Chateaubriand (Masp) e duas no Museu Brasileiro da Escultura (MuBE). As exposições e mostras, além de tentar mudar o estigma de molecagem urbana, servem como "resposta a uma necessidade de diálogo, não só do grafite com a sociedade, mas também de um diálogo interno com os integrantes do próprio movimento" (p.18). Questiono, portanto, qual a real necessidade desse diálogo interno, quando antes a rua poderia ser exatamente o espaço do encontro, da convivência e da interação. Apesar de não contemplar essa conclusão, o trabalho de Amaral (2015) reforça o meu entendimento de que, atualmente, precisamos recorrer ao espaço privado, fechado, para oportunizar encontros; precisamos, também, da intermediação de equipamentos culturais com seus profissionais para que integrantes do próprio movimento tenham um diálogo interno mais efetivo.

Sob outro olhar, essa dissociação entre grafite e pichação contribuiu para que o grafite começasse a ser aceito, inclusive como forma de combate à pichação. Essa teoria é defendida pelo já citado pesquisador de Antropologia Urbana Alexandre Pereira. Ele ainda amplia seu argumento, lembrando que uma das justificativas da gestão Doria para apagar os painéis da 23 de Maio era a presença de pichação sobre eles:

> O grafite, mais associado à arte, é mais facilmente entendido como forma de ação do Estado e mesmo do mercado. Já a pichação, execrada pela maioria da população, é uma máquina de guerra, nômade e difícil de ser capturada. Assim, fica mais fácil criminalizar esta e mesmo criar certo pânico moral em torno dela como forma de *marketing* político e publicidade pessoal (BBC, 2017).

Interessante observar esse fenômeno sob a luz do *Tratado de Nomadologia*, quando o poder público usa a grafitagem para combater a pichação. Tenho aqui a figura do metalúrgico ao lidar com o metal líquido que pode tanto se tornar arma-afeto como ferramenta, a depender da sua finalidade e do seu uso. A grafitagem, enquanto materialidade energética em seu estado líquido, que originariamente seria uma arma-afeto, atua como ferramenta em poder do Estado. Aqui, a figura do metalúrgico tanto serve para acelerar a rebeldia como para retardar fluxos. Utilizar a grafitagem como ferramenta do Estado para banir a pichação é subverter os seus fluxos velozes para, uma vez contidos, aprisionar também fluxos da pichação.

Deleuze e Guattari (1993) explicam que o metalúrgico é detentor de agência diante do metal líquido. Aqui, parte da arte urbana, nesse caso a grafitagem autorizada, é essa materialidade que está sendo utilizada como ferramenta, o instrumento do Estado, para limar outra parte de si mesma, mais rebelde, que dificilmente se tornaria ferramenta, mantendo-se arma-afeto: a pichação e a grafitagem não autorizadas.

Porém, a complexidade do fenômeno não se resume à grafitagem – a pichação também apresenta seus novos sinais. Recentemente, ela também começou a deixar de ser um fenômeno do jovem pobre e negro da periferia e passou a ter outros protagonistas. A sociedade foi pega de surpresa quando a imprensa noticiou que pessoas estranhas ao perfil típico de pichadores tinham sido presas por serem flagradas pichando ou depredando o patrimônio. De acordo com matéria do *Estadão* (2017a), no início de março do ano passado, a suplente de vereador e estudante de Direito da Universidade de São Paulo, Maira Machado Frota Pinheiro, de 26 anos, foi presa em flagrante pela Guarda Civil Metropolitana que fazia ronda no centro da capital paulista. Dias antes, um filho de diplomata do Instituto Rio Branco arremessou ovos com tinta vermelha em estátua localizada na Praça da Sé no centro de São Paulo. O mesmo foi pego e argumentou se tratar de uma intervenção artística em protesto à eleição do prefeito João Doria. Esses fatos, no mínimo, permitem contra-argumentar diante de uma visão estereotipada de que atos de vandalismo associados à pichação são exclusivamente de um perfil definido.

Quanto aos grafiteiros, o mercado artístico reconhece cada vez mais o talento dos artistas brasileiros, que são constantemente convidados a produzir trabalhos em diversas partes do mundo. Entre os mais famosos, destaco Eduardo Kobra, os Gêmeos, Zezão, Binho Ribeiro, Fábio de Oliveira, entre outros (CULTURA MIX, 2017).

A aliança entre o Estado, a arte e o turismo também se posiciona. Atualmente, em diversas cidades do mundo como Berlim, Londres, Lisboa, Bogotá e Nova York, a arte urbana parece conviver em harmonia com o poder público que estimula, ordena e controla a sua exposição. Nessas cidades, os grafites se tornaram pontos turísticos que aquecem a economia local. No Brasil, essas situações ainda são mais tensionadas, e os grafites passam a gozar de relativo prestígio, mas a pichação, conforme citado anteriormente, tem seus artistas considerados infratores e ostensivamente procurados pela polícia. Para o pichador Cripta Djan:

> O grafite e a pichação têm a mesma essência, a apropriação do espaço público de forma libertária, ilegal, só que o grafite foi cooptado pelo Estado tem uma aceitação melhor, é colorido, é desenho. A pichação é só letra, é só tipografia. As pessoas não compreendem a estética do picho. A pichação é também uma intervenção artística[167].

No caso da grafitagem, percebo o esforço do Estado em ofertar aos grafiteiros áreas demarcadas na cidade para a exposição de sua arte. Nesse caso, as ruas teriam, então, uma arte adestrada, domesticada, que não entraria em confronto com o ofertante. O Estado produz um axioma por meio da concessão de espaços públicos onde o grafite ali exposto serve mais como um ornamento para contemplação de turistas do que como provocação para uma reflexão social. Por outro lado, a pichação continua sendo banida pelo poder público, que ignora qualquer apelo artístico e social e tem o amparo da lei para ser apagada com seus "artistas-marginais" punidos com ações sociais ou até reclusão, a depender da incidência criminal.

Para Gustavo Coelho, um dos diretores do filme *Luz, Câmera, Pichação*, o fato de a estética do picho ser tão incompreendida pelas classes dominantes e ser um movimento artístico predominantemente da periferia e compreendido mais entre

---

[167] Vídeo 113 do Apêndice B.

os próprios pichadores faz com que a pichação seja ainda mais rejeitada e banida dos muros das metrópoles brasileiras:

> Dimensão de tentar compreender o que há de enigmático e misterioso nessa potente prática cultural que se expandiu naturalmente espontaneamente nas nossas cidades e produziu um *design*, uma estética, uma maneira de ser, de sentir a cidade, forma de viver a vida particularmente genuína. Por conta de sua potência destrutiva em especial de alguns símbolos da civilização – em especial a propriedade privada – a comunicação enigmática te joga numa espécie de mundo sem chão, você não consegue encontrar, explicar justificativas. Mas nenhuma delas dá conta do prazer primal de sentir a tinta encarnar no cimento. Nossa gramática social, nossa mentalidade projetando uma cidade totalmente racionalista, produtivista, pouco permeável a ser compreendida enquanto fruto da obra dos seus praticantes, nos faz lançar a pichação na marginalidade, no vazio de sentido, como se dela não pudéssemos compreender nada, por nada nos dizer, como se nada ela tivesse, um vazio de sentidos. Tentar cavar o que as pichações dizem sem dizer[168].

Os números já revelam a atuação do Estado. Em matéria publicada na *Folha de São Paulo* sobre a gestão de Doria, pesquisa do Datafolha revela que os grafites têm a aprovação de 85% dos paulistanos, sendo reprovados por apenas 13% entre a população de 16 a 59 anos de idade e por 24% entre os de idade de 60 anos ou mais. Já a pichação tem grande rejeição: apenas 3% da população a aprovam. Nas faixas etárias pesquisadas, a aprovação varia de 8% a apenas 1%, respectivamente (FOLHA, 2017c).

Frehse (2016) alerta para as transformações socioeconômicas que já se materializam nas ruas, quando o poder público aplica ações de ordenamento e controle do espaço público com a implementação de projetos urbanísticos, adoção de medidas punitivas e criação de impostos até então nunca vistos na cidade.

Afirmo, portanto, que o fenômeno da arte urbana passa por um processo de evolução[169] que tantas vezes se distancia da sua origem como uma arte produzida predominantemente por jovens negros e pobres que reivindicavam uma maior atenção do Estado e da sociedade em geral, em uma discussão sobre o direito à cidade (NEAL, 2014; PAIXÃO, 2011; OLIVEIRA, 2009).

Essas mudanças pelas quais os grafismos estão passando no contexto das metrópoles brasileiras, em especial São Paulo, sinalizam um real processo de apreensão pelos aparelhos de captura do Estado, por meio de axiomáticas artísticas e econômicas, esvaziando da arte urbana, enquanto máquina de guerra, a sua mobilidade e resistência político-cultural. O simples ato de fazer arte na rua já traz consigo um caráter político, porém me preocupa que até esse ato perca seu cunho ideológico inicial e que o artista urbano, em uma situação extrema, se assemelhe cada vez mais a um ilustrador de parede – como mencionou Shock – ou até a um

---

[168] Vídeo 7 do Apêndice B.
[169] Compreende-se aqui evolução apenas como uma adaptação ao meio, sem qualquer juízo de valor como algo melhorado ou piorado.

pintor de rodapé de calçadas que, por meio das cores branca ou amarela, vai definindo onde um motorista pode ou não estacionar. Por outro lado, paradoxalmente, compreendo que essa incorporação aos aparelhos de captura pode ser uma condição de sobrevivência da arte urbana nesse embate que se manifesta de diversas formas.

Como consequência, há uma forte tendência de a arte urbana atender a um "toque de boiada" do sistema capitalista e seguir para o corredor da morte[170], perdendo sua capacidade de gerar novas sensações (DELEUZE, 2007; ABREU, 2012; WILLIAMS, 2013) devido, inclusive, ao esvaziamento de seu significado político (VIRILIO, 2003; DELEUZE e GUATTARI, 1993) e à perda gradativa do seu vínculo com os problemas presentes no cotidiano das metrópoles brasileiras modernas. Ainda assim, optar-se-ia pela eliminação daqueles fluxos que não forem passíveis de codificação pelo sistema, o que poderia já ser identificado com a intensificação das políticas de vigilância e eliminação da pichação, por exemplo.

Retornando o foco para o campo da arte, na contemporaneidade, me alio àqueles que afirmam que esse tipo de arte em geral perdeu seu cunho político. Para Virilio (2003), a arte se tornou passiva, cúmplice e inútil. O que antes permitia um debate entre opositores e partidários, por trazer consigo um forte cunho político e crítico, agora é potencialmente suprimido por uma arte oficial em torno da qual se estabelece um procedimento de consenso, obediência e silêncio. Essa arte oficial é estabelecida a partir de parâmetros controlados por um pequeno grupo de curadores e especialistas, diretores de museus e patrocinadores privados.

Cada vez mais, tem-se, então, uma arte aprisionada pelos padrões da cultura midiática, já alertado pela *pop art*. Há um segmento da arte em que a mercantilização a reduz ao *status* de bens permutáveis que servem para reciclar as vastas quantidades de excesso de recursos gerados pelos fluxos eletrônicos de capital que governam os mercados globais contemporâneos.

Esse aprisionamento já se faz tão evidente que a arte urbana, dita como livre, cuja curadoria era exclusivamente a velocidade do artista que encontrar um lugar primeiro[171], agora tem profissionais classificados como curadores de arte urbana – uma grande contradição, pois o que é livre está agora submetido à apreciação e seleção de outrem. Em matéria publicada pelo Terra, o curador alemão Robert Kaltenhäuser se intitula curador de arte urbana não autorizada (TERRA, 2017). No Brasil, outros nomes já exploram o título e atuam no segmento: o sociólogo Sérgio Miguel Franco, o diretor do Artbr, Rui Amaral, e o grafiteiro e curador da *III Bienal Internacional Graffiti Fine Art* de São Paulo, Binho Ribeiro.

Outro exemplo de aprisionamento artístico da arte urbana ocorre quando a mesma, além de curadores, é produto de projetos patrocinados pela iniciativa privada. O projeto *Galeria GE: Curadoria e arte urbana* parte da ideia de que "se dá para imaginar São Paulo mais bonita: dá para fazer". Sob a curadoria de Rui Amaral, o projeto trabalha com os Coletivos Mulheres Barbadas e Estúdio Colletivo para transformar empenas de prédios em arte, fazendo da cidade um museu a céu aberto (IDEAFIXA, 2017).

---

[170] Corredor apertado com cercas onde os bois são perfilados para serem sacrificados.
[171] Vídeo 7 do Apêndice B.

Projeto similar é o *Paint the Town*, promovido pela Jaguar Land Rover, que convida artistas urbanos para pintarem lugares específicos de cidades com a participação de funcionários da empresa patrocinadora. Nesse caso, o Coletivo Digital Orgânico foi convidado para grafitar o centro cultural de Itatiaia, no Rio de Janeiro (Figura 4.11)

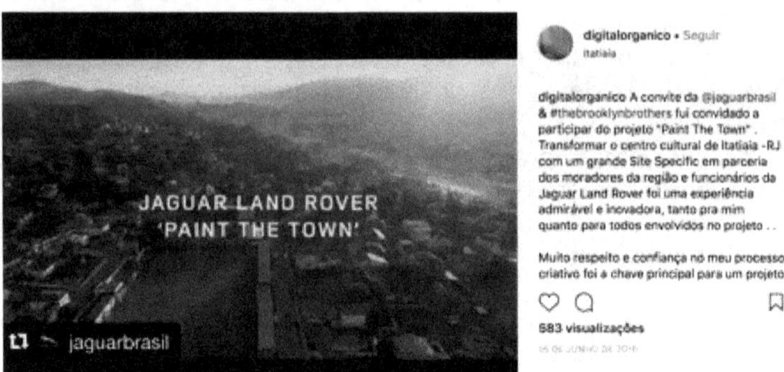

Figura 4.11: Projeto *Paint the Town,* com o Coletivo Digital Orgânico.
Fonte: *Instagram* do Digital Orgânico, acesso em 24/11/2017.

Nessa relação da arte urbana com projetos privados, tendo a produção sob encomenda, um caso ainda mais crítico é o do grafiteiro Speto, que produziu uma série de grafites para a propaganda do carro *Captur,* da Renault. Aqui, se distancia a relação da arte urbana com a rua, e a produção de Speto atende exclusivamente a uma propaganda de um veículo, conforme Figura 4.12. Defendo que isso se distancia do que vem a ser arte urbana, talvez, no máximo, identifico aqui a utilização de técnicas ou da estética da arte urbana em um outro tipo de arte.

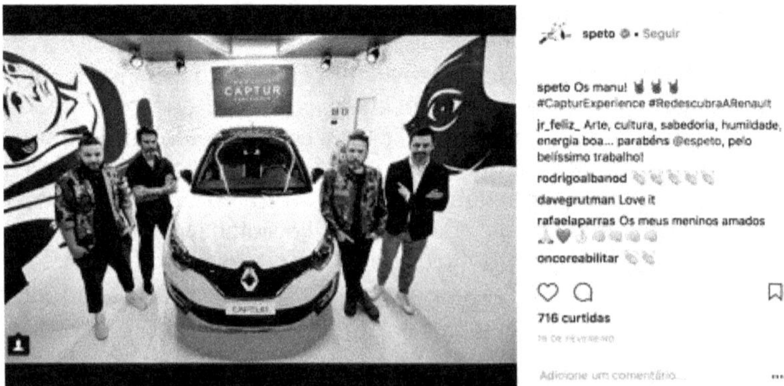

Figura 4.12: Trabalho produzido por Speto para a campanha de lançamento do veículo Captur.
Fonte: *Instagram* de Speto, acesso em 24/11/2017.

Um forte indício de que a relação do mercado com a pichação é questão de tempo está na campanha lançada pela Calvin Klein, no início de 2017, em que a grife é estampada em camisas e moletons, utilizando a estética da pichação (VOGUE, 2017). Para isso, a empresa contratou o grafiteiro carioca Pixote que mora em Nova York há 15 anos. Percebo, então, que essa aproximação da pichação com o segmento da moda se faz de forma muito incipiente: não se assume a presença da pichação, mas utiliza a sua estética; não se contrata um pichador, mas um grafiteiro com o nome de Pixote.

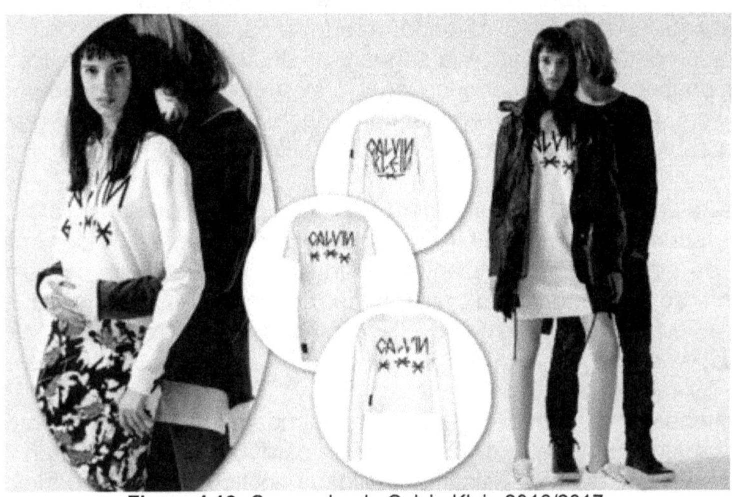

Figura 4.13: Campanha da Calvin Klein 2016/2017.
Fonte: Vogue (2017)

Porém, essas novas relações nem sempre são tão harmoniosas, uma vez que as diferenças ideológicas não são totalmente eliminadas. Com a arte urbana ingressando no mundo artístico e empresarial, impasses sobre direitos autorais têm sido contemplados pela imprensa.

De acordo com Valério (2017), um dos primeiros impasses entre artistas urbanos, a propriedade privada e o espaço público ocorreu no Queens, em Nova York, quando proprietários de uma fábrica, cujos muros tinham trabalhos de diversos grafiteiros, decidiram demoli-la para a construção de um conjunto habitacional. Os artistas urbanos entraram com uma ação na U.S. District Court for the Eastern District of New York, solicitando o impedimento da demolição, porém não tiveram êxito. Agora eles continuam na justiça, pleiteando perdas e danos. Interessante perceber que, nos Estados Unidos, antes de avaliar os autos de qualquer processo que envolva arte, inclusive a urbana, há a necessidade de um parecer emitido pelo *Visual Artist's Rights Act (VARA),* que retira do juiz a incumbência de julgar o que é arte. Nesse caso, a competência é restrita a especialistas consultados.

No Brasil, de acordo com Duarte Neto e Felinto (2017) o primeiro caso que contempla direitos autorais e grafite é a apelação remetida ao Tribunal de Justiça de São Paulo contra a Editora e Distribuidora Edipress, responsável por uma revista que, em determinada edição, possuía uma publicação sobre veículos. Nela, as fotografia dos automóveis tinham como pano de fundo um grafite feito pelo artista Frederico Barros Day. O artista inicialmente alegou danos morais e patrimoniais, pelo fato de o seu grafite ter sido publicado sem autorização e pelo mesmo ter sido alterado eletronicamente nas fotografias, respectivamente. Em contrapartida, a Edipress argumentou que as fotografias foram expostas parcialmente, sem intuito comercial e que o grafite não era o foco da publicação. Além disso, as fotografias tiveram seus direitos cedidos pelos fotógrafos. Ao término, os danos materiais foram julgados como procedentes, mas os morais não, uma vez que o artigo 48 da Lei de

Direitos Autorais afirma que obras situadas permanentemente em logradouros públicos podem ser representadas livremente. Também foi constatado que não houve excesso na utilização, tampouco intenção comercial. Essa foi apenas a primeira tensão existente envolvendo a arte urbana com questões de direitos autorais. Vários outros processos já seguem na Justiça. Para Duarte Neto e Felinto (2017), aos poucos, com o arcabouço legal já existente e a atuação do poder público em reconhecer e incentivar o grafite no espaço público, a justiça brasileira tem protegido cada vez mais o direito autoral dos grafiteiros.

Essa relação da arte urbana com curadorias, projetos particulares, marcas e propagadas pode realmente definir novos tons ao movimento. Dificilmente passaria pelo crivo de um curador um conteúdo artístico que tecesse críticas direta ou indiretamente ao responsável ou patrocinador do evento. Isso, na certa, aprisiona a arte urbana e vai diretamente de encontro ao seu caráter livre, libertário, democrático, da rua.

O entendimento crítico de arte – independentemente do movimento ou da época – exposto por Virilio (2003) é similar para Deleuze e Guattari (1993) por compreenderem que ela deve ter uma finalidade política, refletindo o meio, de forma a promover sensações diversas que tirem o espectador de uma passividade paralisante. Quando a arte perde essa característica, ela já estaria aprisionada a uma lógica capitalista que só reforçaria um sistema onde praticamente tudo gravita no seu torno.

Tal lógica é tão evidente que já há, por exemplo, cursos sendo ofertados pelo Centro de Pesquisa e Formação do Sesc-SP sobre *Arte de Rua: curadoria e gestão* cujo sexto módulo trata especificamente do tema *o lugar do urbano na curadoria*. Percebo aqui mais uma contradição com a base da arte urbana. Ao aplicar-lhe práticas de gestão e de curadoria, isso estaria minando sua característica mais vital de utilizar o espaço público com liberdade e de forma libertária, rompendo com as amarras do Estado e do capitalismo.

Para Deleuze e Guattari *apud* Tiessen (2012), o modo fundamental de operacionalização da arte se dá por meio da atualização de afetos. Eles a colocam no mesmo nível da ciência e da filosofia devido à capacidade de pensar, porém de uma forma particular, por meio de um bloco de sensações. Nesse caso, só a arte é capaz de responder às investigações do invisível e do não revelado, identificando as limitações da visão humana.

Nesse sentido, em uma abstração deleuzeana, os grafismos deveriam trazer consigo espaços vazios nos quais seriam constituídas as possibilidades de transformação capazes de gerar blocos de sensações inquietantes. Tanto para o artista como para o espectador, isso seria indispensável para a promoção das mudanças sócio-espaciais almejadas em busca, nesse caso, do direito à cidade. Porém, diante de tais apreensões, identifico que esses espaços vazios – possíveis territórios lisos da máquina de guerra – passam por processos de estriamentos que impedem fluxos de mudanças e o surgimento do novo a partir de uma crítica ao atual. Nos processos de axiomatização, temos tais fluxos aprisionados em linhas molares. Talvez o nome do veículo da Renault – *Captur* – seja realmente uma alusão à captura dos fluxos outrora rebeldes dos grafismos de rua.

Capítulo 05
A arte urbana e seus novos fluxos

5.1 Retomando o método

A partir do que eu tinha traçado para escrever o livro, busquei conhecer a arte urbana inicialmente pesquisando o que já se tinha estudado a respeito. Nessa ocasião, resgatei trabalhos acadêmicos (artigos, dissertações, teses, estudos fotográficos) que contemplavam a grafitagem e a pichação no mundo e, em especial, no Brasil. Em seguida, parti para saber o que era contemplado sobre a arte urbana brasileira em matérias publicadas em jornais e revistas, impressos e digitais. Meu interesse estava em identificar o que se discutia na rua, na sociedade em geral e no discurso dos governantes. Percebi que a frequência de reportagens era visivelmente acentuada quando ocorria um conflito entre o poder público e a arte urbana. Normalmente, São Paulo era o palco das tensões.

Havia também reportagens televisivas disponibilizadas no YouTube que me conduziram a um universo inesgotável de vídeos que tratavam do objeto pesquisado. Por meio deles, como um espectador atento ao que se apresentava na tela, fui "apresentado" a diversos artistas urbanos, fiz "rolês" com muitos outros pelas ruas de São Paulo, "visitei" gabinetes de secretários e prefeitos, ouvi opiniões de estudiosos e da sociedade em geral sobre o tema. A vida da arte urbana tinha um vasto registro em produção audiovisual. Alguns vídeos eram acompanhados de convites para visitar perfis de Instagram de grafiteiros e pichadores. Mais uma vez, me deparei com uma série incontável de perfis de artistas urbanos que disponibilizavam grafismos e dialogavam com seus seguidores. Era a vida por meio da tela como já discutia Turkle (1995), alertando para os novos comportamentos advindos do mundo virtual que gradativamente se expandia em nossa vida.

Com isso, a pesquisa foi tomando uma robustez que me permitiu desenhar, aos poucos, mapas cartográficos que compunham o rizoma da arte urbana. Foram compostas dez mapas onde os fluxos da arte urbana começaram a ser cartografados. Aos poucos, eles foram riscados e rabiscados, à medida que ia conhecendo o objeto, organizando as ideias e estabelecendo possíveis relações com a cidade (Figura 5.1).

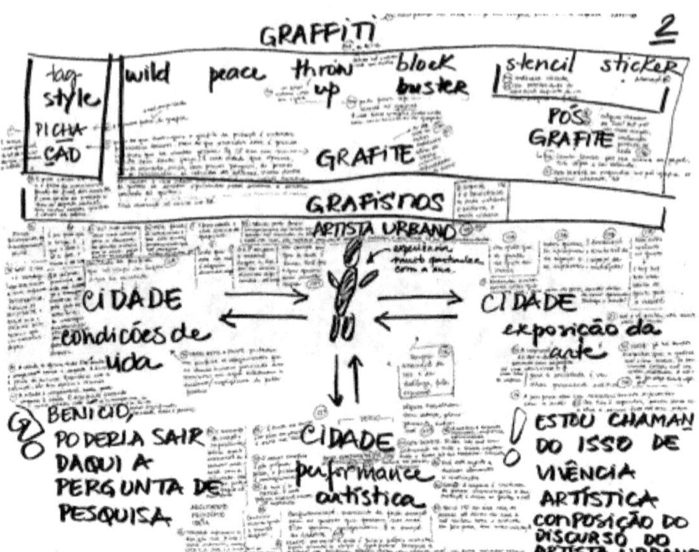

Figura 5.1: Desenho de mapas cartográficos da pesquisa.
Fonte: O autor (2017).

Deleuze e Guattari (2000) já alertavam para a impossibilidade de finalizar um mapa, de estabelecer suas bordas e fotografar um rizoma em sua integridade, uma vez que ele dialoga com outros rizomas e se expande a perder de vista. Por tantas vezes, percebi que cartografar a arte urbana era necessariamente uma discussão também sobre a cidade na contemporaneidade, por meio de múltiplas conexões. Se a arte urbana se predispunha, inicialmente, a ser uma crítica à vida na cidade, por mais que ela tenha seguido outros caminhos e ocupado novos espaços, esses debates sobre a cidade, o público e o privado, o capital e o social ainda se faziam presentes em fluxos intensos, expandindo-se. Era minha competência, no máximo, compreender os grafismos por meio de seus fluxos, teorizar e encontrar indícios de novos fluxos e linhas que estão em formação e passam por expansão. Com isso, realizei o primeiro momento do estudo com o método cartográfico rizomático.

O pensamento norteador surgiu como produto desse primeiro momento da investigação. Agora, era preciso expandir o *corpus,* realizando entrevistas com artistas urbanos para aprofundar entendimentos que, até então, precisavam de melhor compreensão. Os pontos contemplados nas entrevistas foram basicamente as rupturas e descontinuidades que sinalizavam mudanças nos fluxos da arte urbana. Eu buscava a diferença no pensamento, no fluxo, na linha, na ação. Sendo assim, o momento complementar se iniciava, e a arte urbana possibilitava mais uma vez trazer uma discussão sobre a cidade.

Este capítulo, portanto, é produto do ciclo transdutivo[172] com o aprimoramento desse pensamento fundante, permitindo gerar novas hipóteses, mais trabalhadas e

---

[172] Em diversas passagens de sua produção teórica, Lefebvre defende que o fenômeno urbano, devido à sua complexidade, jamais poderia ser tratado em apenas uma única disciplina, com um método previamente definido e recortes bem delineados. A produção da vida social reúne o passado, o presente e o devir em incessante interlocução, demandando do pesquisador inovar na composição de métodos e categorias de análise, evitando, assim, reutilizar modelos teóricos-metodológicos já alimentados por conceitos prontos (OLIVEIRA, 2011). Nesse sentido, para dar conta dessas dificuldades, Lefebvre (1970, 2001) propõe o método da transdução como uma

refinadas. Nesse momento, tudo que foi discutido anteriormente se faz presente como subsídio para realizar o ciclo transdutivo, caracterizado principalmente pelo momento atual, projetando-se para o futuro, como mencionou Lefebvre (2001), em busca do virtual, a partir de suas condições de possibilidade.

Destaco, por fim, que optei por continuar aqui com as categorias analíticas utilizadas no primeiros primeiros ensaios desse livro. Justifico tal escolha a partir de Costa (2003), que, ao tecer críticas à produção lefebvreana, afirma que não há como criar categorias de análise empírica a partir dos vários conceitos de espaço que Lefebvre menciona ao longo de seus textos:

> [...] são conceitos teóricos que lhe permitem construir uma teoria única sobre a produção do espaço que nos autoriza construir hipóteses que guiem a análise urbana e contribuam para o avanço no processo de conhecimento de processos sócio-espaciais. A transformação de tais conceitos em categorias de análise empírica é um equívoco que empobrece a contribuição teórica de Lefebvre (COSTA, 2003, p. 13).

5.2 Pensamento inicial em reflexão

No exercício de compreender como se dá a relação da arte urbana com a cidade, a partir da análise do *corpus* constituído, uma observação emergiu de forma tão contundente que se tornou o ponto norteador dos meus estudos: os problemas sócio-espaciais das metrópoles brasileiras contemporâneas são recorrentes no discurso dos artistas urbanos, porém a sua produção artística não tem provocado na sociedade as devidas reflexões críticas a respeito.

A discussão sobre as condições da arte urbana em interação com a cidade – o movimento artístico, o artista, a arte *per si*, seu espectador e o ambiente de exposição –, sob um enfoque sócio-espacial, trouxe à tona, inicialmente, as críticas à modernidade que tanto interfere na produção do espaço urbano, como também no comportamento do cidadão. Em seguida, essa interferência se fez presente no próprio artista e em sua produção artística, sinalizando, finalmente, outros fluxos para o movimento da arte de rua.

Diante das críticas de artistas urbanos, de teóricos e de urbanistas pós-modernos às condições atuais das grandes cidades brasileiras que se expandiam sob a égide dos princípios da modernidade, não seria difícil encontrar resistências de diversas ordens ao movimento da arte urbana (Figura 5.2). Resistências essas impostas amplamente pelos aparelhos de captura de Estado que têm, gradativamente, exercido um poder atenuante ao impacto político, reflexivo e crítico do movimento artístico na sociedade, lentificando a máquina de guerra, por meio (1) de linhas molares que atuam basicamente em dois sentidos: incorporação ou eliminação da arte urbana; (2) de novos significados que o espaço público tem assumido nas metrópoles brasileiras e (3) do comportamento passivo e de

---

alternativa rica e possível, capaz de construir um objeto virtual a partir de informações da realidade, da problemática no ambiente vivido. Isso demandou uma operação mental que construiu um objeto teórico possível, com realimentação constante entre o quadro de dados e a observação empírica.

alheamento da sociedade diante das transformações sócio-espaciais na contemporaneidade, que aqui denomino *sociedade cabisbaixa*.

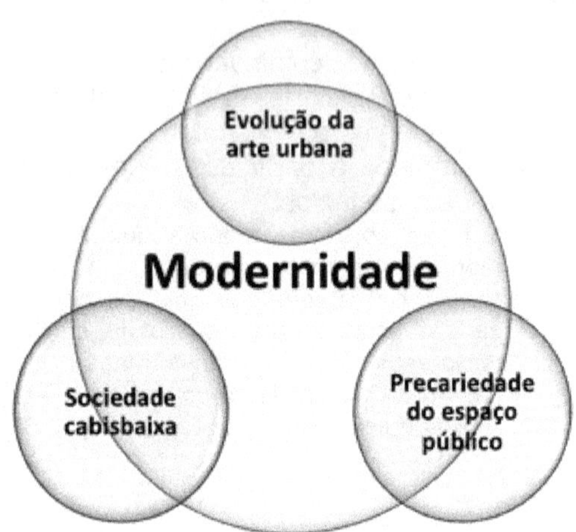

Figura 5.2: Os efeitos da modernidade na arte urbana
Fonte: O autor (2018)

Essas três premissas passaram, então, a ser alvo de nova reflexão, na busca por compreender melhor como elas emergiram do rizoma na relação da arte urbana com a cidade. Com isso, iniciei o segundo momento da pesquisa no sentido de aprimorar a hipótese inicial por meio de um ciclo transdutivo. Investiguei ainda se essas premissas, que aprisionavam gradativamente a máquina de guerra da arte urbana, poderiam trazer ainda possíveis espaços vazios para rupturas, capazes de gerar descontinuidades, novas linhas moleculares e de fuga condutoras para a retração ou constituição de fluxos, preferencialmente ainda não axiomatizados.

5.2.1 Evolução da arte urbana

De forma geral, percebo que a arte urbana, da sua origem aos dias atuais, tem se adaptado ao meio e às circunstâncias de diversas formas. Compreendo essa adaptação como um sinal preocupante, uma gradual concessão de forças e munições da máquina de guerra aos aparelhos de captura, podendo ser traduzido como um enfraquecimento criativo, libertário e revolucionário da arte de rua. Porém, diante da complexidade de elementos presentes, não ouso acreditar que seria fácil continuar tão rebelde como outrora, mantendo-se tão fiel à ideologia originária do movimento *hip-hop*.

Trabalhei o capítulo 4 inteiramente com o intuito de apresentar como a arte urbana tem evoluído em um contínuo processo de axiomatização de seus fluxos pelo Estado e pelo capital. Isso se dá na relação estabelecida entre ela, em especial a grafitagem, e o poder público, que tem estreitado laços por meio de concessões de espaços públicos, certames, editais e campanhas, como também na relação com a iniciativa privada que tem lançado projetos, patrocinado e apoiado grafiteiros renomados.

Compete ao Estado exercer um poder de polícia e censura, inclusive com a arte urbana previamente autorizada, se perceber que seu conteúdo vai de encontro ao *status quo* e pode provocar reflexões críticas mais profundas na sociedade sobre as incongruências do discurso da modernidade, defendido prioritariamente pelo poder público e pela iniciativa privada.

Percebi que o espectro de ações mercadológicas é bem mais amplo do que o do poder público. Ele vai desde projetos sociais aliados à arte urbana – com fins à promoção do *marketing social* – até a publicidade e propaganda em que grafites compõem cenários, são motivos de inspiração para novos produtos e lançam moda. Nesse sentido, tornou-se difícil desassociar o segmento oficial da arte com os interesses do mercado, pois a incorporação dos grafismos no segmento, por meio de curadorias, abre possibilidades inúmeras para sua exposição e consequente comercialização.

No caso da pichação, a relação com o Estado, o capital e a sociedade em geral ainda apresenta poucos indícios de harmonia e adaptação. O que rege essa relação é, basicamente, o amparo legal para o seu total banimento por parte do Estado. Da mesma forma que a mídia começa a se posicionar cada vez mais a favor da grafitagem, ela rechaça a pichação, influenciando decisivamente a opinião da sociedade a respeito.

Sendo assim, os aparelhos de captura atuam basicamente em duas ordens bastante maniqueístas: atraem e seduzem a grafitagem, reconhecendo seu valor artístico e legalizando sua produção e exposição; afastam e banem a pichação e a parcela ainda rotulada como "não autorizada" da grafitagem. Nesse segundo caso, a mídia – normalmente patrocinada pelo capital – opta por tratar de forma estigmatizada o artista urbano que não adere ao discurso sedutor do poder público e do mercado. Aqui, resgato Goffman (1988) para explicar como essa estigmatização serve para classificá-lo, o artista urbano, de forma pejorativa e desabonadora.

Considero complexa essa situação e difícil de promover julgamentos com relação ao posicionamento do artista urbano, quando analiso a possibilidade de os grafismos serem uma fonte de renda para ele. Isso ficou bem evidente em entrevistas com alguns grafiteiros, quando defendem que é preciso sempre ter uma coerência com o movimento *hip-hop.* Em sua ótica, normalmente, o artista urbano não pode aceitar qualquer trabalho em troca de dinheiro sem fazer um julgamento prévio sobre em que medida a ação controlada limitará sua autonomia criativa e visará exclusivamente ao bem particular. A ideologia do movimento busca sempre o bem coletivo, não lhes permitindo aceitar qualquer trabalho, às custas de ceder a todas as regras do mercado artístico. Explicam ainda que se manter fiel a essa "filosofia" retarda consideravelmente a sua condição de viver exclusivamente da arte que produzem. Por outro lado, os grafiteiros mais novos normalmente não são apegados a nenhum outro princípio que não sejam aqueles estipulados pelo mercado da arte, por isso os jovens talentosos têm conseguido enriquecer com quatro ou cinco anos, em média, no segmento.

É bastante tênue essa linha – entre o que é aceitável ou não para transformar a arte urbana em mercadoria. Há artistas que incorporaram rapidamente as regras do mercado; outros estabeleceram filtros analíticos; outros são totalmente resistentes, como os pichadores em geral. Porém, em que medida o discurso de resistência dos pichadores, por exemplo, não pode ser fragilizado, se o mercado começar a demonstrar interesse pela pichação? Por mais que os pichadores apresentem total repulsa a essa possibilidade, seria interessante verificar se a sedução da visibilidade, da fama e da possibilidade de usufruir as benesses da modernidade mediante aumento do poder de consumo seria capaz de romper tais muralhas.

5.2.2 Sociedade cabisbaixa

> *O que o mundo fez com a gente? Onde estão os gritos? Onde está a rebeldia? Cadê a fúria que se consumia nas ruas? Cadê os grandes sonhos da gente?*
>
> Aline Stechitti[173]

De forma recorrente, teóricos como Lefebvre (2001), Virilio e Armitage (2011), Mouffe (1996), ao tecerem suas críticas à vida urbana com o advento da modernidade, se queixam que o cidadão contemporâneo – materno da produção industrial e da racionalidade – tem perdido o interesse de participar da *polis*, como um sujeito político crítico e atuante, tornando-se apenas uma máquina que compõe uma engrenagem maior de um poderoso sistema. Como consequência, a vida em sociedade, a coletividade e o pertencimento público deixaram de ser prioridade e perderam espaço para uma sociedade individualista em um cenário caracterizado pelo liberalismo político e econômico, cujo contexto é agravado em uma cultura brasileira em que se valoriza o jeitinho, o oportunismo e os interesses particulares (BARBOSA, 2005; DAMATTA, 1997; 2012).

Segundo Lefebvre (2001), vivemos presos ao cotidiano, caracterizado pela repetição contínua e programada. Esse cenário é um *presente perpétuo* no qual o cidadão vive uma passividade em prol de uma sociedade de consumo. O seu tempo é regulado basicamente em função do trabalho, de procedimentos obrigatórios e do lazer. Existe aqui a sobreposição do tempo pelo espaço como uma das heranças mais perversas de arquitetos e urbanistas como Le Corbusier, cujos ensinamentos são responsáveis pela maior parte dos projetos das cidades modernas.

Vale resgatar que, no planejamento moderno, Le Corbusier fez uma apologia à máquina, considerando, inclusive, a casa como uma máquina de morar que atende às necessidades humanas em justas proporções. A máquina em funcionamento lhe é a confusão dentro da alegria, onde todas as portas se abrem. Ela é compreendida em uma relação de causa e efeito, uma engenharia resultante da economia e da sabedoria.

---

[173] Psicóloga, poetisa contemporânea e administradora do blog *Oi Eu Mordo Nhac!*.

No que se refere a esse entendimento de Le Corbusier sobre a casa como máquina de morar, Choay (2015) detalha:

> É preciso estudar a célula perfeitamente humana, a que responde a circunstâncias fisiológicas e sentimentais: chegar à casa-ferramenta (prática e suficientemente comovente), que se revende ou se realuga. A concepção de "meu teto" desaparece (regionalismo, etc.), pois o trabalho se desloca (a concentração de operários), e seria lógico que cada um pudesse segui-lo com armas e bagagens. Armas e bagagens é denunciar o problema da mobília, o problema do "tipo". Casa-tipo, móveis-tipo. Tudo já se fomenta, as ideias encontram-se e cruzam-se nesse ponto que se revela como um sentimento incisivo, mais que como uma concepção clara. Certas mentes já imaginam o edifício, agitam a questão de uma organização internacional dos *standards* da construção (p. 187).

Além da visão maquínica e universalmente padronizada, Le Corbusier (1992) defendia também que a linha reta era sadia para a alma das cidades e a melhor solução para a circulação. As construções dos imóveis, esgotos, canalizações, ruas e calçadas deveriam ser retas, pois as curvas são consideradas prejudiciais, difíceis, perigosas e paralisantes. Dessa forma, seu planejamento era baseado no ângulo reto, resolvido na prática pelas técnicas de concreto armado. Buscava-se a ordem dos espaços e a eficiência para a vida humana em sociedade.

Lefebvre (1991), ao tecer suas críticas a esse modelo urbanístico como o hegemônico preocupante nas sociedades modernas, julgava que tal modelo contribuía para os interesses do capitalismo, priorizando a industrialização e a mercantilização em detrimento do humano. A cidade passou a ter muito mais valor de troca do que de uso, onde o espaço passou a ser visto como produtor de riquezas. Isso pode ser comprovado ao destacar o próprio pensamento de Le Corbusier (1992):

> Uma grande época começou. Existe um espírito novo. A indústria, que arroja-se como um rio que flui em direção a seu próprio destino, nos traz os instrumentos novos adequados para esta época animada por um espírito novo. (...) É necessário criar o espírito da produção em série, o espírito de construir casa em série (p. 159).

Assim como Lefebvre, Mumford (1998) também teceu críticas contundentes à sociedade moderna ao afirmar que o isolamento do homem tem como causa a especialização das funções que gerou espaços segregados e a diversificação de classes. Essa preocupação com a funcionalidade dos espaços deixou de lado a qualidade dos espaços urbanos.

Nesse sentido, o homem solitário e isolado parece contraditório à grande densidade demográfica dos centros urbanos onde ele vive, Debord (1999) discutiu isso amplamente em *Sociedade do Espetáculo* ao analisar as *multidões solitárias*.

O trabalho, mediado pelas novas tecnologias, tornou o homem da cidade apenas uma peça em uma engrenagem maior e complexa, impossibilitando-lhe de uma compreensão mais ampla da linha de produção em que está inserido. Nas metrópoles brasileiras, isso é agravado com o tempo ampliado de deslocamento desse homem ao trabalho e, ao término do expediente, com o regresso à sua casa.

O tempo dos procedimentos obrigatórios está relacionado com as obrigações voltadas à vida pessoal do indivíduo em sociedade: pagamento de contas, atividades familiares, educação dos filhos, compras para o lar, alimentação e higiene entre outras. Esse tempo, apesar de não ser diretamente laborativo, é fundamental à manutenção do sistema capitalista, pois reforça seus hábitos de consumo dentro de uma ideologia consolidada.

No que tange ao tempo destinado ao lazer, Lefebvre (2001) explica que ele é produto de um lazer alienante presente nos meios de comunicação de massa, capazes de manter o homem teleguiado e sob controle. Isso é muito bem retratado pelo grafite de Paulo Ito que traz um homem sentado diante de uma televisão, repetindo aquilo que lhe é transmitido (Figura 5.3).

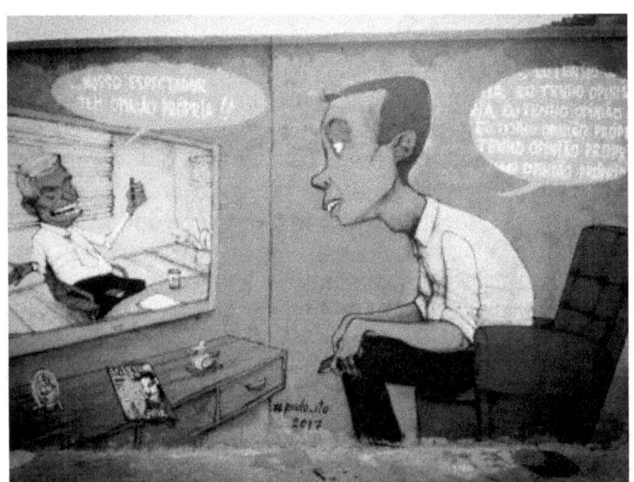

Figura 5.3: Crítica à comunicação de massa.
Fonte: Instagram de Paulo Ito, acesso em 24/11/2017.

Como já mencionado anteriormente, esse mesmo entendimento é trazido por Santos (2004), décadas depois, ao explicar a lentidão do homem da sua época que sofre diretamente as consequências dos problemas da cidade, mas não é convidado a participar em nenhum momento dos rumos da política urbana. Ele sofre e assiste a tudo com uma passividade paralisante.

Lefebvre (2001) constata ainda que essa sociedade moderna, aprisionada em seu cotidiano, "surge sendo pouco capaz de fornecer soluções para a problemática urbana e de agir de outra forma que não através de pequenas medidas técnicas que prolongam o estado atual das coisas" (p. 80).

Em complementação, Simmel (1976) argumenta que a vida urbana moderna, submersa na artificialidade, favorece uma sobrecarga sensorial paralisante. Enquanto a vida campestre é considerada lenta, o início da urbanidade moderna representou o desenvolvimento de uma economia de tempo e dinheiro, na qual as pessoas foram bombardeadas com sensações que as conduziram a sentimentos cada vez mais abstratos de si e da sociedade. Questiona-se, então, como sobreviver em espaços onde os estímulos são incessantes. Seria possível viver nessas metrópoles sem adotar uma *atitude blasé* diante dessa sobrecarga sensorial? Essa anestesia e alienação diante do excesso de estímulos se tornaram, portanto, condições de sobrevivência nas metrópoles. Como consequência, ocorreu o surgimento de novas patologias, como a agorafobia, explicada por Westphal *apud* Beck (1976) e Sitte (1986), podendo-se compreendê-la por meio da metáfora da *ponte*. Enquanto a ponte é considerada o facilitador de movimentos, um conector e, portanto, um emblema triunfante da modernidade, sob outro prisma, ela também significa uma ruptura, uma transgressão de limites, uma invasão de determinados espaços que pode provocar tensões como a agorafobia (palpitação, tontura e medo). A ponte tanto pode significar progresso para os defensores da modernidade, como pode ser a falta de humanidade para os críticos ou o verdadeiro terror de espaços abertos para os agorafóbicos (HOLMES, 2006; CRESSWELL, 2010).

Trazendo essa reflexão para o nosso tempo, discuto atualmente o homem contemporâneo que vive submerso em novas tecnologias, capazes de deixá-lo mais conectado a outros mundos e distante da realidade que o cerca. Um caso particular está nos *smartphones*. Hümbs (2017) tem alertado para o número de pessoas que estão *grudadas* à tela do seu *smartphone,* forçando governantes e urbanistas a repensarem o uso e o desenho dos espaços urbanos. Isso já é tão evidente que, em 2015, na Alemanha, foi cunhada a palavra *smombie* – uma fusão das palavras *smartphone* e *zombie* – para designar um novo comportamento da juventude alemã. Logicamente esse comportamento não se restringe à Alemanha e está presente em praticamente todo o mundo, como mais um indício da simbiose entre humanos e máquinas. Para Pereira e Tondo (2015), é "quase impossível identificar o jovem em suas tarefas cotidianas sem a presença de um eletrônico, seja um mp3, uma máquina digital, um computador" (p. 8).

Nesse sentido, Castells et al. (2007) explicam que esse novo ambiente mediado pela tecnologia, em especial os telefones celulares, configura novas formas de sociabilidade, denominadas por eles de *m-etiquetas*, que seriam as novas regras de conduta para a utilização do celular em diferentes momentos da vida cotidiana, em especial em ambientes públicos.

Essa relação do jovem com a tecnologia faz com que seu movimento seja parecido com o de um zumbi, mortificado para os estímulos externos do ambiente e com os olhos fixos a um ponto, nesse caso, para baixo, para o *smartphone,* que carrega normalmente com uma das mãos. Como consequência, isso tem provocado situações desagradáveis de esbarros de pessoas em calçadas e até atropelamentos.

Por perceber que atualmente esse comportamento não se restringe aos jovens, mas é comum à grande parte dos pedestres, gestores de algumas cidades, como Melbourne, na Austrália (Morby, 2016), Bodegraven, na Holanda (Scully, 2017) e Augsburg e Munique, na Alemanha (McCoogan, 2016) têm implementado soluções de tráfego especificamente para usuários de celulares. Nessas cidades, luzes no piso de determinadas calcadas acendem, sinalizando ao pedestre se ele pode seguir ou parar. A Figura 5.4 apresenta o projeto-piloto da cidade de Augsburg em que cada um dos dois lados da rua ganhou luzes para alertar os *smombies* por estarem com o seu olhar voltado para baixo.

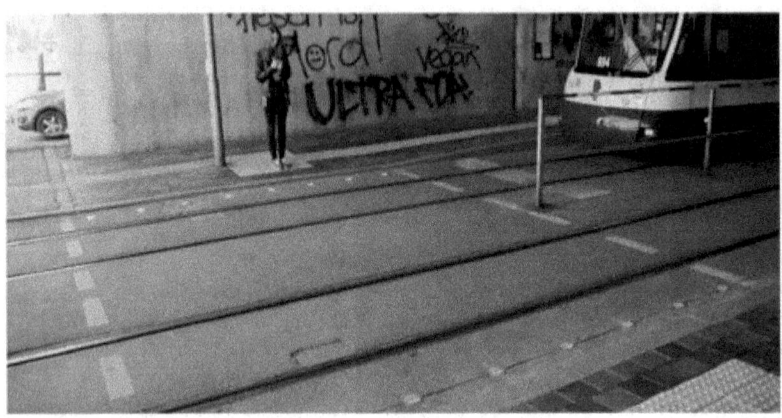

Figura 5.4: Sinalização direcionada ao *smombies*.
Fonte: UOL (2016), acesso em 17/10/2017.

Com isso, além de maquínico, lento e isolado, percebo mais um atributo para o homem das grandes cidades: o olhar cabisbaixo. O olhar fixo no celular o torna disperso, desatento e, em grande medida, pouco sensível ao bombardeio de estímulos presentes no espaço público das metrópoles. Esse comportamento só não é mais generalizado nas metrópoles brasileiras devido ao perigo constante de assaltos, roubos e furtos, porém, mesmo assim, não é difícil encontrar o cidadão cabisbaixo e desatento nas paradas de ônibus, caminhando nas calçadas, atravessando ruas e, inclusive, dirigindo veículos.

Esse mesmo movimento é encontrado nos motoristas dos veículos e nos passageiros de transportes públicos. Só na capital paulista, em média 320 motoristas são autuados diariamente por dirigir manuseando o celular, 350 por dirigir falando ao celular e segurando o aparelho em uma das mãos e 457 por falarem ao celular enquanto dirigem sem segurar o aparelho, totalizando uma média de 1.127 multas diárias (FOLHA, 2017d).

Inevitavelmente, o alheamento da sociedade ao seu entorno, agravado pelo olhar para baixo, pode sinalizar uma negação aos grafismos expostos nas ruas, em especial, aos grandes murais que, para serem vistos, demandam o olhar para cima devido às suas dimensões (Figura 5.5).

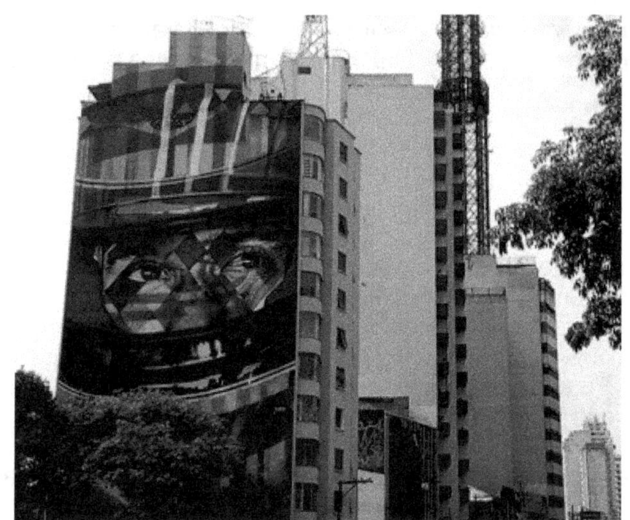

Figura 5.5: Mural de Kobra em homenagem a Ayrton Senna na Av. Rebouças.
Fonte: O autor (2017).

Nesse caso, resgatando Deleuze (1988) em entrevista concedida a partir do abecedário[174] – na letra *I* de *ideia*, ele estabelece a relação da arte com *perceptos* e *afectos* – compreendo aqui que a arte urbana também busca promover estímulos que vão além de percepções e sensações, ou seja, ultrapassar os limites daqueles que as sentem, nesse caso os artistas, e provocar o mesmo nos espectadores, os passantes.

Ao projetar a imagem de Ayrton Senna na empana do prédio, Kobra nos remete ao símbolo do herói nacional, resgatando as competições de Fórmula 1 nas manhãs de domingo, a música símbolo de sua vitória, o orgulho nacional, a comoção com a morte repentina do esportista. Com isso, os *perceptos* permitiriam que o passante, ao se deparar com o mural e contemplá-lo, conseguisse sentir o mesmo no espaço percebido, tendo diversos sentidos aguçados além do visual: o auditivo (com a música do pódio), o paladar (com o banho de champanhe), a emoção (com a bandeirada da vitória), entre outros. Os *afectos* – nesse caso em particular, adicionando as condições da Avenida Rebouças, com suas árvores frondosas, as intempéries do tempo que desgastam e aos poucos destroem o mural, as calçadas íngremes que demandam fôlego do pedestre, as vias de trânsito rápido destinadas aos transportes públicos, entre outros – seriam o transbordamento dos *perceptos* por meio dos devires de sensações que vão além daquelas esperadas e sentidas pelo artista e que se perpetuam ao longo do tempo com suas transformações, compreendendo, portanto, a experiência pessoal, o espaço vivido.

Porém, uma vez que o cidadão passa pela Avenida Rebouças em um desejo incessante pela aceleração, em sua rota diária casa-trabalho-casa, preocupado com suas ocupações e obrigações e alheio ao seu entorno, tantas vezes atento apenas ao mundo virtual contido em seu celular, o seu espaço vazio, condição necessária

---

[174] Apesar de Deleuze ter sido resistente em conceder entrevistas a canais de televisão, antes de sua morte, ele fez o *Abecedário de Deleuze* nos anos 1988 e 1999. A íntegra da entrevista pode ser vista no YouTube, disponibilizada em diversos fragmentos.

de provocar-lhe *perceptos* e *afectos* ao se deparar com a arte urbana é completamente estriado e sufocado por linhas molares que o impedem de ter novas sensações.

Posso trazer essa mesma compreensão para a pichação (Figura 5.6). Se o artista urbano, ao fazer sua *tag* ou picho, traz consigo uma revolta e escárnio causados pela desigualdade social, pela monotonia da paisagem, pela opressão da cidade e pelo poder da propriedade privada, esse sentimento também poderia ser sentido pelo passante ao se deparar com a pichação. Aqui, teríamos *perceptos* similares, porém com razões diferentes. Diante da rejeição que o picho possui na sociedade, o sentimento de revolta do cidadão diante do picho passaria mais pela sensação de sujeira, degradação e emporcalhamento da cidade que o picho, na sua ótica, promove. Porém, compreendendo a sociedade contemporânea anteriormente discutida, agravado pela cultura brasileira de desprezo ou apropriação indevida da *res publica*, a pichação tem afetado no máximo aqueles que são diretamente atingidos por ela, ou seja, os proprietários dos imóveis contemplados por essa modalidade de arte urbana que, a depender de suas condições financeiras, fazem o possível para limpar o seu muro o quanto antes.

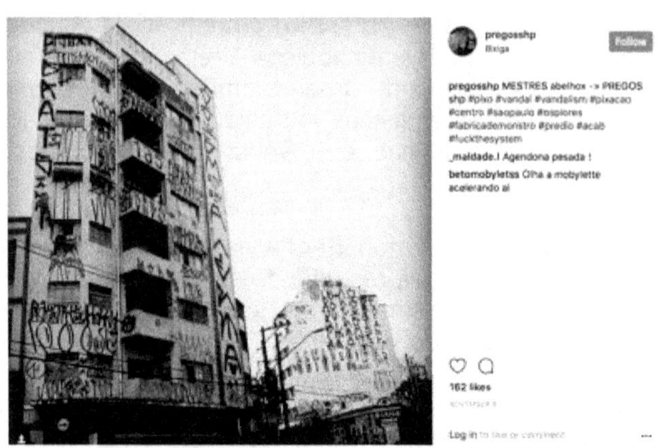

Figura 5.6: Pichações em prédios de São Paulo.
Fonte: Perfil *Instagram* de pregosshp. Acesso em 25/11/2017

Apesar de todos os artistas urbanos entrevistados exaltarem a importância da rua na produção de seus grafismos, todos ratificam a força das redes sociais[175] na divulgação de sua produção. É como se eles compreendessem de alguma forma que o olhar do espectador está muito mais atento a essas redes sociais do que às ruas. Inegavelmente, a dimensão da visibilidade de um grafismo nas redes sociais é muito maior do que se ela estivesse na avenida mais movimentada de São Paulo, porém o ponto de reflexão aqui está na importância que o artista urbano tem dado a esses novos meios tecnológicos de comunicação na discussão sobre a arte urbana e a cidade.

---

[175] Compreendo aqui as redes sociais como aquelas presentes no mundo virtual que possibilitam diferentes formas de interação: *Facebook, Whatsapp, Instagram, YouTube, LinkedIn* entre outras.

5.2.3 Precariedade do espaço público

Buscando melhor compreender a arte urbana no espaço público, resgatei um ponto crucial da teorização de Lefebvre (2013) que se refere às dimensões da produção do espaço[176]: os conceitos de percebido (*perceived space*), de concebido (*conceived space*) e de vivido (*lived space*). Na sua ótica, a produção do espaço urbano perpassa o cotidiano dos sujeitos que são e produzem tal espaço. Portanto, para entender o espaço e seu impacto na forma, estrutura e experiência vivida da vida cotidiana, ele identifica essas três dimensões para a sua produção, reconhecendo, outrossim, que o cotidiano é elemento fundamental na construção das cidades e nas formas idiossincráticas de produção desse espaço urbano.

O espaço percebido, comumente chamado de *ambiente,* compreende as práticas espaciais que revelam um aspecto perceptível do espaço, apreendido por meio dos sentidos humanos à escala do indivíduo e de seu grupo, da família, da vizinhança. Para Schmid (2012), essa percepção constitui um componente integral de toda prática social, compreendendo tudo aquilo que se apresenta aos sentidos. "Esse aspecto sensualmente perceptivo do espaço relaciona-se diretamente com a materialidade dos 'elementos' que constituem o 'espaço'" (p. 14).

O espaço concebido ou instrumental se refere às representações do espaço e não pode ser percebido sem antes ter sido concebido no pensamento de alguém. Essa concepção é feita de forma funcional, a partir de uma intencionalidade, como resultado do trabalho e da divisão do trabalho de acordo com um conjunto ou setor de atividade. A junção de elementos para formar um todo que é considerado ou designado como espaço presume um ato de pensamento que é ligado à produção do conhecimento. Para Lefebvre (2013), compreender o espaço concebido é o passo mais importante, pois, por meio dele, são reveladas as relações de poder das elites econômicas e políticas.

Por fim, o espaço vivido é o espaço de representações, com a experiência humana vivida nele. Essa dimensão significa o mundo assim como ele é experimentado pelo homem na prática de sua vida cotidiana. O espaço vivido extrapola qualquer tentativa de explicá-lo por uma análise teórica. Ele sempre é excedente, remanescente, incapaz de ser dito em sua completude. Talvez a arte seja a única forma de expressar seu mais valioso resíduo.

Essa tríade tanto é individual como social; de autoprodução do homem como de autoprodução da sociedade. Portanto, todas as três dimensões denotam processos ativos individuais e sociais ao mesmo tempo, atuando em uma interação dinâmica e interdependente. O espaço em suas três dimensões é inacabado. Assim, ele é continuamente produzido e isso está sempre relacionado com o tempo (LEFEBVRE, 2013; SCHMID, 2012; ZIELENIEC, 2016).

---

[176] A compreensão das dimensões da produção do espaço apresentada por Lefebvre (2013) é passível de várias críticas, questionamentos e confusões quando a discussão se restringe a uma base teórica e conceitual (Harvey, 1992; Soya, 2000; Shields, 1999; Elden, 2004). Sigo, portanto, a recomendação de Schmid (2012) de ir além da filosofia e da teoria lefebvreanas, em busca pelo aprimoramento da análise empírica, pela aplicabilidade prática e pela ação.

Embora esta não seja uma análise abrangente, é oportuno compreender a complexidade da produção do espaço urbano para também compreender a atuação da aliança entre Estado e capital, já detalhada no capítulo 2. O espaço, para Lefebvre (2013), é tanto um produto como um processo de atividade social dentro das estruturas e hierarquias das sociedades cada vez mais sujeitas a uma revolução urbana capaz de desestabilizar o poder hegemônico.

Como mencionado, Lefebvre (2013) afirmava que o elemento dominante de sua tríade é o espaço concebido, que está sob as linhas de controle do capitalismo. Ele reflete as necessidades e prioridades das finanças, do capital e das elites com o poder. Assim, o espaço é produzido por meio de tentativas de moldar, representar e dominar, a partir de ideias e valores difundidos pela modernidade. E é em oposição a essas condições, que foram determinantes para a composição do cenário das grandes cidades, que surge a arte urbana, relembrando sua origem reivindicatória nas ruas do Brooklyn, em Nova York.

Aplicando essa compreensão lefebvreana ao campo da arte urbana, identifiquei como o espaço público tem sido percebido por artistas urbanos. No contexto de uma metrópole como São Paulo, ele é normalmente associado à violência, à inospitalidade, à monocromia, à insegurança e, tantas vezes, ao abandono. Isso foi também contemplado no capítulo 2, ao tratar especificamente do discurso da arte urbana enquanto crítica ao Estado e ao capital. Nesse momento, o resgate histórico denunciou como nosso espaço urbano foi moldado a partir de uma lógica escravocrata, industrial e mercantilista, cujas piores consequências se materializam hoje em precárias condições de vida da grande parcela da população brasileira.

No que se refere ao espaço público, é recorrente a queixa de que a cidade estabelece um diálogo cru e seco com a sociedade: sinalização de trânsito, propagandas com frases imperativas, espaços públicos de passagem, de fluxos e de infraestrutura para garantir a funcionalidade da cidade[177]. Como consequência, o urbano prioriza o maquínico em detrimento do humano.

A crítica no discurso da arte urbana está pautada na responsabilidade do Estado e dos interesses do capital pela concepção, em especial, do espaço público, uma vez que são as elites econômicas que estão ocupando os cargos públicos com a incumbência de projetar a cidade. Porém, resgatando o princípio da multiplicidade rizomática abordado por Deleuze e Guattari (2000), temos as linhas molares de uma marionete que operam nas decisões dos ocupantes desses cargos públicos, que, por conseguinte, operam e são operadas por outras linhas e assim sucessivamente em diversos sentidos. Não há pontos de responsabilidade, mas esta se faz presente por meio de linhas e fluxos.

Nesse contexto, temos a desigualdade social como uma das consequências mais perversas da primazia dos interesses daqueles que detêm o poder. Às elites que concebem o espaço planejado das grandes cidades, o Estado se faz mais presente, mas não necessariamente eficiente. Temos aqui uma menor parte da cidade que passa a sensação de que funciona e apresenta melhores condições de qualidade de vida, a qual denominei, *lato senso*, de *centro*. Por outro lado, temos o

---

[177] Vídeo 58 do Apêndice B.

grande espaço da cidade que o Estado não concebe – e nem delega à iniciativa privada – mas que, devido à sua negligência, é concebido, tantas vezes de forma precária, pelo cotidiano daqueles que ali vivem, aproximando o espaço concebido com o vivido. A essa condição chamei de *periferia*.

Argumentei anteriormente que, portanto, uma possível justificativa para a expansão da arte urbana no Brasil está no fato de o Estado – tanto nas áreas mais planejadas da cidade como naquelas relegadas – ter exercido um poder de controle bastante precário, possibilitando que a arte urbana, inicialmente transgressora, tivesse condições favoráveis de sua expansão e aprimoramento, tanto para a pichação como para a grafitagem.

A pichação assume o discurso da distopia, do reforço à negação, de que essa realidade não vai mudar e, uma vez que a cidade não oferece condições dignas de sobrevivência, ela se torna uma arte-protesto, arte-guerrilha, uma transgressão, uma ilegalidade, uma manifestação do caos ou, ainda, uma válvula de escape para uma possível falta de sentidos.

Por outro lado, a grafitagem traz normalmente consigo um discurso mais esperançoso de provocar mudanças positivas no cinza, no desumano e no hostil da cidade. Nesse sentido, com uma visão esperançosa sobre a possibilidade de mudança dessa realidade, a artista Brígida Campbell ainda acredita que a arte urbana pode ser capaz de mudar esse cenário:

> Pensar que o espaço público, a rua, as calçadas, os parques não são apenas lugares de passagem, mas lugares que têm significado e podem ser ocupados poeticamente, mas que a pessoa possa estar lá e não apenas passar por lá. Pelo menos, acredito assim que a arte pode entrar nesse campo arenoso do imaginário e produzir novos valores simbólicos. Valores simbólicos diferentes desses que essa cultura urbana das grandes cidades vem impondo: da pressa, da necessidade de grana, do transporte, do deslocamento. Eu acredito que a arte posse ressensibilizar o espaço e as pessoas[178] (CAMPBELL, *Diverso – Arte Urbana*, 2014).

Em paralelo, percebo iniciativas acanhadas e controladas do poder público em reverter esse quadro. O maior exemplo está na Avenida Paulista, quando a prefeitura resolve fechá-la aos domingos para a circulação de automóveis, tornando-a um grande calçadão (Figura 5.7). A quantidade de frequentadores e a diversidade de atividades realizadas na avenida interditada já revelam o sucesso da iniciativa e a existência de uma demanda reprimida desejosa de viver a cidade mais intensamente, aproveitando o espaço público e ocupando áreas que, normalmente, são de uso exclusivo de veículos. Porém, para o professor Lúcio Machado da Faculdade de Arquitetura e Urbanismo da USP, "há outras regiões da capital, sobretudo o centro, que deveriam ser alvo de atenção semelhante" (VEJA – SÃO PAULO, 2017c).

Resgato aqui a visão de Lefebvre sobre a cidade ideal apresentada por Harvey (2012) e a adapto ao cenário da Avenida Paulista dominical com adultos e

---

[178] Vídeo 48 do Apêndice B.

crianças circulando na rua, diversas atrações como luta livre, ginástica, malabarismos, cantores de rua, bolhas de sabão gigantes, ou, simplesmente, "um tempo evidente para desfrutar de conversas" (HARVEY, 2012, p. 4).

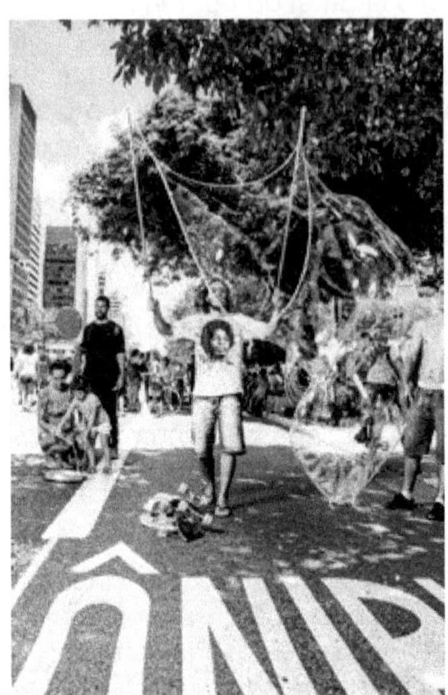

Figura 5.7: Bolhas de sabão gigantes feitas pelo coletivo Monster Bubbles.
Fonte: VEJA – SÃO PAULO (2017).

Apesar de a ação ser restrita a uma avenida em apenas um dia na semana, não posso desmerecer a sua relevância em especial por acontecer em uma metrópole dominada por forças à produção, ao capital, aos fluxos e à velocidade.

Graham e Marvin (2001) nos alertam para a infraestrutura necessária que viabiliza essas forças dominantes. O desenho de cidades funcionais na era da globalização, em que se prioriza uma geometria de conexões próximas e distantes, garante a canalização, o armazenamento, o processamento e a redistribuição de fluxos de energia, água, comida, dinheiro e pessoas. Com um foco na infraestrutura urbana, Graham e Marvin (2001) fornecem uma maneira particularmente dinâmica de ver as cidades, cujo foco analítico está nos fios, dutos, túneis, ruas, rodovias e redes técnicas que cruzam cidades, ratificando a ideia de que o urbanismo moderno prioriza processos sociotécnicos e produz desigualdades sociais – uma vez que essa infraestrutura não beneficia a todos igualmente – e da fragmentação da vida humana na cidade como um conjunto de experiências isoladas.

Para Mumford (1998), é preciso resgatar a cidade como um espaço da diferença. Diante da fragmentação, da divisão vocacional, da funcionalidade e da segregação social, é necessário, principalmente, unir os fragmentos da personalidade humana, transformando homens artificialmente mutilados – burocratas, especialistas, peritos, agentes despersonalizados – em seres humanos completos, reparando os danos que foram causados, se possível.

Porém, nessa discussão sobre o espaço percebido, concebido e vivido, público e privado, minha investigação acrescentou outras dimensões que já vêm sendo bastante discutidas: a material e a virtual. Por mais que eu procurasse diversas fontes para somar ao já coletado, as redes sociais e os arquivos disponibilizados nas mídias digitais sinalizavam que a arte urbana assumia novos fluxos, ocupando de forma expressiva o ambiente virtual e se apropriando das redes sociais como um importante meio de interação com a sociedade e exposição de sua produção, tanto para pichadores como grafiteiros.

É recorrente a discussão sobre o espaço público ao estudar a arte urbana, até mesmo quando os artistas começam a atuar em outros espaços como museus, galerias e lojas, gerando um fervoroso debate sobre a ocupação da arte urbana em espaços públicos e não públicos. Mais complexo ainda é quando os grafismos invadem o ambiente virtual, trazendo também à tona novas discussões: a realidade da vida virtual, a sociabilidade digital, novo estatuto entre público e privado, a Internet como *terra de ninguém*, a legislação de controle e monitoramento de práticas em ambientes virtuais, direitos autorais na Internet, a liberdade de expressão nas redes sociais, o material e o virtual por meio da inteligência artificial, entre outros.

Compartilhando a visão de Diógenes (2014), "os desenhos e letras que pareciam anunciar-se eram sucessivamente apagados das paredes, assumindo planos de continuidade nos ambientes digitais" (p. 2). Meu olhar para a rua se alternava com o olhar para as vias do ciberespaço, onde um mesmo grafismo também se fazia presente nos dois mundos, sobrepostos e em diálogo.

Inicialmente, busquei a compreensão de que a arte urbana, diante das condições presentes nos espaços públicos das grandes cidades, migrava da ilegalidade em rotas de fuga para o ambiente virtual, assumindo, assim, novas territorialidades até então pouco estriadas. Aos poucos, à medida que ia compreendendo esse fluxo que me permitia conectar a vários outros rizomas, percebi também que a grafitagem e a pichação seguiam sentidos diferentes. Por meio de relatos de artistas urbanos, a grafitagem – autorizada ou não – seguia mais por linhas e conexões molares. A busca pelo virtual era normalmente justificada como um portfólio digital em que a produção do artista urbano era exposta, dando-lhe maior visibilidade e possibilidade de novos trabalhos, em uma lógica muito mais mercadológica que legal/ilegal. Isso já estava tão evidente que até as "ações sociais" de artistas urbanos, na verdade, não eram nada além de um atributo para compor o seu portfólio digital.

Em entrevistas com grafiteiros, percebi que o produto final de sua produção não é o grafite na rua, mas a fotografia que se tirava de sua produção e postava nas redes sociais. O grafite é apenas um presente para a cidade. Durante as entrevistas, inclusive, alguns artistas solicitaram que eu acessasse seu perfil no Instagram e curtisse seu último trabalho.

No caso da pichação, seus registros nas redes sociais são justificados mais pelo caráter da *memória* e do fortalecimento da rede, diante de uma existência tão precária dessa arte e, inclusive, desse artista na vida material. Nos vídeos *Paredes que Gritam*[179] e *Luz, Câmera, Pichação*[180], entrevistados destacam o caráter da

---

[179] Vídeo 4 do Apêndice B.
[180] Vídeo 58 do Apêndice B.

perenidade da arte urbana no mundo digital, afirmando que a foto e a rede são formas de perpetuação e que, quando se busca ter uma história do movimento, se recorre a esses meios e instrumentos. O uso das ferramentas virtuais serve como memória, para conectar pichadores espalhados pelo mundo e para compartilhar técnicas e estilos. Na Espanha, por exemplo, o movimento da pichação é muito intenso, porém mais parecido com o picho praticado no Rio de Janeiro: estilo *bomb*. Atualmente, o seu perfil no Instagram é alimentado por ele e mais quatro pichadores no Brasil.

Sempre que perguntado se a experiência da rua é menos importante que a publicação nas redes sociais, nenhum pichador entrevistado afirmou isso. Pelo contrário, a adrenalina da rua, do perigo e da ilegalidade é única e insubstituível. Uma sensação que a internet não é capaz de proporcionar. Ainda.

Outro ponto que merece destaque é que a internet possibilita algo que a velocidade e a fuga da pichação não permitem no mundo material: a interação com a sociedade. Nesse sentido, o total de curtidas, *likes* e comentários obtidos pode estabelecer uma nova dinâmica na relação da arte urbana com a(s) cidade(s).

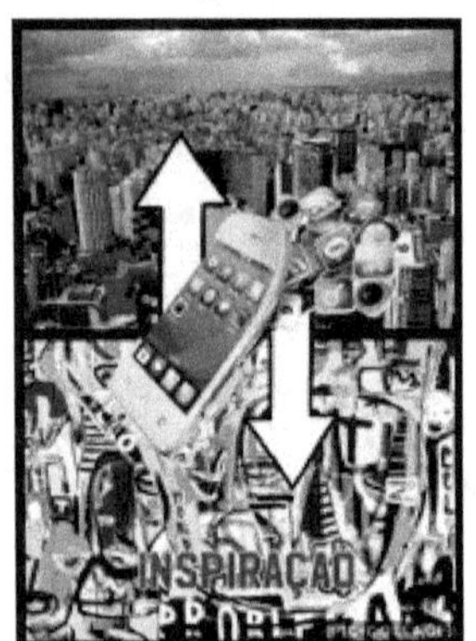

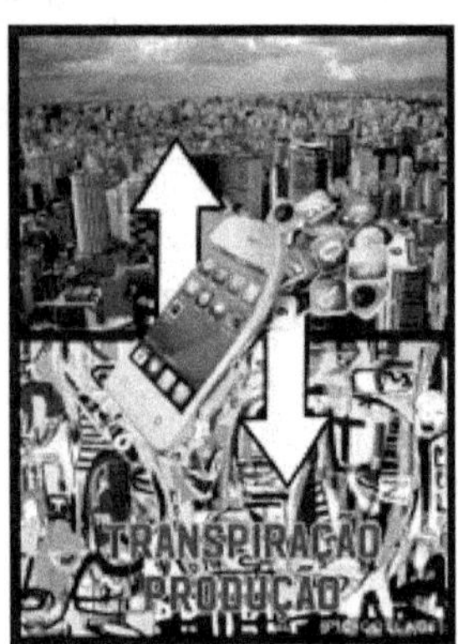

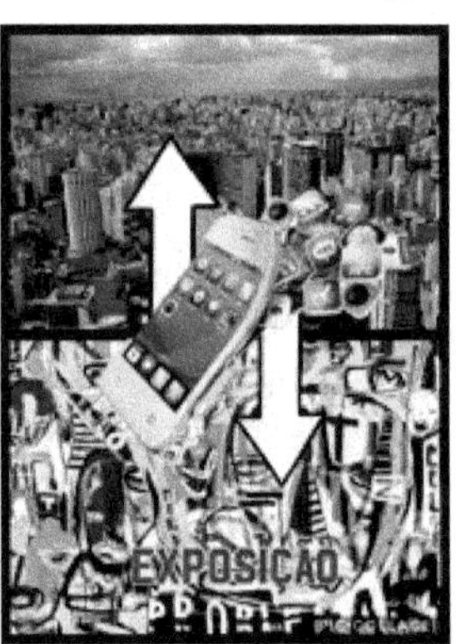

Figura 5.8: Novas relações da arte urbana com a cidade mediadas por tecnologias de comunicação.
Fonte: O autor (2017).

Portanto, com a intermediação de novas tecnologias, é preciso pensar que a cidade pode continuar sendo uma importante fonte de inspiração para os artistas urbanos, porém sob o efeito de novas influências (Figura 5.8).

Como consequência do mundo interconectado, Augè (2010) apresenta um dos paradoxos da contemporaneidade com os conceitos de *mundo-cidade* e *cidade-mundo*. No primeiro, temos uma circulação ininterrupta de homens, mercadorias e mensagens em que as distâncias são encurtadas a ponto do mundo ser representado como uma grande cidade. Virilio *apud* Augè (2010) compreende essa realidade como uma *metacidade virtual* com vias de circulação e redes de comunicação capazes de tornar o mundo homogêneo por meio de empresas onipresentes, de urbanistas globalizados, de implosões culturais e de controle generalizado. Paradoxalmente, na cidade-mundo, há o incentivo às diferenças e às desigualdades. Nela, estão os problemas que avançam com a história: contradições, conflitos e tensões oriundos de desigualdades que se materializam, por exemplo, em condomínios fechados, em uma realidade artificial, ao lado de comunidades populares, sociedades marginalizadas. Nunca a clausura e o isolamento foram tão intensos em um mundo-cidade em que tudo circula, é conectado e uniformizado.

Sendo assim, em uma antevisão catastrófica, caminhamos para o que Virilio (1999) chama de *hipercidade* ou cidade do mundo. Nela, o espaço/tempo está totalmente urbanizado, enquanto a cidade material passa por um processo inverso de desurbanização. A hipercidade é a cidade de todas as cidades em que as cidades materiais importantes tornam-se vilas e as demais tornam-se subúrbios. Teríamos, mais adiante, um hipercentro, ocasionando o posterior empobrecimento de todas as cidades materiais.

Para Virilio, vivemos em uma sociedade dromoscópica, caracterizada pela tirania da velocidade, em que os indivíduos passam a ser classificados como *dromoaptos* ou *dromoinaptos*. Para ele, existe uma intensa relação entre velocidade, tecnologia e estruturas de poder que estão totalmente interligadas e se reforçam mutuamente (HOOFD, 2004).

Nesse contexto da velocidade, a arte urbana parece que se adapta e responde à dinâmica da velocidade[181]. Observando a história da arte, as pinturas sobre a parede *A Criação de Adão* de Michelangelo e a *A Última Ceia* de Leonardo da Vinci levaram três e quatro anos, respectivamente, para serem concluídas. Atualmente um mural de Kobra, a depender do tamanho, leva em média um mês e as *tags* dos pichadores não possuem mais do que alguns minutos para serem concluídas.

Para os artistas entrevistados, a rua permanece com a sua importância para a produção da arte urbana, tanto como fonte de inspiração, como de ambiente de produção e meio de exposição. Porém, quando questionados sobre a possibilidade extrema de surgir uma arte urbana totalmente virtual, sem territorialidade, produzindo grafismos em computadores ou *smartphones*, a partir de imagens da cidade (reais ou produzidas), já se começa a pensar que é possível que isso aconteça no meio da pichação, uma vez que a sua produção, tantas vezes, envolve perigo e há uma busca incessante de reconhecimento pelos pares. Hoje, muitos pichadores já tentam conquistar notoriedade apenas com o excesso de publicações no Instagram. Isso pode gerar falsos artistas urbanos, confundindo aqueles que atuam no segmento, na rua.

Sei, entretanto, que essa possibilidade de total virtualidade da arte urbana é cada vez mais concreta, o que, no contexto do ciberespaço, não deixaria de continuar sendo arte urbana, apenas acrescentando mais elementos para a discussão sobre o que é arte e o que é urbano. É preciso, portanto, rever a arte urbana e sua discussão sobre a exposição no espaço público ou privado. A dimensão virtual promove um embaralhamento de imagens e as vias de conectividade virtual incorporam, gradativamente, as funções da rua. O espaço de exposição não é apenas o muro, mas, prioritariamente, a tela que desliza infinitamente nos dedos dos cidadãos conectados, por meio de suas *timelines*.

Quanto às possibilidades de produção, trago o caso particular da Finlândia,

---

[181] Isso não possibilita afirmar que os artistas urbanos sejam dromoaptos.

país reconhecido mundialmente pela sua evolução no campo da inteligência artificial (MINISTRY OF ECONOMIC AFFAIRS AND EMPLOYMENT OF FINLANDY, 2017). À medida que o governo finlandês, por meio do Ministério da Economia e do Emprego, investe em pesquisas na área com o objetivo de ofertar melhores serviços públicos, a inteligência artificial se fortalece e começa a atuar em outros segmentos, a exemplo da empresa Nvidia, que atua no ramo da computação gráfica. A partir do desenvolvimento de *games*, a empresa já é capaz de simular pessoas, objetos e cenários no computador com tamanha perfeição que é praticamente impossível a um olho humano diferençar o real do virtual. Para isso, a própria empresa desenvolveu, também, uma ferramenta que facilita esse reconhecimento e faz a distinção entre o original e o *fake* (NVIDIA, 2018).

Uma vez que o segmento da arte urbana tem recorrido tanto ao mundo virtual – como forma de registrar suas ações, fugir da ilegalidade, estabelecer redes de contato ou formar um portfólio digital do artista – essa relação da arte urbana com a cidade, mediada pelas novas tecnologias, passará ainda por muitas mudanças tanto materiais, como reais e virtuais.

Normalmente, quando se mencionava a relação do artista com o público, os artistas urbanos explicavam que isso acontecia muitas vezes durante a própria produção do grafismo na rua e que esse contato era mais acentuado na periferia que no centro. Porém, com o ambiente virtual, as relações acontecem em outra ordem e essa noção de centro e periferia perde sentido. No ciberespaço, essas relações ocorrem a partir de outras configurações, na atopia – com a ausência de lugar, de território e de corpos – tornando muito mais complexa a compreensão, pois as fronteiras físicas e simbólicas estão sendo desenhadas por outras linhas molares.

Interessante perceber que os artistas urbanos, cada vez mais, sentem a necessidade de dominar técnicas que vão além da pintura no muro, mas de fotografia, de edição de imagens e de publicação nas redes sociais. Nessa perspectiva, se a sociedade está cada vez mais cabisbaixa, é preciso observar a direção desse olhar, sabendo que essa postura já é um efeito da modernidade. Atuar no ciberespaço é, portanto, o não território liso e estriado em mutação muito mais veloz que o material, ainda sem fronteiras bem definidas. É o metal em estado líquido do centro da terra, um estado de potência pura para Deleuze e Guattari (1997), que se virtualiza tanto em ferramenta como em arma-afeto, como dois lados de uma mesma moeda.

Ao pesquisador com olhar aguçado, sugiro acompanhar o desenvolvimento desses novos fluxos da arte urbana em linhas molares, moleculares e de fuga no espaço virtual. Essa compressão espaço-temporal – marcada pelo fluxo incessante de toda sorte de coisas e pessoas – configura um cenário altamente desafiador que não pode mais ser compreendido a partir da utilização de referências, sejam elas científicas ou políticas, balizadas por valores como estabilidade ou fixidez.

5.3 Linhas moleculares de esperança

O historiador Francisco Jarauta, ao analisar o espaço concebido das cidades e sua relação tantas vezes de imposição para com a arte urbana, detalha:

> A cidade moderna é a expressão da comunidade, da sociedade moderna. E querem intervir na arte quando desenvolvem seus projetos de intervenção urbana com outros critérios. Não representam a memória, talvez falem mais do futuro, talvez sejam signos, intervenções que fazem pensar a quem visita, a observa. [...] É possível outras cidades[182] (JARAUTA, *Diverso – Arte Urbana*, 2014).

Grosso modo, percebo que as críticas à modernidade no contexto brasileiro, enquanto produção de espaço, normalmente consideram o espaço planejado – com maior intervenção do poder estatal – como fragmentado, funcional e desumano, e as grandes áreas de expansão desordenada – onde o Estado pouco atua – como uma anomalia, produto de uma sociedade desigual e injusta.

Vejo, portanto, que o cenário desenhado das metrópoles brasileiras destaca uma desigualdade social sem precedentes, com uma intensa polarização interna. No centro, há uma ecologia do medo que institui uma obsessão pela segurança e vigilância. Nesse contexto, as pessoas optam por viver confinadas em espaços fechados e "seguros", artificializando a vida na cidade (*shopping centers*, condomínios fechados, parques fechados de diversão). A periferia é normalmente associada à vida que agoniza devido às precárias condições de moradia, de lazer e de trabalho. Aqui, interpreto essas grandes áreas predominantemente pobres como espaços de possibilidade para o surgimento de revoluções selvagens que, para Deleuze e Guattari (1997), ocorrem quando os aparelhos de captura, em um primeiro momento, não demonstram interesse em aprisionar os fluxos não codificados que ali se encontram.

Porém, é oportuno explicar que, para os autores, não seriam as condições de pobreza periférica – num contexto mundial –, consideradas o refugo do sistema, as mais adequadas para as revoluções selvagens (PURCELL, 2013). Eles destacam, outrossim, que os espaços em que o planejamento urbano – público ou privado – ainda não é tão determinante em sua concepção como aqueles que oferecem melhores condições para o surgimento de novas subjetividades, fluxos de desejos (MIDWOOD, 2016; PURCELL, BORN, 2016; MOHAMMADZADEH; 2010).

Lefebvre (1999), ao considerar a cidade como campo de disputa, disserta que esse cotidiano aprisionador é produto de uma *sociedade terrorista* controladora, manipuladora, que restringe as liberdades civis e que intervém na ação do Estado, orientando suas iniciativas na concepção de espaços, a partir de uma lógica tecnocrática.

De fato, esse olhar crítico e perturbador não pode ser desconsiderado, como também os reflexos negativos da modernidade na arte urbana, porém alerto para a necessidade de trazer novos olhares para o fenômeno urbano e perceber que, em um cenário em que o Estado e o capital ainda não aprisionaram todos os códigos sociais, ainda existem espaços vazios de produção rebelde em movimento, capazes de desestabilizar o cotidiano hegemônico, o poder instituído, as axiomatizações e a passividade do cidadão contemporâneo.

---

[182] Vídeo 48 do Apêndice B.

Resgato para a análise, portanto, as premissas discutidas a partir da hipótese inicial, porém percebendo que, em cada uma delas, há ainda espaços em que as influências da modernidade – a partir da lógica do capital com o aprisionamento da vida ao cotidiano hegemônico – se fazem mais presentes por meio de excludências do que de atuações coercitivas. Esses espaços possibilitam o surgimento de revoluções urbanas (para Lefebvre) ou selvagens (para Deleuze e Guattari), no nível micro, da experiência vivida pelo indivíduo, que seriam, na minha ótica, linhas moleculares de esperança a partir do movimento da arte urbana (Figura 5.9).

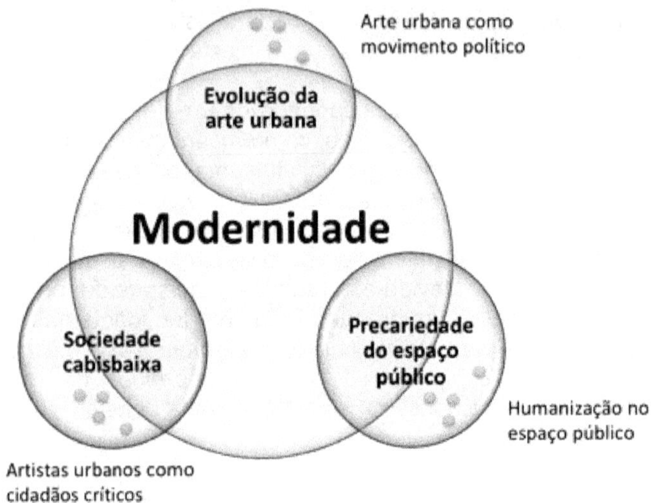

Figura 5.9: Linhas moleculares de esperança em espaços de exclusão.
Fonte: O autor (2018).

Dessa forma, realizando o ciclo transdutivo, chego ao aprimoramento do pensamento inicial, afirmando que os problemas sócio-espaciais das metrópoles brasileiras contemporâneas são recorrentes no discurso dos artistas urbanos e, apesar de a sua produção artística não ter provocado na sociedade as devidas reflexões críticas a respeito, ainda existe potência de transformação sócio-espacial na arte urbana que não está aprisionada pelos efeitos da modernidade.

5.3.1 O regresso às origens

Voltando ao processo investigativo, iniciei observando como a arte urbana tinha sido capaz de interferir na construção espacial da cidade moderna (o espaço concebido em processos de estriamento de território) e, consequentemente, tinha afetado a vivência do cidadão (os espaços percebidos e vividos). Percebi que a crítica à modernidade, por meio do movimento da arte urbana, se voltava prioritariamente ao centro, talvez devido à sua maior visibilidade para a exposição artística, à concentração dos fluxos de passagem, à atração de turistas ou simplesmente ao fato de ser o *habitat* da elite econômica – público-alvo para aceitação ou ataque dos artistas urbanos – deixando em segundo plano a realidade da periferia, como já mencionou o educador Rui Santana[183].

No que se refere ao olhar ao centro em detrimento da periferia, à medida que eu aprofundava a pesquisa, me distanciava do espaço mais fecundo, gerador de artistas urbanos, e ia sendo conduzido pelos pensamentos discutidos, tanto pelos teóricos escolhidos como pelas evidências encontradas no *corpus*. Porém, agora, regresso à periferia por perceber que, quando procuro linhas moleculares de esperança de transformação da realidade moderna, as sementes têm brotado em maior intensidade nas periferias das metrópoles brasileiras, mediante uma série de ações que, juntas e sinérgicas, assumem maior robustez: o movimento *hip-hop* com a arte urbana, a instalação de rádios comunitárias, o surgimento de uma nova *cultura da periferia* com uma produção artística mais autoral, o debate mais intenso sobre o direito à cidade, a busca de alternativas para resolver problemas urbanos (nem sempre dentro da "ordem" e da "legalidade"), entre outros.

Lefebvre (2013), ao discutir a implosão de espaços, afirma que nem o Estado nem o capital conseguem evitar o espaço caótico e contraditório que eles próprios produziram. O espaço abstrato, resultado da produção do trabalho social abstrato, abriga internamente velhas contradições, que permaneceram ao longo da história, e principalmente novas contradições, concernentes aos modos atuais de produção capitalista. Dessas contradições, surge a implosão de espaços, gerando o espaço diferencial, com potencial de mudança social por meio da luta, que procura manter ou resgatar o valor de uso do espaço, resistindo à tendência em transformá-lo unicamente em valor de troca.

Nesse sentido, Costa (2003) explica que as forças que geraram o espaço abstrato procuram dominar o cotidiano completamente, mas sem sucesso. Sendo assim, a estratégia adotada é subjugar, algemar e escravizar o que não está aprisionado à logica do capital. Dessa forma, é na relação entre as forças geradoras desse espaço e a dinâmica social que impede o seu domínio completo que Lefebvre constrói sua teoria de práxis sócio-espacial e convida o interlocutor a não focar o espaço enquanto objeto, mas o processo que o gerou, contemplando a sua dimensão política em teoria e prática.

Percebo, então, que posso encontrar um cotidiano ainda não completamente aprisionado na periferia da cidade. Ao resgatar relatos de artistas urbanos como Ignoto, Subtu, Paulo Ito, Bruno Perê, Mauro Neri e Omeira, identifico um comportamento diferente da periferia em comparação com o centro, nesse caso com maior receptividade da periferia para a produção da arte urbana. Além disso, percebo o fato de as pessoas pararem e dialogarem com os artistas urbanos quando estão em produção, como se a população tivesse uma experiência diferente com o espaço público (o espaço vivido), em comparação com a experiência das pessoas no centro.

Isso pode ser justificado pelas particularidades que a periferia mantém por se situar em condição de exclusão ou por ainda não receber tão diretamente os impactos da modernidade no que se refere especialmente ao desenho e à construção de seus espaços. Contudo, não posso afirmar que tais espaços sejam

---

[183] Vídeo 139 do Apêndice B.

totalmente lisos. No máximo, compreendo que, neles, o estriamento do planejamento urbano ainda se faz de forma bem precária.

Ignoto[184] explica que, enquanto está produzindo um grafite na periferia, as pessoas passam, cumprimentam, dialogam e oferecem até comida. Outros moradores passam, oferecem seu muro e ficam orgulhosos com o trabalho impresso em suas paredes. Na sua ótica, apesar de o centro ser o espaço mais procurado pelos artistas urbanos, é na periferia que há a maior carência e, por consequência, a receptividade e o acolhimento ao artista são muito maiores.

Subtu[185], já apresentado anteriormente, interage com a comunidade a partir de uma ação social, ao perceber que a grafitagem pode substituir o planejamento urbano nas comunidades carentes, pelo menos como um sinalizador ou diferenciador de becos e vielas ainda não ordenados, nomeados e numerados pelo poder municipal, facilitando a circulação dos moradores e visitantes na região.

Nessa relação de hostilidade *versus* aceitação, Paulo Ito[186] discute que o caráter transformador e de reflexão do grafite está muito mais na periferia do que no centro. Para ele, nos bairros nobres da cidade, as pessoas são mais hostis por se sentirem donas da rua.

Bruno Perê[187] traz esse mesmo entendimento, reforçando que a interação com a comunidade na periferia é diferente, a ponto de ele se sentir um agente social, um agente político capaz de promover mudanças na vida das pessoas que ali vivem.

De forma ampliada e com um trabalho social bem consolidado, Mauro Neri não abandona a periferia e desenvolve vários projetos com a comunidade do Grajaú. Ele explica que pinta todos os dias e tem consciência de que o Imargem tem sido uma ação transformadora na vida de muitas pessoas do Grajaú e arredores. Pessoas que antes não tinham acesso à arte agora conseguem ter e percebem que a arte pode promover mudanças, com a geração de renda, na atuação política, no zelo pelo espaço público entre outros.

Relembro também Omeira, que, apesar de trazer consigo fortes apelos mercadológicos, não deixa de ter orgulho do impacto de seu trabalho em comunidades mais simples. Ele tem um projeto postado no Instagram referente à pintura das escadarias próximas ao Sesc Registro, uma intervenção artística com inspiração na fauna e na flora do Vale do Ribeira. Essas escadarias estão na memória afetiva da comunidade, pois, de acordo com relato de moradores, elas eram um espaço de convivência que estava maltratado, onde crianças brincavam, pessoas se encontravam, muitos jovens se conheciam e namoravam. Levar a arte urbana para esse espaço não é apenas produzir um grafite, é resgatar histórias, elevar a autoestima daquelas pessoas, tornar mais belo um ambiente tantas vezes esquecido que se encontra na periferia de grandes centros.

---

[184] Vídeos 18 e 92 do Apêndice B.
[185] Vídeo 4 do Apêndice B.
[186] Vídeo 17 do Apêndice B.
[187] Vídeo 4 do Apêndice B.

Em 2014, no seminário *A Periferia no Centro: cultura, narrativas e disputas* – organizado pela revista *Fórum*, em parceria com o Museu de Arte Moderna (MAM), IG e a Prefeitura de São Paulo – o ministro da Cultura Juca Ferreira enfatizou a relevância da periferia para a cultura do País, por abrigar uma profusão de eventos culturais, apesar do pouco reconhecimento e visibilidade (HAILER, 2014).

Nesse sentido, Nascimento (2011) explica que existe uma cultura que surge na periferia, protagonizada por cidadãos que estão à margem da sociedade. Ela está associada à transformação social, à valorização estética e à articulação política. Reúne um conjunto simbólico próprio dos membros das camadas populares que envolve modo de vida, comportamentos coletivos, valores, práticas, linguagens e vestimentas. No *Manifesto da Antropofagia Periférica*, uma atualização marginal do *Manifesto Antropofágico* de Oswald de Andrade (1928), Vaz (2007)[188] detalha:

> A periferia nos une pelo amor, pela dor e pela cor. Dos becos e vielas há de vir a voz que grita contra o silêncio que nos pune. Eis que surge das ladeiras um povo lindo e inteligente galopando contra o passado. A favor de um futuro limpo, para todos os brasileiros.

Para Almeida (2011), a antropofagia periférica parece deglutir a cultura culta, transformando-a em arte-vida, a partir da experiência cotidiana de quem a produz. Essa produção não é praticada apenas para que se alcance o reconhecimento pessoal do artista, mas ela tem uma finalidade política tanto para quem a produz como para quem a consome.

No que se refere ao entendimento de periferia, relembro como os artistas urbanos, em especial os pichadores, fazem uma inversão de estigma (PEREIRA, 2010). Eles remetem à "quebrada" uma conotação positiva, que evidencia o espírito de pertencimento, de participação de um *ethos* que inclui tanto a capacidade de enfrentar as difíceis condições de vida, como pertencer a uma sociabilidade em que se compartilham gostos e valores. Com isso, há um fortalecimento da autoestima e, por meio da arte urbana, uma forma particular, legal ou ilegal, de o cidadão marginalizado e periférico se sentir atuando na sociedade, atenuando a sua invisibilidade social.

Sendo assim, o artista urbano, quando se volta para a periferia, tendo a consciência de que pode ser um agente político-social transformador, traz em sua arte uma potência de arma-afeto que pode aparecer em tom de denúncia das condições da periferia (violência, pobreza, precariedade na infraestrutura, negligência do poder público, má distribuição de renda) como também em implementação de ações sociais cujos resultados objetivos e subjetivos promovam melhoria da qualidade de vida.

Aqui, o cidadão da periferia, cabisbaixo, oprimido e de movimentos contidos e disciplinados pode deixar a condição de fragilidade, passividade e alheamento e

---

[188] Sérgio Vaz é um dos fundadores da Cooperativa Cultural da Periferia (Cooperifa) e foi um dos idealizadores da *Semana de Arte Moderna da Periferia*, que ocorreu entre 4 e 11 de novembro de 2007, reunindo vários coletivos culturais, de diferentes expressões artísticas que se identificavam com esse movimento mais amplo que vem sendo chamado de *cultura de periferia* (ALMEIDA, 2011).

começar a se destacar na sociedade por meio de sua arte, enquanto ainda não estiver lentificado ou paralisado pelos aparelhos de captura.

D'Andrea (2013) acrescenta a esse entendimento um olhar crítico a partir do viés mercadológico. Na sua ótica, essa potencialidade é marcada por uma ambivalência que traz consigo tal sentido emancipatório, que busca diminuir a posição de subalternidade, valorizando as formas de ser dessas população. Por outro lado, essa potencialidade tem sido cada vez mais capturada pelo mercado a partir da melhoria do poder de consumo das classes mais pobres, consideradas agora *o pobre que venceu na vida* e o *periférico que virou classe C*:

> é nesse registro que se pode entender a disputa, nos últimos anos, do chamado mercado de consumo popular, construindo as figuras mercadológicas da assim chamada "classe C", junto com a celebração festiva da dita "nova classe média", emergente e consumidora (p.10).

Porém, Sané (2003) alerta para o perigo de colocar a pobreza nessa condição de melhorada, acrescentando termos relativos. Isso só a torna "indefinível e incurável" (p. 29). Isso nos coloca numa condição tolerável de aceitar a sua existência. Dessa forma, esse enfoque relativista em nada resulta, além de determinar uma linha arbitrária para a definição da pobreza, a ser adotada como um horizonte artificial.

Sobre a arte e o artista, Deleuze e Guattari (1999) desenvolvem o conceito de *corpo sem órgãos*, extraído de Antonin Artaud[189], que trata da liberdade criativa do homem e, paradoxalmente, do processo quase que natural de sua apreensão mediante a funcionalidade dos órgãos. Em uma metáfora, essa apreensão se dá como uma força da gravidade que puxa o homem, com seu corpo orgânico, para baixo, para o incômodo de sua existência, para a paralisação ao longo do tempo, para o envelhecimento. Na prática, essa força fragmenta e controla o corpo, a partir de uma lógica hegemônica, e estabelece funções aos órgãos (a mão que labuta no escritório, o pé que conduz ao trabalho, os olhos que monitoram a produção, a boca que estimula o consumo), tirando-lhe a unicidade do ser, a liberdade da criação, do movimento (a mão que pode pintar, o pé que pode dançar, os olhos que podem descobrir, a boca que pode cantar). Portanto, o corpo sem órgãos é o homem em potência de vida, em liberdade de fluxos, em metamorfose, o estado de devir.

Para a arte, o corpo sem órgãos é a potência de descobrir e criar, sem os controles impostos pela sociedade mediante práticas totalitárias oriundas de esferas educacionais, religiosas, políticas entre outras. Tais controles são a força da gravidade que aprisiona o cidadão no centro, anestesiando a sua capacidade criativa, a sua possibilidade de estranhamento diante da realidade e o seu espírito inquieto de descoberta.

Para a arte, essa força centrípeta conduz à repetição (sem diferença), ao tracejar o pontilhado, a uma arte urbana emoldurada pelos interesses das classes

---

[189] Dramaturgo que, a partir de um profundo mergulho e entrega em suas experiências, passou a considerar a arte como resistência (GIANCRISTOFARO, 2010). A minha melhor compreensão do conceito de *corpo sem órgãos* ocorreu conhecendo a trajetória artística do dramaturgo, que vivia em uma busca incansável pela liberdade.

dominantes. Nesse contexto, o artista urbano se torna um mero artesão-operário que, ao término do expediente, retorna cabisbaixo para a periferia e trata sua produção artística apenas como mercadoria, assim como considera a rua apenas como o chão de fábrica, um território estriado de produção.

Aquele artista não aprisionado, em linhas de fuga, posiciono em maior proximidade ao corpo sem órgãos. Porém, não restrinjo ao artista urbano, nem exclusivamente ao periférico, uma vez que esse caráter livre, libertário e criativo pode estar na literatura, na música, na dança, etc. e até emergir das centralidades, demandando, nesse caso, forças contrárias em maior intensidade às resistências já impostas.

Entendo que existe aqui a necessidade do desencaixe, do desconforto com a experiência vivida, a partir de uma ética em que o *ethos* não está no cuidar do outro, mas, inicialmente, no cuidar de si, uma vez que o outro também é o si mesmo. A arte possibilita a busca pelo autoconhecimento, pela complexidade do ser humano e, consequentemente, pela posição que ele ocupa na sociedade. Nesse caso, ela é capaz de liberar fluxos incessantes descodificados, em oposição à rigidez, por exemplo, do conhecimento que já está estabelecido e disciplinado.

Nesse aspecto, a arte urbana é um convite ao corpo em movimento, que rompe com a disciplina, a passividade e a militarização. Para a arte de rua, é preciso que o corpo esteja sem amarras, em interação com o espaço público, interferindo e sendo interferido pelos elementos que compõem a paisagem. No caso específico da pichação, o movimento do corpo se faz tão ousado e desafiador – escalando prédios, equilibrando-se em marquises, sustentando-se em varandas de viadutos – que o conceito de corpo sem órgãos praticamente se materializa no instante extremo do perigo, em pulsão de vida e de morte[190].

Porém, o movimento da arte urbana vai além do corpo e é também gregário. Ou nas redes virtuais ou nos *points* da quinta-feira à noite no centro de São Paulo, ela oportuniza encontros, reunião, formação de coletivos, grupos. Com isso, ela, enquanto máquina de guerra, emite fluxos, muitos deles ainda descodificados, em oposição ao isolacionismo, à fragmentação e ao esvaziamento político.

Percebo que a ágora contemporânea pode estar tão presente nas praças públicas como, por exemplo, nos grupos do *Whatsapp*. Esses novos espaços que possibilitam o encontro e a interação têm a vantagem de eliminar as distâncias, mas podem estimular o confinamento físico em que o cidadão, com o seu corpo orgânico, não vive a cidade material. Isso pode ser preocupante no sentido de termos uma sociedade com inegável desenvolvimento tecnológico, no entanto, com uma imensa fragilidade política e social.

Dessa forma, o artista livre, como um corpo sem órgãos, pode se tornar um agente de transformação sócio-espacial, atuante em uma revolução urbana a partir de sua prática cotidiana. Para Lefebvre (1999), compete a esse cidadão se apropriar da cidade como valor de uso, mediante uma participação ativa em vias a um novo humanismo e uma nova democracia. Para tal, é preciso romper com o cotidiano, gerando outras rotinas em um processo de revolução permanente que se dá

---

[190] Vídeos 49, 50, 51, 52, 53 e 54 do Apêndice B.

mediante interações com outras pessoas, prioritariamente no espaço público (aqui complemento: material e virtual). É preciso, outrossim, ter novas estratégias de geração e difusão do conhecimento, rompendo com os saberes instituídos e os pensamentos afirmativos de universalidade.

Resgato a discussão de Deleuze e Guattari (1993) sobre ciência imperial e ciência menor. Eles relacionam a máquina da guerra à ciência menor ou nômade cuja matéria é sempre heterogênea e seu principal atributo está na dificuldade de classificação por ser considerada uma ciência excêntrica. Sua aproximação com as artes se dá, também, por observar a realidade como um conjunto de fluxos (devires). Nesse sentido, Oneto (2010) explica:

> enquanto o aparelho de Estado limita o elemento-problema para subordiná-lo a um teorema com suas proposições demonstráveis, a máquina de guerra é o paradigma da experimentação. Todo conhecimento aí é "afetivo", no sentido em que as figuras que emergem só têm valor em função do que as afeta. Cada figura designa, portanto, um acontecimento e não uma essência (p.154).

Zeileniec (2016), ao discutir a relação da arte urbana com a cidade, sob a lente do direito à cidade contemplado por Lefebvre, explica que é comum à maioria das análises acadêmicas relacionar os grafismos à cidade e ao urbano de forma um tanto superficial. Assim, a academia tem recebido uma série de trabalhos que abordam os grafismos – em especial a grafitagem – como expressão e indicativo da condição urbana moderna, que representa um choque sobre o uso e os valores do espaço público. A grafitagem tem sido vista como uma expressão dos conflitos existentes no espaço urbano e, também, como um símbolo de divisões e diferenças espaciais e sociais.

Nesse sentido, muitas pesquisas contemplam a arte urbana como um meio de intervenção e reivindicação do espaço público, prioritariamente nas áreas centrais das grandes cidades. No entanto, tem sido mais difícil identificar trabalhos que tragam uma discussão de como a arte urbana é capaz de promover mudanças em ambientes e condições periféricas, a exemplo dos subúrbios das metrópoles onde ela deu seus primeiros traços e, quiçá, ainda consiga se manter livre, gratuita e emancipadora.

Compete, portanto, à academia científica abrir-se, cada ez mais, à ciência nômade, disposta a conhecer, estudar, teorizar, explorar e aplicar a máquina de guerra, aqui reconhecida na arte urbana, em diversos contextos.

Por fim, resgatando o dito popular apresentado no título da tese, entendo que a arte urbana, no contexto das metrópoles brasileiras, também traz em si um caráter de violência, de disputa de espaços (dentro e fora ao movimento) e de luta pela vivência, consequência de uma prática capitalista levada ao extremo. Essa luta não está se dando no embate direto, mas na ação contestadora rizomática, a partir de uma revolução molecular com fluxos tantas vezes desordenados e descodificados, intensos devires.

Adiciono a arte urbana às pesquisas realizadas por Guattari (1986) ao estudar as minorias que transitavam nos guetos de Nova York e como elas constituíam coletivos libertários, com suas formas particulares de organização e produção de novas subjetividades. Entre o correr e o ficar, se em ambos é fatal o bicho pegar e comer, compete ao artista urbano correr em linhas de fuga, abrindo novas condições de possibilidade para, pelo menos, prolongar ao máximo o tempo de sua existência rebelde.

Capítulo 06
Referências

24/7 (2017). **Juca Ferreira: o que se esconde sob o cinza estupidez de Dória?** Disponível em <https://www.brasil247.com/pt/247/sp247/276650/Juca-Ferreira-O-que-se-esconde-sob-o-cinza-estupidez-de-Doria.htm>. Acesso em 06. Jul, 2017.

ABREU, O. A arte na filosofia de Deleuze. In: **Os filósofos e a arte**. Fernando Muniz... [et al...]. Organização Rafael Haddock-Lobo. Rio de Janeiro: Rocco, 2010.

__________. Deleuze e Arte: O caso da Literatura. **Revista Lugar comum**. n. 23-24, 2012.

ADES, D. **Arte na América Latina:** A Era Moderna 1820-1980. São Paulo: Cosac & Naify, 1997.

AGUIAR, L. As potencialidades do pensamento geográfico: a cartografia de Deleuze e Guattari como método de pesquisa processual. **Anais do XXXIII Congresso Brasileiro de Ciências da Comunicação**: Caxias do Sul: 2010.

APARTES (2017). **Zona Cinzenta:** propostas que combatem pichações e grafites não autorizados buscam estabelecer fronteiras entre arte e vandalismo. Disponível em <http://www.camara.sp.gov.br/apartes/revista-apartes/numero-24-mar-jun2017/no24-cultura/>. Acesso em 17. Nov, 2017.

AJZENBERG, A. **À partir d'Henri Lefebvre, vers un mode de production écologiste**. Paris: 1994.

ALBUQUERQUE, E. Avaliação da técnica de amostragem "Respondent-driven Sampling" na estimação de prevalências de Doenças Transmissíveis em populações organizadas em redes complexas. **Dissertação de Mestrado da Escola Nacional de Saúde Pública Sérgio Arouca – ENSP**; Rio de Janeiro: Ministério da Saúde – Fiocruz, 2009.

ALMEIDA, A. Da Construção de uma Arte Nacional aos Murais de Campina Grande. **Anais do 8º Seminário Docomomo Brasil**. Rio de Janeiro, 2009.

ALMEIDA, R. Cultura de periferia na periferia. **Le Monde Diplomatique –** Brasil, edição de agosto, 2011.

AMARAL, A. A. **Tarsila:** sua obra e seu tempo. Vol. 1. Ed. Perspectiva, 1975.

__________. **Arte para quê?** : a preocupação social na arte brasileira, 1930-1970. São Paulo: Nobel, 1984.

AMARAL, C. Curadoria educativa e mediação: práticas em arte urbana. **Dissertação de Mestrado do Programa de Pós-graduação em Estética e História da Arte da Universidade de São Paulo.** São Paulo: 2015.

ANDREOLI, G. Grafismos Urbanos: composições, olhares e conversações. **Dissertação (Mestrado em Psicologia), Programa de Pós- graduação em Psicologia Social e Institucional. Instituto de Psicologia, Universidade Federal do Rio Grande do Sul**, Porto Alegre, 2004.

ANELLI, R. Redes de mobilidade e urbanismo em São Paulo: das radiais/perimetrais do Plano de Avenidas à malha direcional. **Arquitextos**, ano 07. São Paulo, Portal Vitruvius, mar, 2007.

ANTENOR, S.; ANDRADE, R. O.; MACHADO FILHO, M. F. Trânsito e aumento da frota de veículos tornam vulnerável a saúde nas cidades. **Revista Ciência e Cultura.** v. 62, no. 4, 2010.

ARANTES, O. Uma estratégia fatal: a cultura nas novas gestões urbanas. in ARANTES, O.; VAINER, C.; MARICATO, E. **A cidade do pensamento único:** desmanchando consensos. Petrópolis: Vozes, 2013.

ARGAN, G. **História da arte como história da cidade.** São Paulo: Martins Fontes, 2014.

ASHTON, T. S. **La rivoluzione industriale** 1760-1830. Trad. it., Bari, 1970.

ATAMER, E. Dissipative individualization. **Parrhesia**. n. 12, 2011.

ATKINSON, R.; FLINT. J.; 2001. Accessing Hidden and Hard-to-Reach Populations: Snowball Research Strategies. **Social Research Update**. Verão, 2001.

AUGÉ, M. **Não-lugares:** introdução a uma antropologia da sobremodernidade. Lisboa: 90 Graus Editora, 2005.

__________. **Por uma antropologia da mobilidade.** São Paulo: UNESP, 2010.

BALDIN, N; MUNHOZ, E. Snowball (bola de neve): uma técnica metodológica para pesquisa em educação ambiental comunitária. **Anais do X Congresso Nacional de Educação – EDUCERE**, Paraná: nov, 2011.

BARBOSA, L. **O jeitinho brasileiro:** a arte de ser mais igual que os outros. Rio de Janeiro: Editora Campus, 2005.

BARNARD, L. **Understanding and Investigating Graffiti.** Denver: Outskirts Press, 2007.

BARTON. A. Paul lazarsfeld as institutional investor. **International Journal of Public Opinion Research**, v. 13, p. 245–269, 2001.

BASTOS, M. A. J. **Pós-Brasília:** Rumos da Arquitetura Brasileira. São Paulo: Ed. Perspectiva/FAPSEP, 2003.

BATES, L. Bombing, tagging, writing: an analysis of the significance of graffiti and street art **(Master thesis). University of Penssylvania,** Philadelphia, PA: 2014.

BAUER, W. M.; GASKELL, G. **Pesquisa qualitativa com texto, imagem e som:** um manual prático. Petrópolis: Editora Vozes, 2013.

BBC (2017). **De crime à arte:** a história do grafite nas ruas de São Paulo. Disponível em: http://www.bbc.com/portuguese/internacional-38766202. Acesso em: 07. mar. 2017.

BEAUCLAIR, R. Muralismo Mexicano: intelectuais e arte na tentativa de forjar uma nação. **Anais do XXIII Simpósio Nacional de História – ANPUH,** Londrina: 2005.

BEAULIEU, A. **Cuerpo y Acontecimiento.** La estética de Gilles Deleuze. Buenos Aires: Letra Viva, 2012.

BECK, A. **Cognitive therapy and the emotional disorders.** New York: International Universities, 1976.

BENEVOLO, L. **As origens da urbanística moderna**. Lisboa: Presença, 1994.

__________. **História da arquitetura moderna.** São Paulo: Perspectiva, 2014.

BENTES, J. São Paulo, por Raquel Rolnik. **Estudos Avançados.** v. 25, n. 71, São Paulo: jan. abr./2011.

BERG, S. Snowball sampling, in Kotz, S. and Johnson, N. L. (Eds.) **Encyclopaedia of Statistical Sciences.** v. 8, 1988.

BICALHO, M. P. O pesadelo da imobilidade urbana: até quando? **Carta Maior,** 04, jul, 2012.

BIERNACKI, P.; WALDORF, D. Snowball Sampling: Problems and techniques of Chain Referral Sampling. **Sociological Methods & Research**, n. 2, November. 141-163p, 1981.

BLOOM, D. Demographic upheaval. In: **Finance & Development:** International Monetary Fund, Volume 53, número 1, mar/2016.

BLOG CRIPTA DJAN. **Manifesto – o pixo nosso de cada dia.** Disponível em <http://www.criptadjan.com/new-page-49/>. Acesso em 12, mar. 2017.

BLOG EDUARDO KOBRA (2017). **Muros da Memória.** Disponível em <http://eduardokobra.com/muro-de-memorias/>. Acesso em 27, mar. 2017.

BOSCO, F. A Lírica do Resto. **O Globo, Segundo Caderno.** Rio de Janeiro, 06 out. 2010.

BOUNDAS, C. **Deleuze and Philosophy.** Edinburgh: Edinburgh University Press, 2006.

BRASIL. Lei n 9.605, de 12 de fevereiro de 1998. **Diário Oficial da República Federativa do Brasil**, Poder Legislativo, Brasília, DF, 13, fev. 1998.

BRASIL. Lei no 12.408 de 25 de fevereiro de 2011. **Diário Oficial da República Federativa do Brasil**, Poder Legislativo, Brasília, DF, 26, mai, 2011.

BRESSER-PEREIRA, L. **A construção política do Brasil:** sociedade, economia e estado desde a Independência. São Paulo: Editora 34, 2014.

CAMARGO. A. C. Félix Guattari: o capitalismo mundial integrado. **Anais do VII Seminário de Pós-Graduação em Filosofia da UFSCar.** São Carlos, 2011.

CALVINO, I. **As Cidades Invisíveis.** São Paulo: Companhia das Letras, 1990.

CARLOS, A. **O lugar no/do mundo.** São Paulo: Hucitec, 1996.

CARVALHO, R. A. Caligrafia urbana: práticas simbólicas, sociabilidades e criminalização da pichação em São Paulo. **Revista Habitus** – IFCS/UFRJ. v. 9, n. 1. Rio de Janeiro: 2011.

CASTELLS, M; FERNÁNDEZ-ARDÈVOL, M; QIU, J; SEY, A. **Mobile Communication and Society: a global perspective.** Cambridge: MIT Press, 2007.

CHACÓN, P. E.; LUTEREAU, L. **Alain Beaulieu:** "Para Deleuze, el arte es un medio privilegiado de resistencia frente al presente". 2012. Disponível em < http://www.revistaenie.clarin.com/ideas/Beaulieu-Deleuze-Badiou_0_748125381. html>. Acesso em 15, nov. 2016.

CHAPMAN, T. (2006). Public Space. **Encyclopedia of Human Geography.** SAGE Publish. Disponível em <http://www.sage-

ereference.com.proxy.libraries.rutgers. edu/humangeography/Article_n238.html>. Acesso em 10, mar. 2017.

CHOAY, F. **A alegoria do patrimônio.** São Paulo: Estação Liberdade – UNESP, 2006.

__________. **O urbanismo:** perspectivas e realidades, uma antologia. São Paulo: Perspectiva, 2015.

CLASTRES, P. **Society against the State.** New York: Zone Books, 1987.

COELHO, T. Os Retirantes de Portinari e a questão da seca no Brasil. **Anais do XIV Encontro Regional da ANPU – Rio Memória e Patrimônio,** Rio de Janeiro, 19 a 23/07/2010 – Unirio.

COLEBROOK, C. **Deleuze: a guide for the perplexed.** London: Continuum, 2006.

COLI, J. **O que é arte.** São Paulo: Editora Brasiliense, 1995.

CONJUR (2017a). **Juiz explica diferença entre grafite e pichação ao proibir Doria de pintar muros.** Disponível em <http://www.conjur.com.br/2017-fev-14/juiz-aula-arte-joao-doria-proibi-lo-apagar-grafites>. Acesso em 28, mar. 2017.

CONJUR (2017b). **Prefeitura de SP processa filho de diplomata que sujou estátua na praça da Sé.** Disponível em <http://www.conjur.com.br/2017-fev-03/prefeitura-sp-processa-filho-diplomata-sujou-monumento>. Acesso em 12, abril. 2017.

COSTA, G. M. A contribuição da teoria do espaço de Lefebvre para a análise urbana. **Anais do X Encontro Anual da ANPUR – Sessão Livre.** Belo Horizonte: 2003.

COSTA, M. R. A violência urbana é particularidade da sociedade brasileira. **Revista São Paulo em Perspectiva.** v. 13, no. 4, 1999.

COWICK, C. Preserving Street Art: Uncovering the Challenges and Obstacles. **Art Documentation:** Bulletin of the Art Libraries Society of North America, v. 34, n. 1. 2015.

CNM. Mapeamento das mortes por acidentes de trânsito no Brasil. **Confederação Nacional de Municípios.** Brasília – DF, 2009.

CRAWFORD, M. **Everyday Urbanism.** New York: The Monacelli Press, 1999.

CRESSWELL T. Towards a politics of mobility. Environment and Planning D: **Society and Space,** v. 28, 2010.

CROGAN, P. Theory of state Deleuze, Guattari and Virilio on the state, technology and speed. Angelaki: **Journal of the Theoretical Humanities**. v. 4:2, p.137-148; Sydney, 2008.

CROOME, H. M.; HAMMOND, R. J. **Storia economica dell'Inghilterra**. Trad. It, Milão, 1951.

CULTURA MIX (2017). **Grafiteiros mais famosos do mundo.** Disponível em <http://www.culturamix.com/celebridades/grafiteiros-mais-famosos-do-mundo/>. Acesso em 28, mar. 2017.

D'ANDREA, T. P. **A Formação dos Sujeitos Periféricos:** Cultura e Política na Periferia de São Paulo. Tese apresentada ao Departamento de Sociologia da Universidade de São Paulo. São Paulo: 2013.

DAMATTA, R. **A casa e a rua:** espaço, cidadania, mulher e morte no Brasil. Rio de Janeiro: Rocco, 2012

__________. **Carnavais, malandros e heróis** – para uma sociologia do dilema brasileiro. Rio de Janeiro: Rocco, 1997.

DAMIANI, A. L. Introdução a elementos da obra de Henri Lefebvre e a geografia. **Revista do Departamento de Geografia – USP**, Volume Especial (30 anos), 2012.

DE RUITER, A. Imaging Egypt's political transition in (post-) revolutionary street art: on the interrelations between social media and graffiti as media of communication. **Media, Culture & Society,** v. 37, n. 4, mayo. 2015.

DEBORD, G. **Sociedade do espetáculo.** Rio de Janeiro: Editora Contraponto, 1999.

DEL RIO, V.; GALLO, H. The Legacy of Modern Urbanism in Brazil: Paradigm turned reality or unfinished project? **Docomomo Journal,** V. 23, August 1, 2000, pages 23-27.

DELANA. Graffiti designs & styles: tagging, bombing and painting. **Web Urbanism:** 2009. Disponível em <http://weburbanist.com/2009/09/24/graffiti-designs-styles-tagging-bombing-painting/> Acesso em 24 jan. 2017.

DELANDA, M. A **Thousand Years of Nonlinear History.** New York: Zone Books, 2000.

DELEUZE, G. **Nietzsche and Philosophy.** New York: Columbia University Press. 1999.

__________. **Diferença e repetição.** Rio de Janeiro: Graal, 2006.

__________. **Francis Bacon:** lógica da sensação. Rio de Janeiro: Zahar, 2007.

DELEUZE, G.; GUATTARI, F. **Nomadology:** the war machine. New York: Semiotext(e), 1986.

__________. **Mil Platôs:** capitalismo e esquizofrenia – v. 1; São Paulo: Editora 34, 2000.

__________. **Mil Platôs:** capitalismo e esquizofrenia – v. 3; São Paulo: Editora 34, 1999.

__________. **Mil Platôs:** capitalismo e esquizofrenia – v. 5; São Paulo: Editora 34, 1997.

__________. **O que é Filosofia?** São Paulo: Editora 34, 1993.

__________. **O Anti-Édipo:** capitalismo e esquizofrenia 1. São Paulo: Editora 34, 2010.

DEMOCRATIZE MÍDIA (2016). **Para a Globo, pichação é tema de debate e um dos maiores problemas de São Paulo.** Disponível em < http://democratizemidia.com.br/2016/09/30/para-a-globo-pichacao-e-tema-de-debate-e-um-dos-maiores-problemas-de-sao-paulo/>. Acesso em 19. Out, 2017.

DEUCHARS, R. Nomad Thought, Global Capital and Political Resistence: Deleuze and Guattari's War Machine. **Annual Meeting of the Internacional Studies Association.** Montreal: mar, 2011a.

__________. Creating Lines of Flight and Activating Resistance: Deleuze and Guattari's War Machine", **AntePodium,** Victoria University Wellington, 2011b.

DIAZ, S. Arte y pensamiento en Gilles Deleuze. Una experiencia lúdico-estética más allá de la interpretación. **Revista de Estética y Teoria de las Artes,** n. 13, feb. 2014.

__________. **Gilles Deleuze y la arte de la fuga. 2011.** Disponível em <http://biofiloart.blogspot.com.br/2011/03/gilles-del-e-uze-y-el-arte-de-la-fuga.html>. Acesso em 16 nov. 2016.

DIÓGENES, G. Artes e intervenções urbanas entre esferas materiais e digitais: tensões legal-ilegal. **Anais do 38º Encontro Anual da ANPOCS – Associação Nacional de Pós-graduação e Pesquisa em Ciências Sociais:** Caxambu, 2014.

DP (2015). **Pesquisador estuda o universo da pichação e da grafitagem no Recife.** Disponível em <http://www.diariodepernambuco.com.br/app/noticia/vida-urbana/2015/10/19/interna_vidaurbana,604348/pesquisador-estuda-o-universo-da-pichacao-e-da-grafitagem-no-recife.shtml>. Acesso em 31 jan. 2017.

DUARTE, L. S. A construção de Brasília como experiência moderna na periferia capitalista: a aventura. Dossiê Cidades Planejadas na Hinterlândia. **Revista UFG**, ano XI, no 6, 2009.

DUARTE, C.; TASCHETTO, L. Ciência maior e ciência menor: ressonâncias da filosofia de Deleuze e Guattari na etnomatemática. **ALEXANDRIA Revista de Educação em Ciência e Tecnologia**, v.6, n.1, abril 2013.

DUARTE NETO, M.; FELINTO, L. A tela urbana: a proteção jurídica ao grafite no direito brasileiro e comparado. **Anais do V CIDIL – Colóquio Internacional de Direito e Literatura.** Porto Alegre, 2017.

EBC (2017). **Após críticas e protestos, Doria anuncia museu para arte de rua em São Paulo.** Disponível em <http://agenciabrasil.ebc.com.br/cultura/noticia/2017-01/apos-criticas-e-protestos-doria-anuncia-museu-para-arte-de-rua-sao-paulo>. Acesso em 07. mar. 2017.

EL PAÍS (2013). **São Paulo:** a capital mundial do grafite. Disponível em < https://brasil.elpais.com/brasil/2013/11/23/cultura/1385165447_940154.html>. Acesso em 19. Out, 2017.

__________ (2017). **A 'maré cinza' de Doria toma São Paulo e revolta grafiteiros e artistas.** Disponível em <http://brasil.elpais.com/brasil/2017/01/24/politica /14852801 99_418307.html>. Acesso em 07, mar. 2017.

ELDEN, S. **Understanding Henri Lefebvre.** London: Continuum, 2004.

ENGELS, F. **A situação da classe operária na Inglaterra.** São Paulo: Boitempo, 2008.

ESTADÃO (2009). **A cruzada cinzenta de Kassab.** Disponível em <http://alias.estadao.com.br/noticias/geral,a-cruzada-cinzenta-de-kassab,438376> . Acesso em 06. Set, 2017.

__________ (2017a). **Suplente de vereador é presa por pichar muro.** Disponível em <http://sao-paulo.estadao.com.br/noticias/geral,estudante-de-direito-e-presa-pichando-muro-na-regiao-central-de-sp,70001686946>. Acesso em 12. Abr, 2017.

__________ (2017b) **Número de pichadores presos em São Paulo dobra em relação a 2016.** Disponível em <https://exame.abril.com.br/brasil/numero-de-pichadores-presos-em-sao-paulo-dobra-em-relacao-a-2016/>. Acesso em 19. Out, 2017.

FABRIS, A. **Portinari, pintor social.** São Paulo: Perspectiva, 1990.

FARTHING, S. **Art:** From Cave Painting to Street Art: 40.000 Years of Creativity New York: Universe, 2010.

FAUGIER, J.; SARGEANT, M. Sampling hard to reach populations, **Journal of Advanced Nursing**, v. 26, p. 790-797, 1997.

FERREIRA, J. Máquina de Guerra e Aparelho de Estado: a geo-filosofia de Deleuze e Guattari em Mil Platôs. **Dissertação Curso de Mestrado Acadêmico de Filosofia do Centro de Humanidades – CH da Universidade Estadual do Ceará – UECE.** Fortaleza, 2009.

FERREIRA, L. Análise comparativa dos diferentes contextos de projeção da obra "Operários" de Tarcila do Amaral. **Revista Eventos Pedagógicos**, v. 3, n. 1, número especial, p. 245 – 252, abr/2012.

FILARDO, P. A pichação (tags) em São Paulo: dinâmicas dos agentes e do espaço. **Dissertação de Mestrado do Programa de Arquitetura e Urbanismo da USP.** São Paulo: 2015.

FILHO, K. P. ; TETI, M. M. A cartografia como método para as ciências humanas e sociais. **Barbarói**, Santa Cruz do Sul-RS, n.38, p. 45-59, 2013.

FOCHI, M. A. B. hip-hop brasileiro: tribo urbana ou movimento social? **FACOM**, n°. 17, 1° semestre de 2007.

FOLHA (2010). **Kassab flexibiliza a Lei Cidade Limpa.** Disponível em < http://www1.folha.uol.com.br/fsp/cotidian/ff2512201001.htm>. Acesso em 06, mar. 2018.

FOLHA (2012). **Paulista picha curador em Bienal em Berlim.** Disponível em <http://www1.folha.uol.com.br/fsp/cotidiano/48530-paulista-picha-curador-da-bienal-de-berlim.shtml>. Acesso em 28, mar. 2017.

FOLHA (2017a). **Mapa da morte em São Paulo vai da Suécia até o México; locais dos crimes se repetem.** Disponível em <http://www1.folha.uol.com.br/cotidiano/   2017/10/1925481-mapa-da-morte-em-sp-vai-da-suecia-ate-o-mexico-locais-dos-crimes-se-repetem.shtml>   . Acesso em 09. Out, 2017.

FOLHA (2017b). **Muro verde de Doria na Avenida 23 de Maio só teria valor ecológico com 1500km.** Disponível em < http://www1.folha.uol.com.br/cotidiano/   2017/05/1880911-muro-verde-de-doria-na-av-23-de-maio-so-teria-valor-ecologico-com-1500-km.shtml>   . Acesso em 09. Out, 2017.

FOLHA (2017c). **Dória, pichação e marginais: confira 8 curiosidades da pesquisa Datafolha.** Disponível em <http://www1.folha.uol.com.br/cotidiano/ 2017/02/1858476-doria-pichacao-e-marginais-veja-8-curiosidades-de-pesquisa datafolha.shtml> . Acesso em 06, jul. 2017

FOLHA (2017d). **São Paulo multa 320 motoristas por dia por manusear celular no trânsito.** Disponível em <http://www1.folha.uol.com.br/cotidiano/2017/06/1894597-sao-paulo-multa-320-motoristas-por-dia-por-manusear-celular-no-transito.shtml>. Acesso em 30. Out, 2017.

FONSECA, A. J. Análise de Discurso: do objeto, do objetivo e do método – Breves considerações para principiantes. **Revista Eletrônica Igarapé.** Maio, 2014.

FORGÁCS, E. **The Bauhaus Idea and Bauhaus Politics.** Budapeste: Central European University Press, 1995.

FREHSE, F. Quando os ritmos corporais dos pedestres nos espaços públicos urbanos revelam ritmos da urbanização. **Civitas.** Porto Alegre, v. 16, n. 1, jan-mar 2016.

FRISBY, D. **Cityscapes of Modernity:** Critical Explorations. London: Polity Books, 2001.

GHASSAN, A.; BLYTHE, M. On Legitimacy: designer as minor scientist. **CHI'13.** Paris. Mai, 2013.

G1 (2017). **Grafite do artista Kobra na Av. 23 de Maio é pichado com imagem de Doria.** Disponível em <http://g1.globo.com/sao-paulo/noticia/grafite-do-artista-kobra-na-av-23-de-maio-e-pichado-com-imagem-de-doria.ghtml>. Acesso em 27, mar. 2017.

G1 (2010). **Após invasão em 2008, pichadores são convidados a voltar à Bienal.** Disponível em <http://g1.globo.com/sao-paulo/noticia/2010/09/apos-invasao-em-2008-pichadores-sao-convidados-voltar-bienal.html>. Acesso em: 28, mar. 2017.

GIANCRISTOFARO, H. (2010) **A noção de corpo-sem-orgão em Artaud e no Teatro da Crueldade.** Disponível em < http://www.questaodecritica.com.br/2010   /03/a-nocao-de-corpo-sem-orgaos-em-artaud-e-no-teatro-da-crueldade/>. Acesso em: 04. Jan, 2018.

GILL, R. Análise de discurso. In: BAUER, W.; GASKELL, G. **Pesquisa qualitativa com texto, imagem e som:** um manual prático. Rio de Janeiro: Editora Vozes, 2013.

GIOVANNONI, G. **Vecchie città ed edilizia nuova.** Milão: Nuova antologia, 1913.

GITAHY, C. **O que é graffiti.** São Paulo: Brasiliense, 1999.

GOMES, L. **1808:** como uma rainha louca, um príncipe medroso e uma corte corrupta enganaram Napoleão e mudaram a história de Portugal e do Brasil. São Paulo: Editora Planeta, 2007.

GONÇALVES, G. Inscrições urbanas: uma cartografia dos processos de subjetivação envolvidos no graffiti. **Dissertação de Mestrado do Programa de Pós-Graduação em Psicologia da Pontifícia Universidade Católica de Minas Gerais.** Belo Horizonte: 2007.

GONSALES, C. H. C. Cidade moderna sobre cidade tradicional: movimento e expansão – parte 02 **Arquitextos,** Texto Especial n. 146. São Paulo, Portal Vitruvius, set. 2002.

GUATTARI, F. **Revolução Molecular:** pulsações políticas do desejo. São Paulo: Brasiliense, 1986.

__________; ROLNIK, S. **Micropolítica:** cartografias do desejo. Rio de Janeiro: Editora Vozes, 2011.

GOFFMAN, E. **Estigma:** notas sobre a manipulação da identidade deteriorada. Rio de Janeiro: Guanabara, 1988.

GOMBRICH, E. **A história da arte.** Rio de Janeiro: Editora Zahar, 1979.

GREGOLIN, M. R. V. **Discourse analysis:** concepts and aims. v. 39. São Paulo: Alfa, 1995.

GRIFFITHS, P.; GOSSOP; M. POWIS, B.; STRANG, J. **Reaching hidden populations of drug users by privileged access interviewers:** methodological and practical issues, Addiction, v. 88, p. 1617-1626, 1993.

HABERMAS, J. **O discurso filosófico da modernidade:** doze lições. São Paulo: Martins Fontes, 2000.

HAILER, M. (2014) **"É preciso que a cultura da periferia contamine a cidade", diz Juca Ferreira.** Disponível em <https://www.geledes.org.br/e-preciso-que-cultura-da-periferia-contamine-cidade-diz-juca-ferreira/ > Acesso em 11. Nov, 2017.

HALE, M. Escaping Architecture: Deleuze and the reinvention of experimental practice. **Tese da School of History and Philosophy da University of New South Wales,** 2011.

HALL, P. **Cidades do amanhã:** uma história intelectual do planejamento e do projeto urbanos no século XX. São Paulo: Perspectiva, 2016.

HALBWACHS, M. A memória coletiva. **Vértice:** revista dos tribunais. São Paulo: 1990.

HALSEY, B.; PEDERICK B. The game of fame: mural, graffiti, erasure. **City:** analysis of urban trends, culture theory, politics, acton. v. 14, n.1-2, 2010.

HANDCOCK, M; GILE, k. **On the Concept of Snowball Sampling.** ArXiv Preprint. ago, 2011.

HARVEY, D. A **Condição Pós-Moderna:** uma pesquisa sobre as origens da mudança cultural. São Paulo: Edições Loyola, 1992.

__________. **Rebel cities:** from the right of the city to the urban revolution. London: Verso, 2012.

__________. **A produção capitalista do espaço.** São Paulo: Annablume, 2005.

HOBSBAWN, E. **A era do capital:** 1848 – 1875. Rio de Janeiro: Editora Paz e Terra, 2015.

__________. **Nações e nacionalismo desde 1780:** programa, mito e realidade. Rio de Janeiro: Paz e Terra, 1990.

HOLMES, J. **Building bridges and breaking boundaries:** modernity and agoraphobia. London: Anna Freud Centre (Psychoanalytic Developmental Psychology), 2006.

HOOFD, I. **Dialogues between Paul Virilio and Chela Sandoval.** Towards a better understanding of uses and abuses of new technologies. Genders, Issue 39, 2004.

HÜMBS, L. **The rise of smombie urbanism.** Disponível em <http://popupcity.net/the-rise-of-smombie-urbanism/>. Acesso em 07. Ago, 2017.

HUTSON, S. R. The art of becoming: the graffiti of Tikal, Guatemala. **Latin American Antiquity**, v. 22, n. 4, dec. 2011.

IDEAFIXA (2017). **Projeto Galeria GE:** Curadoria e arte urbana. Disponível em <https://www.ideafixa.com/projeto/galeria-ge-arte-urbana> . Acesso em 19. Out, 2017.

IVERSON, J. T. Onder Walls - Stencil Graffiti has Moved From Streets of Paris into Art books. **Time - Global Adviser,** USA, 14 de Jun. 2008.

JACQUES, P. **Apologia da deriva.** Rio de Janeiro: Casa da Palavra, 2003.

JAMES, I. **Paul Virilio:** Routledge critical thinkers . London: Routledge, 2007.

JACOBS, J. **Morte e vida de grandes cidades.** São Paulo: Martins Fontes, 2001.

KASTRUP, V (org.). **Pistas do método da cartografia:** Pesquisa-intervenção e produção de subjetividade, Porto Alegre, Sulina, 2010.

KP, J. **Elemento fundamental:** arte grafite. 2001. Disponível em <http://www.graffiti.org/faq/elementos_br.html>. Acesso em 15 nov. 2016.

KRUGER, E. Rhizome/arborescente. In SHIELDS, R.; VALLEE, M. **Demystifying Deleuze: an introductory assemblage of crucial concepts.** Ottawa: Red Quill Books, 2012.

KURT. **Watch Art in Action:** Reverse Graffiti & Train Tagging Videos. Web Urbanism: 2007. Disponível em <http://weburbanist.com/2007/10/03/watch-urban-street-art-in-action-from-reverse-graffiti-to-train-tagging/>. Acesso em 22 mar. 2017.

LABHAB (Laboratório de Habitação e Assentamentos Humanos da FAU/USP). **Relatório de pesquisa sobre os parâmetros para urbanização de favelas.** Rio de Janeiro, FINEP/CEF, 2000.

LE CORBUSIER, **Por uma arquitetura.** São Paulo: Perspectiva, 1977.

__________. **Urbanismo.** São Paulo: Martins Fontes, 1992.

__________. (org.) **Carta de Atenas.** São Paulo: Editora Hucitec-USP, 1993.

LEACH, W. Digital Tectonics. **Wiley-Academy.** London, 2004.

LEFEBVRE, H. **O direito à cidade.** São Paulo: Centauro, 2001.

__________. **A vida cotidiana no mundo moderno.** São Paulo: Ática, 1991.

__________. **Para compreender o pensamento de Marx.** São Paulo: Elo-Mafra, 1970.

__________. **A cidade do capital.** Rio de Janeiro: DP&A, 2001.

__________.**O pensamento marxista e a cidade.** Póvoa de Varzim: Editora Ulisséia, 1972.

__________. **La producción del espacio.** Madrid: Capitán Swing, 2013.

__________. **De lo rural a lo urbano.** Barcelona: Ediciones Península, 1978.

__________. **Lógica formal, lógica dialética.** 4. ed. Rio de Janeiro: Civilização Brasileira, 1983.

__________. **A revolução urbana.** Belo Horizonte: Editora da UFMG, 1999.

__________. **Rythmanalysis:** space, time and everyday life. New York: L Continuum, 2004.

LEME, M. C. S. A formação do pensamento urbanístico no Brasil: 1895-1965. In: LEME, M. C. S.; FERNANDES, A; GOMES, M. A. F. (org.) **Urbanismo no Brasil 1895-1965**. São Paulo: Studio Nobel/FAU USP/FUPAM, 1999.

LEME, M. C. S. A Formação do pensamento urbanístico no Brasil 1895 – 1965. **Anais do V Seminário de História da Cidade e do Urbanismo**. Campinas, 1998.

__________. Planejamento em São Paulo: 1930-1969. **Dissertação de Mestrado apresentada à Faculdade de Arquitetura e Urbanismo FAU/USP**, São Paulo: 1982.

__________. Revisão do Plano de Avenidas: um estudo sobre o planejamento urbano em São Paulo, 1930. **Tese de Doutorado apresentada à Faculdade de Arquitetura e Urbanismo FAU/USP**, São Paulo, 1990.

LINHARES, J.; RODRIGUES, J.; M. BRAGA. Explorando as dimensões da arte urbana a partir das apropriações. **Anais XXXVIII Congresso Brasileiro de Ciências da Comunicação do Intercom – Sociedade Brasileira de Estudos Interdisciplinares da Comunicação.** Rio de Janeiro: 2015.

LIVINGSTONE, M. **Pop art:** a continuing history. New York: H.N. Abrams, 1990.

LUNDY, C. Deleuze, history and becoming. **Tese da School of History and Philosophy da University of New South Wales**, 2010.

LYSEN, F.; PISTERS, P. Introduction: The Smooth and the Striated. Deleuze Studies. **FGw: Amsterdam School for Cultural Analysis (ASCA)**, v. 6, n. 1, , 2012.

MANO, M. **Pichação:** a marca da desigualdade social. In: Le Monde Diplomatique. Disponível em < http://diplomatique.org.br/pichacao-a-marca-da-desigualdade-social/> Acesso em 06. Out, 2017.

MACHADO, R. **Deleuze, a Arte e a Filosofia**. Rio de Janeiro, Zahar, 2009.

__________. **Foucault, a ciência e o saber.** Rio de Janeiro: Ed. JZE, 2006.

MAGNHANI, J. Introdução: circuitos de jovens. In: MAGNANI, J.; SOUZA, B. (org.) **Jovens na metrópole:** etnografias de circuitos de lazer, encontro e sociabilidade. 1ª edição. São Paulo: Editora Terceiro Nome, 2007.

MANGUEIRA, M.; MAURÍCIO, E. Arte, tempo e subjetividade de Gilles Deleuze. **Artefilosofia,** Ouro Preto, n.13, dez, 2012.

MAINGUENEAU, D. Discurso e análise do discurso. *In*: SIGNORINI, I. **[Re]discutir texto gênero e discurso.** São Paulo: Editora Parábola, 2014.

MARCELO, W. **A invenção na arte – devires e sensações na filosofia de Deleuze e Guattari.** Recortes, 2014.

MARCUSE, P. **Whose right(s) to what people? In Cities for people, not for profit:** critical urban theory and the right to the city. New York: Routledge, 2012.

MARICATO, E. Urbanismo na periferia do mundo globalizado: metrópoles brasileiras. **Revista São Paulo em perspectivas,** v. 14 n.4 oct./dec. 2000.

__________. As ideias fora do lugar e o lugar fora das ideias: planejamento urbano no Brasil. in ARANTES, O. ; VAINER, C.; MARICATO, E. **A cidade do pensamento único:** desmanchando consensos. Petrópolis: Vozes, 2013.

__________. É uma questão urbana, estúpido! In: MARICATO, E. et al. **Cidades rebeldes [recurso eletrônico].** São Paulo: Bomtempo: Carta Maior, 2013.

MARÍN, L.; QUEIROZ, M. S. A atualidade dos acidentes de trânsito na era da velocidade: uma visão geral. **Caderno de Saúde Pública,** v. 16, n 1. Rio de Janeiro – RJ, 2000.

MARQUES, S.; NASLAVSKY, G. Arquitetura Moderna. In: Edileusa da Rocha (Org.). **Guia do Recife:** Arquitetura e Paisagismo. Recife: Ed. dos Autores, 2004.

MC CARTHY, D. **Arte Pop.** São Paulo: Cosac Naify, 2002.

McCOOGAN, C. **German city installs traffic lights in pavements to protect texting   pedestrians.** Disponível   em <http://www.telegraph.co.uk/technology/2016/   04/26/german-city-installs-traffic-lights-in-pavements-to-protect-text/>. Acesso em 07. Ago, 2017.

McDONOUGH, T. **The situationists and the city.** London: Verso, 2009.

MEIRA. **Filosofia da criação:** reflexões sobre o sentido do sensível. Porto Alegre: Mediação, 2003.

MERRIFIELD, A. The right to the city and beyond: notes on a Lefebvrian re-conceptualization. **City,** v. 15, nos. 3-4, jun-ago, 2011.

MERTON, R. Patterns of influence: A study of interpersonal influence and communications behavior in a local community. In Paul F. Lazarsfeld and Frank Stanton, editors, **Communications Research,** 1948-49, p. 180–219. Harper and Brothers, New York, 1949.

MEURER, J. L.; DELLAGNELO, A. K. **Análise do discurso.** Florianópolis: Centro de Comunicação e Expressão, 2008.

MIDWOOD, C. Is Deleuzian urban planning possible? **Blog of Blog of the University of Bristol's MSc in Human Geography.** Disponível em < https://bristolsocietyandspace.com/2016/02/03/is-deleuzian-urban-planning-possible/> . Acesso em 20. Jun, 2017.

MINISTRY OF ECONOMIC AFFAIRS AND EMPLOYMENT OF FINLANDY (2017). **Finland's age of artificial intelligence: turning Finland into a leading country in the application of artificial intelligence.** Objective and recommendations for measures. Disponível em <http://julkaisut.valtioneuvosto.fi/bitstream/handle/ 10024/160391/TEMrap_47_2017_verkkojulkaisu.pdf?sequence=1&isAllowed= y>. Acesso em 04. Jan, 2018.

MIRANDA, L. I. B. M. Produção do espaço e planejamento em áreas de transição rural-urbana: o caso da Região Metropolitana do Recife – PE. Recife: O Autor, 2008. **Tese (doutorado) – Universidade Federal de Pernambuco.** CAC. Desenvolvimento Urbano, 2008.

MOHAMMADZADEH, M. Deleuze, Urban Transformation and the role of history in urban projects in the historical cities (case study: the historical core of Tehran). **Anais do 14º Internacional Planning History Society Conference.** Istambul, 2010.

MONBEIG, P. **Aspectos geográficos do crescimento de São Paulo.** São Paulo: Anhembi – Ensaios Paulistas, 1958.

MOORE, R. Crown Street Revisited. **Sociological Research Online**, v. 1, n. 3, 1996.

MORBY, A. **Büro North proposes ground-level traffic lights to prevent pedestrian accidents.** Disponível em https://www.dezeen.com/2016/07/28/movie-buro-north-ground-level-traffic-lights-prevent-pedestrian-accidents-video/. Acesso em 07. Ago, 2017.

MOREIRA, C. Desconstruindo Koolhaas – parte 1: P. MP. M. [pouco, muito pouco, mínimo] **Revista Arquitextos** ano 02, abr. 2002.

MOUFFE, C. **O regresso do político.** Lisboa: Editora Gradiva, 1996.

MOURA, C. B.; HERNANDEZ, A. **Cartografia como método de pesquisa em arte. 2012.** Disponível em <http://periodicos.ufpel.edu.br/ojs2/index.php/Arte/article/ viewFile/1694/1574>. Acesso em 14 jul. 2015.

MOURA, T. Pichadores, grafiteiros e suas territorialidades: apropriações socioespaciais na cidade do Recife. **Dissertação de Mestrado apresentada no Programa de Geografia da Universidade Federal de Pernambuco,** 2014.

MUMFORD, L. **A cidade na história:** suas origens, transformações e perspectivas. São Paulo: Martins Fontes, 1998.

MUMFORD, E. **The CIAM discourse on Urbanism, 1928-1960**. Cambridge: MIT Press, 2000.

NASCIMENTO, E. É tudo nosso!!! Produção cultural na periferia paulistana. **Tese de Doutorado em Antropologia Social do Programa de Pós Graduação da Faculdade de Filosofia, Letras e Ciências Humanas da Universidade de São Paulo,** 2011.

NASCIMENTO, L. **Pichação é coisa séria.** Disponível em <http://portal.metodista.br/noticias/2013/junho/pichacao-e-coisa-seria>. Acesso em 24 jan, 2017.

NEAL, L. **Criminal and culture makers.** Dissent. Summer, 2014.

NERY, N. S.; CASTILHO, C. J. M. de. A comunidade do Pilar e a revitalização do bairro do Recife: possibilidades de inclusão socioespacial dos moradores ou gentrificação. **Humanae**, v.1, n.2, p.19-36, Dez 2008.

NVIDIA (2017). **NVIDIA Portfolio.** Disponível em <http://images.nvidia.com/content /pdf/about-nvidia/nvidia-2016.pdf>. Acesso em 04. Jan, 2018.

O GLOBO (2017). **Morador pinta muro do 'Beco do Batman'de cinza; horas depois, autoriza novo grafite**. Disponível em <https://g1.globo.com/sao-paulo/noticia/apos-pintar-muro-de-beco-do-batman-morador-muda-de-ideia-e-autoriza-novo-grafite.ghtml>. Acesso em 06. Out, 2017.

OLIVEIRA, C. Henri Lefebvre: Possibilidades teórico-metodológicas para Arquitetura e urbanismo. **Tese de Doutorado do Programa de Pós-Graduação em Arquitetura e Urbanismo da Universidade Federal do Rio Grande do Norte,** 2011.

OLIVEIRA, G. PiXação: arte e pedagogia como crime. Rio de Janeiro: UERJ, 2009. 371f. **Dissertação (Mestrado em Educação), Programa de Pós-Graduação em Educação. Faculdade de Educação, Universidade do Estado do Rio de Janeiro,** Rio de Janeiro, 2009.

OLIVEIRA, F. **Crítica à razão dualista: o ornitorrinco.** São Paulo: Boitempo, 2013.

OLIVEIRA, T. R. M; PARAÍSO, M. A. Mapas, dança, desenhos: a cartografia como método de pesquisa em educação. **Pro-Posições**, Campinas, v. 23, n.3 (69), p. 159-178, set./dez. 2012.

ONETO, P. A Nomadologia de Deleuze-Guattari. **Lugar comum**, n. 23-24, jun. 2010.

ORION, A. **Espólio.** São Paulo: Via das Artes, 2013

ORLANDI, E. P. **Análise de Discurso:** princípios e procedimentos. Campinas: Editora Pontes, 2001.

ORTEGOSA, S. **Cidade e memória:** do urbanismo "arrasta-quarteirão" à questão do lugar. ano. 10, n. 112.07. São Paulo: Portal Vitruvius, 2009.

OSTERWOLD , T. **Pop Arte.** Lisboa: Benedikt Taschen, 1994.

PAIXÃO, S. O meio é a paisagem: pichação e grafite como intervenções em São Paulo. **Dissertação de Mestrado do Programa de Pós-graduação Interunidades em Estética e História da Arte.** Universidade de São Paulo: 2011.

PEREIRA, A. Cidade de riscos: notas etnográficas sobre pichação, adrenalina, morte e memória em São Paulo. **Revista de Antropologia da USP,** São Paulo, v. 56, n. 1, 2013.

__________. As marcas da cidade: a dinâmica da pixação em São Paulo. **Lua Nova.** São Paulo. v. 79. 2010.

PEREIRA, C.; TONDO, R. "Meu celular, meu mundo": notas sobre consumo e juventude nas páginas de Zero Hora. **Anais do XXXVIII Congresso Brasileiro de Ciências da Comunicação – Intercom.** Rio de Janeiro: 2015.

PIRTERS, P. **The Filmmaker as Metallurgist:** Political Cinema and World Memory. Film-Philosophy v. 20, 2016.

PONTUAL, V.; PICCOLO, R. A demolição e a conservação das áreas centrais: planos, leis e transformações morfológicas no Recife, Brasil. **Anais do X Colóquio Internacional de Geocrítica.** Barcelona, 26 - 30 de mayo de 2008.

PORTINARI, Candido. Sentido social del arte. In.: GIUNTA Andrea. Candido Portinari y el sentido social del arte. Buenos Aires: **Siglo XXI Editores Argentina.** 2005.

PRADO JR., C. **História econômica do Brasil.** São Paulo: Brasiliense, 2004.

PREFEITURA. SP (2009). **Prefeito visita mural de grafite na av. 23 de Maio e inaugura 13ª agência do Programa São Paulo Confia, em Interlagos.** Disponível em <http://www.prefeitura.sp.gov.br/cidade/secretarias/comunicacao/releases/?p= 140 520>. Acesso em 27, mar. 2017.

PURCELL, M. A new land: Deleuze and Guattari and planning, **Planning Theory & Practice,** v. 14, n.1, 2013

__________; BORN, B. Planning in the spirit of Deleuze and Guattari? Considering community-based food projects in the United States and Mexico. **Urban Geography**, 2016.

REID, J. Deleuze's War Machine: nomadism against the State. **Millennium: Journal of International Studies**. v. 32, n.1, 2003.

RBA. **Cidade cinza: com origem na ditadura, pichação nasceu como forma de protesto.** Disponível em < http://www.redebrasilatual.com.br/entretenimento/2017/01 /com-origem-na-ditadura-pichacao-nasceu-como-forma-de-protesto>. Acesso em 19. Out, 2017.

REVISTA SINGULAR E PLURAL. **A Rebelião dos Muros.** N. 4, São Paulo: mar, 1979.

RINK, A.; METTRAU, M. B. Grafitagem: Resistência e criação. **Revista Tamoios**, Rio de Janeiro-RJ, ano VI, n. 1. 2010.

RODRIGUES, A. M. Conceito e definição de cidades. In: RIBEIRO, L. C.; SANTOS JUNIOR, O. A. **As metrópoles e a questão social brasileira.** Rio de Janeiro: Revan, Fase, 2007.

RODRIGUES, A. O espaço urbano e as estratégias de planejamento e produção da cidade. In: PEREIRA, E. M. **Planejamento urbano no Brasil:** conceitos, diálogos e práticas. Chapecó: Argos, 2013.

ROLNIK, R. **São Paulo.** São Paulo: Publifolha, 2001a.

__________. **Cartografia sentimental.** Transformações contemporâneas do desejo. São Paulo: Estação Liberdade, 1989.

__________. Governar as metrópoles : dilemas da recentralização. In **XXV Encontro Nacional, 2001.** Caxambu, MG, 2001b.

ROSE, T. Um estilo que ninguém segura: Política, estilo e a cidade pós-industrial no hip hop, in HERSCHMANN, Micael (org). **Abalando os anos 90:** funk e hip hop - globalização, violência e estilo cultural. Rio de Janeiro, Rocco, 1997.

ROSS, J. I. Graffiti goes to the movies: American fictional films featuring graffiti artists/writers and themes. **Contemporary Justice Review**, v. 18, n. 3, sep. 2015.

RUSKIN J. **The seven lamps of architecture.** Londres: J. M. Dent and Sons, 1956.

SANÉ, P. Pobreza, a próxima fronteira nas lutas pelos direitos humanos. In: **Pobreza e desigualdade no Brasil: traçando caminhos para a inclusão social.** Brasília: Unesco, 2003.

SANTOS, B. O capitalismo axiomático de Deleuze e Guattari: sobre o sentido da ideia de "axiomática geral dos fluxos descodificados" elaborada em O Anti-Édipo e Mil Platôs. **Anais do VI Seminário de Pós-Graduação em Filosofia da UFSCar.** São Carlos, 2010.

SANTOS, M. Crescimento nacional e nova rede urbana: o exemplo do Brasil. **Revista Brasileira de Geografia.** v. 29, no. 4, 1967.

___________. **Por uma geografia nova.** São Paulo: Editora Hucitec, 1978.

___________. **A urbanização brasileira.** São Paulo: Editora Hucitec, 1993.

___________. **A urbanização desigual:** a especificidade do fenômeno urbano em países subdesenvolvidos. São Paulo: Editora da Universidade de São Paulo, 2012.

___________. **A natureza do espaço.** São Paulo: Edusp, 2004.

SÃO PAULO. Projeto de Lei N°. 56/2005. **Câmara Municipal de São Paulo,** 2005.

___________. Lei Municipal N°. 14.223/2006. **Câmara Municipal de São Paulo,** 2006.

SARLO, B. **Cenas da vida pós-moderna.** Rio de Janeiro: URRJ, 1997.

SCALDAFERRO, M. Modernidade e pós-modernidade: considerações habermasianas. **Revista Urutagua** – revista acadêmica multidisciplinar – n. 18 – mai. 2009

SCHIFFER, S. As políticas nacionais e a transformação do espaço paulista: 1955 – 1980. **Tese de Doutorado apresentada no Programa de Arquitetura e Urbanismo da Universidade de São Paulo.** São Paulo: o autor, 1989.

SCHMID, C. Theory production of space by Henri Lefebvre: toward a three-dimensional dialetic. **Revista GEOUSP** – espaço e tempo. n° 32. São Paulo: 2012.

SCHMIDT, M. **Nova História Crítica.** São Paulo: Nova Geração, 2005.

SCHULTZ, V. Pichações e grafites: reverberações educacionais. **Anais do XXXIII da ANPEd: Educação no Brasil: o balanço de uma década.** Caxambu/MG, 2010.

SCULLY, K. **Special traffic lights in Bodegraven to alert smartphone addicts.** Disponível em <https://www.iamexpat.nl/expat-info/dutch-expat-news/special-traffic-lights-bodegraven-alert-smartphone-addicts>. Acesso em 07. Ago, 2017.

SEGAWA, H. **Prelúdio da metrópole:** arquitetura e urbanismo em São Paulo na passagem do século XIX ao XX . São Paulo: Ateliê Editorial, 2000.

SEVCENKO, N. **Literatura como missão.** São Paulo: Brasiliense, 2a edição, 1985.

SHIELDS, R. **Lefebvre, Love and Struggle**: spatial dialectics. London: Routledge, 1999.

SILVA. A. P. Metamorfoses do conceito de abdução de Pierce. O exemplo de Kepler. **Dissertação de Mestrado do Programa de História e Filosofia das Ciências da Universidade de Lisboa**, 2007.

SILVA. R. Cartografias do social: estratégias de produção do conhecimento. **Tese de doutoramento em Psicologia Social e Institucional pela Universidade Federal do Rio Grande do Sul**. Porto Alegre, 2001.

SIMMEL, G. **The Metropolis and Mental Life:** the sociology of Georg Simmel. New York: Free Press, 1976.

SIMÕES JR. J. **Revitalização de Centros Urbanos.** São Paulo: Instituto Pólis, 1994.

SITTE, C. **The Birth of Modern City Planning.** Milão: Rizzoli, 1986.

SOMBART, W. **The Jews and Modern Capitalism**. Ontario: Batoche Books, 2001.

SOUZA, A. Plano de Melhoramentos de São Paulo. **Habitat,** n. 2, São Paulo, jan./mar. 1951.

SOUZA, D. Graffiti, Pichação e outras modalidades de intervenção urbana: caminhos e destinos da arte de rua brasileira. In: ENFOQUES – **Revista Eletrônica dos alunos do Programa de Pós-Graduação em Antropologia e Sociologia/IFCS/UFRJ**. – v. 7, n. 1 (Março de 2008). Rio de Janeiro: PPGSA, 2008.

SOUZA, M. L. Da "diferenciação de áreas" à "diferenciação socioespacial": a "visão (apenas) de sobrevôo" como uma tradição epistemológica e metodológica limitante. **Cidades,** Presidente Prudente, v. 4, n. 6, jan./dez., 2007.

__________. Em torno de um hífen. **Formação,** Presidente Prudente, n. 15, v. 1, jan./jul., 2008.

__________. Introdução: a "nova geração" de movimentos sociais urbanos – e a nova onda de interesse acadêmico pelo assunto. **Cidades,** Presidente Prudente, v. 6, n. 9, jan./jun., 2009.

SOYA, E. **Postmetropolis:** critical studies of cities and regions. Oxford: Blackwell, 2000.

TAVARES, A. Ficções urbanas: estratégias para a ocupação das cidades. **ARS**, ano 7, n. 16, 2009.

TERRA (2017a). **São Paulo declara guerra às pichações.** Disponível em https://noticias.terra.com.br/brasil/politica/sao-paulo-declara-guerra-as-pichacoes, 94f2ed14885a46851393562e2877ebadlaflj1zb.html. Acesso em 07. mar. 2017.

TERRA (2017b). **SP está matando a própria cultura, diz curador alemão.** Disponível em <https://www.terra.com.br/noticias/brasil/cidades/sao-paulo-esta-matando-a-propria-cultura-diz-curador-alemao-de-arte-urbana,5b008e85864cf76e933 2116d52aecebdpxkjtq 61.html>. Acesso em 19. Out, 2017.

THE GROUND, Pop Art II: The Secret World of Street-Art. New York: **The Ground Magazine:** January 16, 2012.

THE HUFFINGTON POST (2017). **O dia em que um grafite de Kobra foi coberto por uma imagem de Doria.** Disponível em <http://www.huffpostbrasil. com/2017/01/25/o-dia-em-que-um-grafite-de-kobra-foi-coberto-por-uma-imagem-de-d_a_21698862/>. Acesso em 27, mar. 2017.

THIRKELL-WHITE, B. Response to Robert Deuchars: Romanticising Resistance? Deuchars, Deleuze and the Possibility of Living Differently. **AntePodium,** Victoria University Wellington, 2011.

TIESSEN, M. Art and creativity. In SHIELDS, R.; VALLEE, **M. Demystifying Deleuze: an introductory assemblage of crucial concepts.** Ottawa: Red Quill Books, 2012.

TJ-SP (2017). Decisão do Juiz referente à Ação Popular - Ato Lesivo ao Patrimônio Artístico, Estético, Histórico ou Turístico. **Comarca de São Paulo**, 12ª Vara de Fazenda Pública. São Paulo: 13, fev. 2017.

TODO DIA (2017). **Prefeito de São Paulo, Doria diz que irá dobrar multa para pichadores em caso de reincidência.** Disponível em <http://portal.tododia.uol.com.br/_conteudo/2017/01/brasil_e_mundo/130970-prefeito-de-sao-paulo-doria-diz-que-ira-dobrar-multa-para-pichadores-em-caso-de-reincidencia.php>. Acesso em 25, nov. 2017.

TORRES, F.; TELLES, M. O Papel da Crítica na Formação de um Pensamento de Arte Contemporânea no Brasil na Década de 1970. **Anais do 17° Encontro Nacional da Associação Nacional de Pesquisadores em Artes Plásticas.** Florianópolis: 2008.

TURKLE, S. **Life on the screen**. New York: Simon & Schuster Paperbacks, 1995.

UNITED NATIONS, Department of Economic and Social Affairs, Population Division. **World Urbanization Prospects**: The 2014 Revision, (ST/ESA/SER.A/366), 2015.

UOL (2016). **Cidade alemã põe semáforo no chão para quem usa celular.** Disponível em <https://tecnologia.uol.com.br/noticias/redacao/2016/04/29/cidade-alema-instala-semaforo-no-chao-para-quem-usa-celular-enquanto-anda.htm>. Acesso em 17. Out, 2017.

UOL (2017a). **Doria manda apagar grafites do Arco do Jânio e da av. 23 de maio.** Disponível em <https://noticias.uol.com.br/cotidiano/ultimas-noticias/2017/01/14/doria-manda-apagar-grafites-dos-arcos-do-janio-e-da-av-23-de-maio.htm>. Acesso em 07. mar. 2017.

__________ (2007b). **Mural de Kobra na av. 23 de maio é completamente apagado pela prefeitura.** Disponível em <https://noticias.uol.com.br/cotidiano/ ultimas-noticias/2017/01/28/mural-de-kobra-na-23-de-maio-e-completamente-apagado-pela-prefeitura-de-sp.htm.> Acesso em 27, mar. 2017.

__________ (2017c). **Cidade linda? Três visões sobre a medida de Doria cobrir grafites em SP.** Disponível em < https://estilo.uol.com.br/comportamento/noticias/ redacao /2017/01/23/cidade-linda-tres-visoes-sobre-a-medida-de-doria-cobrir-grafites-em-sp.htm>. Acesso em 19. Out, 2017.

VALERIO. Y. **Grafite, pichação e direito autoral.** Disponível em < http://mct.mus.br/grafite-pichacao-e-direito-autoral/>. Acesso em 14. Dez, 2017.

VAN GOGH, V. **Cartas a Theo.** Porto Alegre: L&PM Editores, 2002.

VAN DIJK, T. Discouse analysis as a New Cross-Discipline. *In:* VAN DIRK, T. **Handbook of Discourse Analysis.** New York: Academic Press, v. 1, 1985.

__________. **Discurso e Poder.** São Paulo: Editora Contexto, 2008.

VAZ, S. (2007). **Manifesto da Antropofagia Periférica.** Disponível em < http://colecionadordepedras1.blogspot.com.br/2010/08/manifesto-da-antropofagia-periferica.html>. Acesso em 04. Jan, 2018.

VAZ. T. Pichação + arte + educação: outros olhares. **Revista Digital do LAV** - Santa Maria-RS, ano VI, n.10, p. 85-97, mar. 2013.

VEJA (1997) **Cão Fila KM 26**. Edição 461. São Paulo: Editora Abril, 6 de jul. 1977.

VEJA – SÃO PAULO (1991). **Chega de sujeira:** quando a pichação vira vandalismo. São Paulo: Editora Abril. Fev, 1991.

VEJA – SÃO PAULO (2017a). **Dória anuncia muro verde na Avenida 23 de Maio.** Disponível em <http://vejasp.abril.com.br/cidades/23-de-maio-trepadeiras-verde/>. Acesso em 24. abr, 2017.

__________. (2017b). **Sem grafites, gestão Dória inaugura Arcos de Jânio.** Disponível em < https://vejasp.abril.com.br/cidades/sem-grafites-gestao-doria-reinaugura-arcos-do-janio/>. Acesso em 10. Jul, 2017.

__________. (2017c). **Avenida Paulista aos domingos vira calçadão democrático.** Disponível em < https://vejasp.abril.com.br/cidades/capa-avenida-paulista-passeio/>. Acesso em 20. Dez, 2017.

__________. (2017d). **Doria cria projeto que flexibiliza a Lei Cidade Limpa.** Disponível em <https://vejasp.abril.com.br/cidades/doria-cria-projeto-que-flexibiliza-lei-cidade-limpa/>. Acesso em 06. Mar, 2018.

VILLAÇA, F. Uma contribuição para a história do planejamento urbano no Brasil. In: DEÁK, C.; SCHIFFER, S. R. (org.) **O processo de urbanização no Brasil.** São Paulo: EdUSP, 1999.

VIRILIO, P. **Art and fear.** London: Continuum, 2003.

__________; BAJ, E. **Discurso sobre el horror en el arte.** Madrid: Casimiro Libros, 2003.

__________; LOTRINGER, S. **The Accident of Art.** New York: Semiotex(e), 2002.

__________; ARMITAGE, J. The Third War: cities, conflict and contemporary art: interview with Paul Virilio. In John Armitage (ed.) **Virilio Now:** current perspectives in Virilio Studies. Cambridge: Polity, 2011.

__________; (1999). **Cyberesistance Fighter.** Disponível em: https://cryptome.org/jya/cyber-resist.htm. Acesso em 15. Abr, 2016.

__________; LOTRINGER, S. **Guerra pura:** a militarização do cotidiano. São Paulo: Editora Brasiliense, 1984.

VOGUE (2017). **Pixo em alta:** Calvin Klein lança parceria com o grafiteiro Pixote. Disponível em http://vogue.globo.com/moda/moda-news/noticia/2017/02/pixo-em-alta-calvin-klein-lanca-parceria-com-grafiteiro-pixote.html. Acesso em 10. Dez, 2017.

WAINER, J. Pichação é arte. **Super Interessante**, São Paulo-SP, n. 213, p.98, abr./maio 2005.

WHA - WORLD HEALTH ASSOCIATION. Division of Mental Health. **Qualitative Research for Health Programmes.** Geneva: WHA, 1994.

WILLIAMS, J. **Pós-estruturalismo.** Petrópolis: Vozes, 2012.

WILLIAMS, J. Toward a theory of spatial justice. **Annual Meeting of the Western Political Science Association Los Angeles**, CA: 2013.

WILLIAMS, G.; METH P.; WILLIS, K. **Geographies of Developing Areas:** the Global South in a changing world. New York: Routledge , 2009.

WINTON, A. G.; The Bauhaus, 1919–1933. In **Heilbrunn Timeline of Art History.** New York: The Metropolitan Museum of Art, 2000.

ZAHERI, F. Deleuzian Reading of Nomadology, War Machine and Transferring from Being to Becoming in Mahmoud Dowlatabadi's Kalidar. **International Journal of Applied Linguistics & English Literature** v. 5, n. 3; mai, 2016.

ZIELENIEC, A. The right to write the city: Lefebvre and graffiti. **Urban Environment**, v. 10, 2016.

ZORDAN, P. Arte com Nietzsche e Deleuze. **Revista Educação e Realidade**. v. 30, n. 2, jul-dez, 2005.

ZOURABICHVILI, F. **O vocabulário de Deleuze.** Rio de Janeiro: Relume Dumará, 2009.

Apêndice A
Detalhando o método

A.1 A arte urbana em cartografia rizomática

O método cartográfico é apresentado por Deleuze e Guattari (2000) no volume 1 do livro *Mil Platôs: capitalismo e esquizofrenia*. Para explicá-lo com sua aplicabilidade no campo da arte, faz-se oportuno discutir separadamente a ideia de cartografia para, em seguida, acrescentar a ideia de rizoma. Por fim, serão detalhados os procedimentos metodológicos adotados na pesquisa que resultou nesse livro.

Inicialmente, ao explicar o método cartográfico, Deleuze e Guattari (2000) tecem uma crítica ao métodos modernos lineares que, em uma tentativa de buscar explicações lógicas, perdem a compreensão da complexidade do fenômeno.

> A maior parte dos métodos modernos para fazer proliferar séries ou para fazer crescer uma multiplicidade valem perfeitamente numa direção, por exemplo, linear, enquanto que uma unidade de totalização se afirma tanto mais numa outra dimensão, a de um círculo ou de um ciclo (DELEUZE; GUATTARI, 2000, p. 13).

Caracterizando-se pelo livre criar, a cartografia acompanha movimentos, podendo fazer seus próprios desvios. Concebe mapas, diagramas, territorialização e desterritorialização, reunindo um conjunto de cores, sentidos e intensidades, percorrendo espaços ainda não visitados. Os mapas, objeto da cartografia, também podem ser pensados na ordem da estética, conectáveis e modificáveis que se prestam a interpretações poéticas, incorporando valores culturais e crenças políticas ao figurarem e reconfigurarem o espaço:

> [...] o mapa é aberto, é conectável em todas as suas dimensões, desmontável, reversível, suscetível de receber modificações constantemente. Ele pode ser rasgado, revertido, adaptar-se a montagens de qualquer natureza, ser preparado por um indivíduo, um grupo, uma formação social (DELEUZE; GUATTARI, 2000, p.21).

A cartografia é um método utilizado no campo da arte e da filosofia como pressuposto à investigação em poéticas visuais. Em sua origem, ela é a ciência que trata da concepção, produção, difusão, utilização e estudo dos mapas. Por meio da invenção de mundos e seus lugares, da interpretação do espaço, ela pode ser aplicada como método de acompanhamento para traçar percursos poéticos, sendo aquilo que força a pensar e ver o todo do processo do artista, dando-se como possibilidade de caminho a ser desenhado no trabalho, como uma atenção voltada ao processo em curso (MOURA; HERNÁNDEZ, 2012).

Entendendo, então, que o método cartográfico convida o pesquisador a um exercício cognitivo peculiar, traçando um campo problemático, ele requer um conhecimento muito mais capaz de inventar o mundo, em vez de simplesmente reconhecê-lo. Seu esforço consiste em suscitar problemas, possibilitando identificar os termos nos quais eles se colocam. Para isso, mexe-se, revolve-se e tira o pensamento do lugar. Sua base está no desassossego, no agito de interações violentas com o pensamento e a formação de novos mundos (OLIVEIRA; PARAÍSO, 2012). Rolnik (1989) confirma esse entendimento ao afirmar:

> [...] dar língua para afetos que pedem passagem, dele se espera basicamente que esteja mergulhado nas intensidades de seu tempo e que, atento às linguagens que encontra, devore as que lhe parecerem elementos possíveis para a composição das cartografias que se fazem necessárias (p. 16).

De acordo com Moura e Hernandes (2012), a cartografia repensa o funcionamento que rege as pesquisas, se aventurando, desnovelando investigações, acontecendo de uma maneira que não tem regras a seguir. Ela é um movimento atencional, concentrado na experiência, na localização de pistas e de signos do processo em curso. Nesse caso, ela não está relacionada à cartografia ligada aos estudos da Geografia, a partir de traçados de conhecimentos precisos, fundado em bases matemáticas, estatísticas e que conta com instrumentos e técnicas sofisticados (FILHO; TETI, 2013).

Para a arte, a cartografia é a experimentação do pensamento ancorado no real, é a experiência entendida como um saber-fazer, isto é, um saber que emerge do fazer (KASTRUP, 2010), com base no processo em que o conhecimento é construído por meio da atenção que configura o campo perceptivo. O sentido da cartografia é de acompanhamento de percursos, aplicação em processos de produção, conexões de rede ou rizomas. Associar à cartografia a ideia de rizoma é atestar o pensamento na sua força performática, cuja pragmática está inteiramente voltada para uma experiência ancorada no real (DELEUZE; GUATTARI, 2000).

Deve-se considerar o aspecto subterrâneo de uma formação rizomática, que leva a um problema de visibilidade imediata dessa complexa e intrincada teia de relações. Nesse sentido, Deleuze e Guattari (2000) expõem que tal formação rizomática tem como dois dos princípios a cartografia e a decalcomania, indicando que o rizoma resiste à aplicação do modelo estrutural-gerativo, opondo-se a quaisquer noções de eixo genético ou de estrutura profunda. O modelo árvore-raiz reproduz em série os decalques de um campo, uma situação, uma paisagem, enquanto o olhar rizomático traça uma cartografia, desenhando um mapa como diagrama variável (FILHO; TETI, 2013).

Kruger (2012) explica que o rizoma é a verdadeira multiplicidade que evita a representação categórica. Especificamente, o rizoma não tem começo nem fim, é sempre o meio, o *intermezzo*. Ele é um modelo que enfatiza um tipo de pensamento relacionado a associações, heterogeneidade, multiplicidade e ações caracterizadas por ruptura, mudança, direção e transformação.

Aqui, Deleuze e Guattari (2000) ampliam o entendimento de rizoma para toda a natureza, explicando-a como um grande sistema rizomático que assume diversas formas e consistências, tanto positivas quanto negativas. Sendo assim, a natureza não deve ser entendida como a estrutura árvore-raiz, mas, sim, como um rizoma com suas hastes subterrâneas.

> Os bulbos, os tubérculos, são rizomas. Plantas com raiz ou radícula podem ser rizomórficas num outro sentido inteiramente diferente: é uma questão de saber se a botânica, em sua especificidade, não seria inteiramente rizomórfica. Até animais o são, sob sua forma matilha; ratos são rizomas. As tocas o são, com todas as funções de *habitat*, de provisão, de deslocamento, de evasão e de ruptura. O rizoma nele mesmo tem formas muito diversas, desde sua extensão superficial ramificada em todos os sentidos até suas concreções em bulbos e tubérculos. Há rizoma quando os ratos deslizam uns sobre os outros (DELEUZE; GUATTARI, 2000, p.14).

Para facilitar a compreensão de rizoma, eles ainda o explicam a partir de seis princípios. Dois deles já foram apresentados acima: a cartografia e a decalcomania. A seguir, a Tabela A.1 identifica todos de forma sintética.

Princípios	Descritivo sintético
Da conexão e da heterogeneidade	Qualquer ponto de um rizoma deve ser conectado a outro. Cada traço não remete necessariamente a um traço linguístico: cadeias semióticas de toda natureza são aí conectadas a modos de codificação muito diversos, cadeias biológicas, políticas, econômicas etc. Um rizoma não cessaria de conectar cadeias semióticas, organizações de poder, ocorrências que remetem às artes, às ciências, às lutas sociais. Uma cadeia semiótica é como um tubérculo que aglomera atos muito diversos, linguísticos, mas também perceptivos, mímicos, gestuais, cogitativos: não existe língua em si, nem universalidade da linguagem, mas um concurso de dialetos, de patoás, de gírias, de línguas especiais. Não existe locutor-auditor ideal, como também não existe comunidade linguística homogênea.
Da multiplicidade	As multiplicidades são rizomáticas e denunciam as pseudomultiplicidades arborescentes. Inexistência, pois, de unidade que sirva de pivô no objeto ou que se divida no sujeito. Inexistência de unidade ainda que fosse para abortar no objeto e para "voltar" no sujeito. Uma multiplicidade não tem nem sujeito nem objeto, mas somente determinações, grandezas, dimensões que não podem crescer sem que mude de natureza (as leis de combinação crescem então com a multiplicidade). Os fios da marionete, considerados como rizoma ou multiplicidade, não remetem à vontade suposta una de um artista ou de um operador, mas à multiplicidade das fibras nervosas que formam, por sua vez, outra marionete, seguindo outras dimensões conectadas às primeiras. Os fios ou as hastes que movem as marionetes seriam chamados de *trama*. Um agenciamento é precisamente esse crescimento das dimensões em uma multiplicidade que muda necessariamente de natureza à medida que ela aumenta suas conexões. Não existem pontos ou posições em um rizoma como se encontra em uma estrutura, uma árvore, numa raiz. Existem somente linhas.
Da ruptura a-significante	Um rizoma pode ser rompido, quebrado em um lugar qualquer, e também retoma segundo uma ou outra de suas linhas e segundo outras linhas. É impossível exterminar as formigas, porque elas formam um rizoma animal do qual a maior parte pode ser destruída

	sem que ele deixe de se reconstruir. Todo rizoma compreende linhas de segmentaridade segundo as quais ele é estratificado, territorializado, organizado, significado, atribuído, etc.; mas compreende também linhas de desterritorialização pelas quais ele foge sem parar. Há ruptura no rizoma cada vez que linhas segmentares explodem em uma linha de fuga, mas a linha de fuga faz parte do rizoma. Essas linhas não param de se remeter uma às outras. É por isso que não se pode contar com um dualismo ou uma dicotomia, nem mesmo sob a forma rudimentar do bom e do mau. Faz-se uma ruptura, traça-se uma linha de fuga, mas corre-se sempre o risco de reencontrar nela organizações que reestratificam o conjunto, formações que dão novamente o poder a um significante, atribuições que reconstituem um sujeito. Como é possível que os movimentos de desterritorialização e os processos de reterritorialização não fossem relativos, não estivessem em perpétua ramificação, presos uns aos outros?
Da cartografia e da decalcomania	O rizoma é estranho a qualquer ideia de eixo genético ou de estrutura profunda que tem os princípios de decalque, reprodutíveis ao infinito. Toda lógica de árvore é uma lógica do decalque e da reprodução. Diferente é o rizoma, mapa e não decalque. Fazer o mapa, não o decalque. A orquídea não reproduz o decalque da vespa, ela compõe um mapa com a vespa no seio de um rizoma. Se o mapa se opõe ao decalque é por estar inteiramente voltado para uma experimentação ancorada no real. O mapa não reproduz um inconsciente fechado sobre ele mesmo, ele o constrói. Ele contribui para a conexão dos campos, para o desbloqueio dos corpos sem órgãos, para sua abertura máxima sobre um plano de consistência. Ele faz parte do rizoma. O mapa é aberto, é conectável em todas as suas dimensões, desmontável, reversível, suscetível de receber modificações constantemente. Pode-se desenhá-lo em uma parede, concebê-lo como obra de arte, construí-lo como uma ação política ou como uma meditação. Uma das características mais importantes do rizoma talvez seja a de ter sempre múltiplas entradas; a toca, nesse sentido, é um rizoma animal, e comporta às vezes uma nítida distinção entre linha de fuga como corredor de deslocamento e os estratos de reserva ou de habitação (cf. por exemplo, a lontra). Um mapa tem múltiplas entradas contrariamente ao decalque que volta sempre "ao mesmo". Um mapa é uma questão de performance, enquanto o decalque remete sempre a uma presumida "competência".

Tabela A.1: Características aproximativas de um rizoma.
Fonte: Deleuze e Guattari (2000).

Para esta pesquisa, não houve a intenção de desenhar mapas cartográficos com a distribuição da produção de um artista por um perímetro urbano, mas o registro dos movimentos da arte urbana como uma máquina de guerra, em um território que alterna entre o liso e o estriado, gerando novos modos de pensar, ser e agir. Assim, é mister compreender a arte urbana por meio de diferentes olhares – não apenas o do artista, um possível condutor da máquina de guerra –, contextos e interfaces, onde, reunidos, podem ser desencadeadores de novas subjetividades frente aos aparelhos de captura do Estado. Nessa perspectiva, como defende Williams (2013), em um constante exercício, os grafismos podem ser revistos, rediscutidos, ressignificados a cada novo olhar, rompendo representações, apropriando-se de conceitos para criar algo novo, buscando diferenças.

Tendo como ponto de partida o *Tratado de Nomadologia* e sua discussão crítica sobre o capitalismo, o Estado e a geração e controle de subjetividades aprisionantes ao sistema, Deleuze e Guattari (1997) discutem os territórios lisos e estriados, com suas linhas que definem relações de espaço e tempo.

Isso também se faz presente quando Guattari (1986), ao explicar o capitalismo mundial integrado, o faz a partir de linhas de forças que o atravessam. Em um mundo globalizado, são essas linhas as responsáveis pelo controle das atividades humanas, moldando modos de produção e de existência, privilegiando subjetividades cristalizadas.

Nesse sentido, conforme já apresentado anteriormente, a subjetividade é pensada a partir de três linhas (GONÇALVES, 2007), consideradas aqui categorias de análise:

- Linhas moleculares: são flexíveis e atravessam tanto sociedades como grupo de indivíduos. Elas possibilitam o afetamento da subjetividade criando zonas particulares de indeterminação capazes de possibilitar agenciamentos.
- Linhas de fuga: presentes no espaço liso, estão no plano de imanência do desejo e convergem em processos que conduzem para o novo, novos modos de ser, pensar e agir. Elas são associadas ao processo de desterritorialização e de fluxos descodificados, capazes de gerar precipitações e rupturas. Tais linhas com suas velocidades constituem agenciamentos.
- Linhas molares: remetem ao espaço estriado, operando a organização, as classes (gênero, sexo etc.) os estratos sociais (a família, a escola, o trabalho, etc.). Elas sempre classificam e sobrecodificam os sujeitos. São caracterizadas pelo controle e aprisionamento que atravessam sociedades inseridas no sistema capitalista de produção. São linhas de viscosidade e de retardamento relativo.

A.2 A urbanidade por meio da transdução

Conhecido também como *abdução* ou *retrodução*, o método transdução vem gradativamente ocupando destaque nas ciências sociais. Isso pode ser justificado pelas crescentes críticas aos procedimentos metodológicos clássicos, bem como às formas de racionalidade dedutiva e indutiva formalizadas por Aristóteles. Argumenta-se que, em primeiro lugar, não é possível derivar qualquer evento concreto a partir das teorias universais (dedução) e, em segundo, que casos particulares ou individuais não implicam necessariamente em explanações universais (indução).

Sendo assim, ao discutir os métodos lógicos que nortearão e formarão o conhecimento da tese, ou seja, se esses são gerados a partir da indução, dedução ou transdução, tem-se que o presente estudo recairá sobre a geração de um conhecimento a partir da transdução, nomeada inicialmente por Peirce (1975) como *abdução*. Para ele, só a abdução pode funcionar como um método para se apreender ou compreender os fenômenos investigados. Ela é a adoção provisória de uma hipótese em virtude de serem passíveis de verificação experimental e todas as suas possíveis consequências, de tal modo que se pode esperar que a persistência na aplicação do mesmo método acabe por revelar o desacordo com os fatos, se esse ocorrer.

Apesar de a ciência estar fundamentada muito mais na indução e na dedução, é a abdução a verdadeira responsável pelo caráter criativo e inovador presente na maneira de raciocinar (PEIRCE, 1994; SANTOS, 2005). O termo latino *abdução* (*ab* = longe de; *ducere* = conduzir) é utilizado por Peirce para significar "a condução para longe de", ou seja, escapar de um determinado curso capaz de provocar anomalias ou fatos surpreendentes. Para ele, só ela é capaz de introduzir novas ideias, haja vista que a indução apenas determina um valor e a dedução desenvolve consequências de uma hipótese pura.

Silva (2007) expõe que, à medida que seus textos eram publicados, Pierce consolidava a tese de que a hipótese é produto de inferências abdutivas. Isso se tornava mais evidente quando ele afirmava que as ideias da ciência ocorriam por meio da abdução, uma vez que ela consistia em estudar fatos e inventar uma teoria capaz de explicá-los.

> Assim, a abdução é a base de todo o conhecimento. O conhecimento nasce da abdução e, apesar desta ser falível, o que a torna um passo débil em toda a investigação, ela é o único caminho que pode produzir novas verdades (SILVA, 2007, p. 2).

A transdução, portanto, difere da indução e da dedução clássicas e também da construção de modelos, da simulação e do enunciado de hipóteses. Ela elabora e constrói um objeto teórico e possível a partir da realidade e da problemática levantada por tal realidade, pressupondo uma realimentação incessante entre o contexto conceitual utilizado e as observações empíricas. Sua metodologia é, cada vez mais, incorporada à pratica do arquiteto, do urbanista, do sociólogo, do político e do filósofo.

Danermark *et al.* (2002) explicam que esse método permite encontrar as condições possíveis da existência de um fenômeno, tendo a teoria como um guia orientador para a pesquisa. Para sua realização, podem-se adotar ainda diferentes métodos internos, tanto qualitativos como quantitativos. Nele, a sociedade é considerada um sistema aberto cuja previsibilidade é impossível, no máximo pode-se fazer uma análise de mecanismos causais e traçar consequências potenciais. Sendo assim, a primeira etapa da transdução é a investigação de um fenômeno na tentativa de explicar um fato. Depois, aspira-se a explicar as suas particularidades buscando premissas (hipóteses) que, se confirmadas, darão conta do fenômeno em foco.

Glynos e Howarth (2007) descrevem a retrodução, no campo particular da Teoria do Discurso, como sendo uma lógica de investigação composta por três momentos interligados: a problematização de fenômenos empíricos, a explicação retrodutiva desse fenômeno e a persuasão. A retrodução permite ao pesquisador um contínuo exercício de repensar suas hipóteses de pesquisa, alertando para o fato que, em termos lógicos, o resultado (conclusão) de um estudo pode ser ou não aquele esperado/desejado. Ou seja, traz, para dentro do método investigativo/

interpretativo, a irrefutável prova da possibilidade não lógica dentro da própria lógica. Em resumo, a retrodução permite formular um prognóstico geral, mas sem garantia de que esse seja um resultado.

Trazendo para o contexto das urbanidades, para Lefebvre (1983), a transdução constitui o seu fundamento epistemológico, sendo defendida por ele pela primeira vez ao público em 1947, no artigo *Logica formal, lógica dialética*. Porém, só na obra *Critique de la vie quotidienne* é que o sociólogo detalha o método, expondo sua capacidade de partir do real para o possível e de construir um objeto virtual a partir de dados e informações. Há uma busca por possibilidades históricas da produção de inovações sociais em uma realidade que é concebida como uma totalidade aberta e contraditória. Os limites de inovação, nesse caso, residiriam justamente nessas contradições do passado que ainda não foram superadas, manifestadas atualmente no nível da vida cotidiana. Para ele, a práxis humana é essencialmente "contraditória, inovadora, mimética e repetitiva" (FREHSE, 2016, p. 106).

O estudo da vida cotidiana, do lugar onde o homem se reconhece, vive (o vivido, o presente e o vir a ser) e onde se dá a unidade da vida social, sempre foi de extrema importância para Lefebvre. A vida cotidiana é compreendida para além das produções materiais, alcançando a produção do espaço, do tempo e do próprio ser humano em seu contexto social (AJZENBERG, 1994; OLIVEIRA, 2011; CARLOS 1996).

Sua produção literária reforça que o cotidiano em crise coexiste com a crise da modernidade, uma vez que ela própria reflete o cotidiano, tolhendo a criatividade e gerando uma passividade no indivíduo. Porém, é na vida cotidiana que se esconde o que escapole dos sistemas fechados e, portanto, fazer tal análise possibilita identificar os tipos de sociedades inseridas no modelo capitalista de produção e reprodução, com suas alternativas criativas e inovadoras de solução frente às imposições do sistema (OLIVEIRA, 2011).

Porém, a transdução não deve ser a única providência para analisar processos de mudança. Lefebvre (2011), então, propõe mais duas providências que, na sua ótica, tornam-se indispensáveis: a utopia experimental e a compreensão integrada (distintos e associados) entre a estrutura, a função e a forma.

A utopia experimental considera na prática suas implicações e consequências. "Quais são, quais serão os locais que socialmente terão sucesso? Como detectá-los? Segundo que critérios? Quais tempos, quais ritmos da vida cotidiana se inscrevem, se escrevem, se prescrevem nesses espaços 'bem-sucedidos', isto é, nesses espaços favoráveis à felicidade? É isso que interessa" (LEFEBVRE, 2011, p. 110).

Para a compreensão da utopia experimental, Lefebvre (1970) explica que a transdução oferece as condições para o procedimento mental da dialética ao aliar o conhecimento racional com a utopia, na busca por realizar o que se imagina e deseja a partir de dados da problemática daquela realidade vivida. Para tal, é mister a transformação de alguns conceitos, instrumentos intelectuais e procedimentos, almejando contemplar a virtualidade, já, inclusive, contida na realidade a ser analisada.

Em *Utopia Experimental, por um novo urbanismo,* Lefebvre (1970) defende a necessidade de ultrapassar a constatação empírica que se limita ao registro puro e simples. É preciso chegar ao desejado dentro da concepção do possível, tendo como base as informações dadas na realidade, ou seja, na problemática que parte do que é vivido.

> Nesse sentido, a importância do método se dá na busca da relação do ideal que se imagina para uma cidade com as situações determinadas pela realidade nela vivida, considerando para além do praticismo e da teorização puras. São, portanto, operações do pensamento racional que demandam a introdução de conceitos e de uma metodologia (OLIVEIRA, 2011, p. 58).

Lefebvre (1970) ainda sugere que as pessoas sejam consultadas sobre o que elas desejam como subsídio à construção dessa virtualidade, mesmo sabendo que elas acabam por desejar aquilo a que foram sempre habituadas. Na verdade, então, o que as pessoas desejam em seu íntimo é a surpresa, a diversidade, o inesperado na vida moderna.

Nesse sentido, sobre utopia experimental, entende-se como o pensamento em constante movimento, crítico entre o real e o possível, capaz de ultrapassar normas que limitam uma pesquisa técnica. Nenhum método consegue ser totalizante, apenas trabalhos com campos interdisciplinares conseguem almejar a convergência. Isso foi explanado por Lefebvre (1970) em um seminário proferido em 1968 em Madrid, quando criticou o imperialismo científico. Na sua ótica, o fenômeno urbano demanda a existência de todas as disciplinas, tomando determinada problemática como ponto de partida, haja vista que nenhum método assegura uma cientificidade absoluta, teórica ou prática.

Por fim, no que se refere à compreensão de estrutura, função e forma, percebe-se a necessidade de não privilegiar nenhum deles para que não haja a origem de uma ideologia que se sobreponha às demais: estruturalismo, formalismo e funcionalismo. A análise do real deve ocorrer em sua utilização de forma alternada, igualitariamente, uma vez que esses três aspectos compõem um todo.

A.3 A construção e análise do *corpus* de pesquisa

O *corpus* é geralmente utilizado no campo da Linguística, onde os pesquisadores o constroem por meio da coleta de dados. Ele deve ser uma coleção de textos naturais – referindo-se à autenticidade – e representativos do fenômeno em estudo (TOGNINI-BONELLI, 2001; SINCLAIR, 1991; SARDINHA, 2004).

Silva e Silva (2013) explicam que o *corpus*, na verdade, é um conjunto de materiais representativos de uma língua ou variante que deve levar em consideração critérios como tamanho, representatividade e relevância, processo cíclico e saturação. A partir desses critérios, o pesquisador tem como função definir e delimitar quais serão os textos escolhidos para a análise textual. Sendo assim, o *corpus* é um importante instrumento metodológico que pode ser usado pelo pesquisador que escolhe fazer a análise textual em sua pesquisa. No entanto, não é obrigatório que toda análise textual o possua (ALUISIO; ALMEIDA, 2006).

Especificamente, no que se refere ao caráter cíclico do *corpus* (apresentado abaixo na Figura A.1), busca-se revê-lo em sua constituição periodicamente com o intuito de encontrar o seu equilíbrio, ou seja, quando os esforços adicionais acrescentam pouca variância dialética (BIBER, 1993; BAUER; AARTS, 2013). Isso impossibilita determinar *a priori* como ele será (BIBER, 1993).

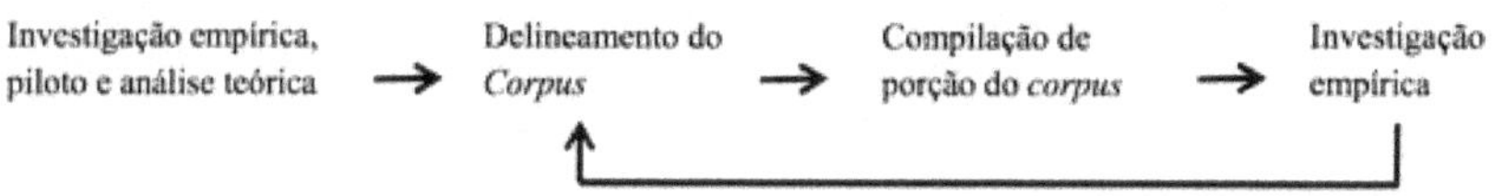

Figura A.1: Delineamento do *corpus* como um processo cíclico.
Fonte: BIBIER, 1993.

A partir do objeto de pesquisa – a arte urbana dos grafismos – que está diretamente relacionada à problemática aqui exposta, o *corpus* da pesquisa foi constituído por discursos[191] que emergiram de diferentes fontes:
- vídeos disponíveis no YouTube e na Netflix que discutem os grafismos como manifestação artística, em especial na cidade de São Paulo;
- perfis de Instagram que apresentam trabalhos de artistas urbanos na capital paulista;
- matérias, reportagens na mídia televisiva, em sites e em jornais de grande circulação que trataram do fenômeno pesquisado, especialmente tendo dois momentos críticos de maior embate entre o poder público e os artistas urbanos: a implementação do Programa *Cidade Limpa*, que apagou grafismos espalhados pela cidade durante a gestão do prefeito Gilberto Kassab, e a ação semelhante do prefeito João Doria, com o Programa *Cidade Linda*;
- Audiências públicas, leis e decretos nas três esferas (federal, estadual e municipal) que se relacionam ao uso dos grafismos com impacto na cidade de São Paulo;
- entrevistas semiestruturadas com artistas urbanos cujo objetivo foi esclarecer pontos complementares da pesquisa.

O *corpus* desta pesquisa foi composto por 560 textos, sendo 12 entrevistas, 215 escritos e 333 multimídias (Figura A.2). Tal seleção, em especial as matérias

---

[191] Adoto aqui o termo *discurso* como algo que vai além das noções de senso comum. Discurso é compreendido para fins de estudo em análise do discurso cuja conceituação está relacionada a pelo menos quatro dimensões da linguagem: como sistema, conhecimento, comportamento e arte. A linguagem como sistema se refere ao repertório de recursos fonológicos, léxico-gramaticais e semânticos. A linguagem como conhecimento diz respeito aos processos cognitivos envolvidos na produção, compreensão e processamento de textos. A linguagem como comportamento se refere ao uso da linguagem como atividade semiótica de interação e de ação social. Finalmente, a linguagem como arte se preocupa com o caráter literário dos textos e com os contextos em que se inserem (MEURER; DELLAGNELO, 2008).

jornalísticas, foi feita a partir desses dois maiores embates registrados entre o poder público e os artistas urbanos da cidade de São Paulo nas gestões de Gilberto Kassab e João Doria. Posso afirmar que a gestão de Fernando Haddad foi a que apresentou menos ocorrências coletadas, justamente por ter sido menos tumultuada nesse aspecto, tendo até implementado determinadas iniciativas de estímulo ao grafite.

À medida que as grandes tensões eram noticiadas, a discussão sobre arte urbana era exaltada, emergindo novos textos, bem como resgatando outros mais antigos produzidos e disponibilizados especialmente na Internet.

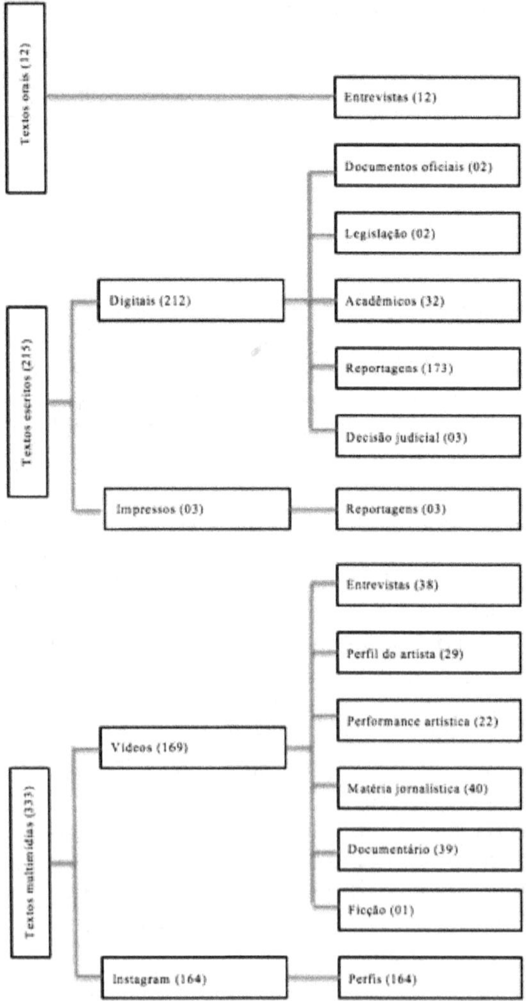

Figura A.2: *Corpus* de pesquisa com categorias textuais.
Fonte: Adaptado de Bauer e Gaskell, 2013.

Merecem destaque os vídeos coletados no YouTube e na Netflix que totalizaram aproximadamente 85 horas de conteúdo audiovisual. Além de apresentar a história de vida de diversos artistas urbanos, a maioria deles expõe interessantes relações entre a arte urbana e as atuais condições sócio-espaciais das metrópoles brasileiras, em particular São Paulo. Esse exercício aconteceu predominantemente a partir do olhar do artista de rua, porém os discursos da sociedade em geral, do poder público e de especialistas de arte também se fazem presentes, em menor proporção.

As entrevistas foram feitas na última fase de coleta de dados como complementação àqueles já disponíveis. Elas serviram no sentido de buscar maiores esclarecimentos ou de contemplar assuntos que, até então, não foram tratados anteriormente e tinham relação direta com a hipótese inicial de pesquisa. Para a seleção dos entrevistados, foi utilizada a técnica de *snowball* (BIERNACKI; WALDORF, 1981), também comumente conhecida no Brasil como *bola de neve,* ou ainda *cadeia de informantes* (BALDIN; MUNHOZ, 2011). Essa técnica consiste em uma composição de uma amostra não probabilística, utilizada nas ciências sociais, que lança mão de cadeias de referência em que os participantes iniciais de uma pesquisa indicam novos participantes sucessivamente, tendo como limite o ponto de saturação, ou seja, quando os conteúdos transmitidos pelos participantes já não trazem mais informações relevantes para a pesquisa (WHA, 1994).

Porém, é importante registrar que Handcock e Gile (2011) alertam para o uso do termo *snowball* nas ciências sociais, pois se percebe a existência de vários termos para o mesmo conceito, como também vários conceitos relacionados a essa técnica.

O primeiro trabalho a utilizar a amostragem por bola de neve foi realizado pelo Columbia Bureau of Applied Social Research na década de 1940. Seu objetivo era analisar a influência pessoal por meio da mídia. Para tal, buscava-se identificar o quanto os líderes de opinião influenciavam os seus seguidores. Percebeu-se, na ocasião, um erro amostral, haja vista que os pares selecionados nem sempre apresentavam uma relação entre o líder de opinião e seu seguidor (BARTON, 2001). Para resolver essa questão, o pesquisador Robert Merton pediu aos entrevistados em uma amostra que nomeassem as pessoas que os influenciavam, o que gerou uma segunda onda de pessoas influentes, que foram entrevistadas caracterizando o método bola de neve (MERTON, 1949).

Albuquerque (2009) explica que, em uma pesquisa de cadeia de referência, o ideal é coletar o máximo de informações sobre todos os membros que compõem a rede estudada (*complete network design*) ou, ainda, realizar uma amostra aleatória de participantes (*local network design*). Porém, diante de impossibilidades apresentadas pelo pesquisador, o método de bola de neve pode ser recomendado, justamente por utilizar a abordagem em cadeias.

Percebo, portanto, que essa técnica é aderente ao método cartográfico (DELEUZE; GUATTARI, 2000) a ser utilizado na pesquisa, uma vez que as entrevistas buscaram conhecer as experiências dos entrevistados que influenciaram em sua produção artística, aventurando-se, desnovelando investigações, localizando pistas e signos no processo em curso (MOURA; HERNANDES, 2012).

A ideia de rizoma discutida por Deleuze e Guattari (2000) pode ser compreendida como uma rede, porém afastando-se de qualquer eixo nuclear ou central, bem como de uma estrutura profunda. Isso impossibilita qualquer relação amostra/totalidade, permitindo ao pesquisador, no máximo, traçar mapas que busquem uma coerência na pesquisa em foco.

Atkinson e Flint (2001) alertam para as dificuldades identificadas no uso da técnica de bola de neve. Inicialmente, há o comprometimento na qualidade dos dados, pois haverá naturalmente um viés na seleção dos entrevistados por dependerem das escolhas subjetivas dos primeiros entrevistados (chamados de sementes). Isso naturalmente promoverá uma coesão na rede social selecionada e perderá elementos isolados da rede que não estejam conectados. Com isso, não será permitido aos pesquisadores fazerem alegações de generalidade a partir dessa amostra (GRIFFITHS et at., 1993).

Um segundo ponto para reflexão está na identificação dos entrevistados iniciais, ou sementes. Pela natureza do campo da pesquisa, eles podem ser difíceis de identificação e localização, demandando um prévio conhecimento do pesquisador. Nessas circunstâncias, é possível que pessoas em posições de autoridade ou proximidade relativa possam fornecer uma rota para a população requerida (GRIFFITHS et at., 1993; FAUGIER; SERGEANT, 1997).

Por fim, outra observância indispensável está na possível hostilidade que o pesquisador pode enfrentar no contato inicial com as pessoas indicadas (os filhos das sementes). Para Moore (1996), esse obstáculo é mais provável entre grupos marginalizados. Portanto, é essencial estabelecer a confiança dos respondentes, o que ocorre, normalmente de maneira lenta, à medida que os objetivos do estudo e suas consequências são apresentados com transparência para os respondentes (BERG, 1988; FAUGIER; SERGEANT, 1997). Tanto em termos éticos como práticos, os entrevistados precisam ser tranquilizados quanto à proteção da informação que fornecem e tal garantia de confidencialidade só pode ser demonstrada ao longo do tempo.

No caso da pesquisa de campo, a seleção de grafiteiros e pichadores foi feita com a técnica de bola de neve. Como entrevistados sementes, foram selecionados dois artistas urbanos (um grafiteiro e um pichador) a partir dos seguintes critérios:
- com reconhecida produção artística local;
- que evoquem em sua produção artística questões levantadas nas discussões defendidas nesta tese, evidenciando o traço problematizador da vida cotidiana em centros urbanos (GITAHY, 1999; KP, 2001; WAINER, 2005; VAZ, 2013);
- com atuação política em defesa da arte urbana dos grafismos;

A partir da primeira onda de entrevistas, houve indicações de outros artistas urbanos, compondo, ao término, o quadro de 12 entrevistados, sendo 7 grafiteiros e 5 pichadores.

Essa composição do *corpus* a partir de diferentes fontes discursivas leva em consideração o entendimento de Silva (2005) em que a sua análise reconhece o homem e a língua em suas concretudes, não enquanto sistemas abstratos. Ou seja, insere o homem e a linguagem à sua exterioridade, à sua historicidade. Sendo assim, adotei para esta tese a técnica de análise do discurso como recurso capaz de, a partir da problematização apresentada, extrapolar o texto e atingir o contexto, observando como se configuram as relações em determinada situação, os sujeitos, encontros e confrontos, suas ideologias (BRANDÃO, 1986).

Em complementação, Maingueneau (2014) compreende que o interesse específico que governa a disciplina *Análise do Discurso* é de:

> apreender o discurso como entrecruzamento de um texto e de um lugar social, quer dizer que seu objeto não é nem a organização textual nem a situação de comunicação, mas aquilo que os une através de um dispositivo de enunciação específico que provém ao mesmo tempo do verbal e do institucional (MAINGUENEAU, 2014, p.143).

Nesse sentido, em *Handbook of Discourse Analysis,* Van Dijk (1985) identifica na análise do discurso o estudo do uso real da linguagem por falantes reais em situações reais. Isso é uma forma eficaz de tomar conhecimento da grande diversidade dos trabalhos sobre discurso, porém sem sinalizações precisas de limites. Mais adiante, em *Discurso e Poder,* Van Dijk (2008), ao instituir a Análise Crítica do Discurso, estabelece uma relação entre discurso e poder e conclui que as elites simbólicas, que têm acesso privilegiado aos discursos públicos, também controlam a reprodução discursiva da dominação na sociedade. Mais do que apenas estudar as manifestações de poder por meio do discurso, busca-se concentrar a atenção nas práticas de abuso de poder, formas de dominação que resultam em desigualdade e injustiça sociais.

Gill (2013) traz esse mesmo entendimento político ao explicar que a linguagem não pode ser considerada um meio neutro de refletir ou descrever o mundo. Na verdade, o discurso é de importância central na construção da vida social.

Partindo do pressuposto de que a construção social da realidade está no âmbito do discurso (a partir da fala, da ação ou de imagens), diversos textos podem contribuir para erguer ou destruir teorias e práticas. A construção do conhecimento compreende a busca da verdade, a qual se modifica ao longo do tempo e depende do entendimento de quem a transmite. Para chegar a determinada verdade, é preciso empreender esforços que permitam compreender as conexões do discurso, compondo um rizoma com caminhos, interseções e particularidades (MACHADO, 2006).

Utilizar a análise do discurso significa, portanto, uma tentativa de entender e explicar a construção do sentido de um texto e como o mesmo se articula com a história e a sociedade que o produziu. O discurso é um objeto tanto linguístico como histórico e sua compreensão implica em analisar esses dois elementos simultaneamente. Sendo assim, empreender a análise do discurso significa envidar esforços para fazer uma análise interna e externa do texto. Interna no sentido de analisar o que é dito e como é dito, e externa para compreender o contexto que justifica o texto em circulação em uma sociedade.

Gill (2013) reforça que a análise do discurso tem quatro temas principais que não podem ser ignorados:

> [...] uma preocupação com o discurso em si mesmo; uma visão da linguagem como construtiva (criadora) e construída; uma

ênfase no discurso como uma forma de ação; e uma convicção na organização retórica do discurso (GILL, 2013, p. 247).

Tal percurso é destrinchado por Orlandi (2011) e Fonseca (2014) quando explicam que a relação entre os campos da língua e da sociedade se dá por meio da produção de sentido: inicialmente com o sentido linguístico (da língua), em seguida com o sentido textual (das frases do texto, do cotexto e do texto imediato), chegando ao sentido ideológico (histórico, social e contextual).

Nesse sentido, aqueles pesquisadores que adotam a análise do discurso consideram todo e qualquer discurso como prática social, circunstancial e totalmente relacionado com o contexto e a situação que o criou. A análise procurará relacionar o campo da língua (podendo ser estudada pela Linguística) com o campo da sociedade (apreendida pela História e pela ideologia). Dentre esses autores, aqueles que seguiram a linha do pós-estruturalismo francês – bastante presente no discurso anglo-saxônico – normalmente trabalharam no campo dos estudos culturais e da Análise Crítica do Discurso (presente nesta tese) ou por meio de certas posturas ligadas a estudos de gênero e pós-coloniais (MAINGUENEAU, 2014; GREGOLIN, 1995).

Apêndice B
Parte da composição do corpus

B.1 Vídeos disponibilizados no YouTube e na Netflix

Ordem	Vídeo	Breve descritivo*	Produção Postagem	Data de postagem	Duração
01	A polêmica dos grafites em São Paulo	Programa Entre Aspas. A prefeitura de São Paulo mandou pintar os muros da 23 de maio, ícone do grafite na cidade. A ação gerou protestos e intensos debates. Apesar da reação, o prefeito João Dória até agora descarta qualquer recuo. Convidados: o Secretário Municipal de Cultura André Sturm e o arquiteto e urbanista Martin Corullon.	Globonews	24/01/2017	24:22
02	Grafite, Pixo ou Cinza?	Marcelo Mesquita, diretor do documentário Cidade Cinza, discutiu a polêmica que envolve o grafite, o pixo e a medida da prefeitura de apagá-los. As questões que envolvem esta discussão vão além de considerar o grafite/pixo arte, mas olhar pra quem o faz, o porquê, a influência da cidade e como conversar sobre o assunto.	Vivi Eu Vi	26/01/2017	20:20
03	Pichação é arte? – Cidade Ocupada	Fred Melo Paiva investiga se pichação é uma forma de arte em uma cidade como São Paulo.	Cidade Ocupada	13/04/2016	26:56
04	Paredes que gritam	Doze artistas de lugares diferentes da cidade de São Paulo falam sobre trabalho, arte urbana, censura, política, entre outros assuntos que englobam a arte do graffiti.	Coletivo Ganzá	07/03/2016	1:11:52
05	Pixo: Arte Libertária - Entrevista com Cripta Djan	A Revista Vaidapé foi até Osasco entrevistar o pixador Cripta Djan. Na entrevista, foram contemplados os assuntos: o pixo em São Paulo, a relação com o graffiti e a opressão policial.	Revista Vaidape	22/09/2015	4:21
06	Occupation visuelle (Ocupação visual) [pixação]	Estudo realizado na Universidade Toulouse Jean Jaurés sobre o pixo de São Paulo. Essa pesquisa durou quatro meses e foi feita no	La Taguerie	28/10/2015	16:00

		inicio do ano 2015.			
07	Grafite, arte, vandalismo e preconceito no Cultura de Ponta	Partindo da ideia de que é preciso ouvir a voz das ruas, o debate alerta para o fato de os muros das grandes cidades gritarem mensagens todos os dias. Busca-se entender quais mensagens essa arte urbana deseja passar. Obs: Programa realizado no Rio de Janeiro.	AfroReggae	07/04/2014	1:07:09
08	arte urbana: Rui Amaral conta a história do grafite no Brasil	Pintar muros e paredes não é algo criado na contemporaneidade. Desde a Pré-História os homens já deixavam os seus registros nas cavernas. Nessa entrevista, Rui Amaral fala sobre sua trajetória, como era grafitar tendo de driblar a polícia na época da ditadura e dos planos para o futuro.	lojaaovivo.tv	18/03/2015	18:43
09	Documentário - arte urbana: Gritando Valores, Expondo Verdades	Documentário feito por alunos do 1º período do curso de Publicidade e Propaganda da PUC/Campinas.	Gabriel Soares	31/05/2016	26:55
10	Documentário "Expressão da Rua"	O documentário Expressão da Rua é um produto elaborado a partir da monografia de Liege Scremin e Matheus Gasparin, como conclusão do curso de Jornalismo da UniBrasil, em 2013. A principal intenção era mostrar envolvidos com as intervenções urbanas na cidade de Curitiba.	Expressão da Rua	23/01/2014	28:13
11	PixoAção 02 - Versão Festival 20 min. oficial	O documentário PixoAção II aborda o pixo como ruído revelador. Traços, ideias e tintas manipulados pelo elemento humano livremente munido de ação similar ao das "artes" e da tipografia, desafiam iconicamente a propriedade privada ao incomodar. Não é arte no sentido de enaltecedora, mas contém elementos do fazer artístico.	Bruno Locuras	28/08/2014	20:01
12	"Pixo"	O documentário produzido João Wainer e Roberto T. Oliveira mostra a invasão da Faculdade Belas Artes por pichadores. Prédios escalados pelo lado de fora e muito pixo compõem esse documentário.	José Sales Neto	02/10/2010	10:00
13	Pixadores em ação – Parte 03 (completo)	Vídeo produzido em 2001 mostra pichadores em ação, compondo uma verdadeira performance artística que vai além dos pixos, mas de equilíbrio, resistência e movimento de corpos em contato com paredes e muros.	streetrasta	08/12/2012	30:08

14	Poli entrevista os Gêmeos	Os grafiteiros Otávio e Gustavo mostram uma afinidade incomum na produção de grafites. Isso é revelado nesse vídeo em um conversa com a jornalista Maria Cristina Poli.	TV Cultura Digital	12/07/2013	25:58
15	SAMPA GRAFFITI 12 | Crânio	SAMPA GRAFFITI é uma série de vídeos que enfoca o trabalho de grafiteiros que atuam na cidade de São Paulo e arredores. Entrevista com Crânio.	Paulo Taman	11/09/2011	05:34
16	SAMPA GRAFFITI 20 | Alex Orsetti	SAMPA GRAFFITI é uma série de vídeos que enfoca o trabalho de grafiteiros que atuam na cidade de São Paulo e arredores. Entrevista com Alex Orsetti.	Paulo Taman	09/11/2016	06:46
17	SAMPA GRAFFITI 19 | Paulo Ito	SAMPA GRAFFITI é uma série de vídeos que enfoca o trabalho de grafiteiros que atuam na cidade de São Paulo e arredores. Entrevista com Paulo Ito.	Paulo Taman	23/12/2014	09:36
18	SAMPA GRAFFITI 18 | Ignoto	SAMPA GRAFFITI é uma série de vídeos que enfoca o trabalho de grafiteiros que atuam na cidade de São Paulo e arredores. Entrevista com Ignoto.	Paulo Taman	12/07/2013	08:15
19	SAMPA GRAFFITI 17 | Sipros	SAMPA GRAFFITI é uma série de vídeos que enfoca o trabalho de grafiteiros que atuam na cidade de São Paulo e arredores. Entrevista com Sipros.	Paulo Taman	03/01/2013	05:04
20	SAMPA GRAFFITI 16 | Magrela	SAMPA GRAFFITI é uma série de vídeos que enfoca o trabalho de grafiteiros que atuam na cidade de São Paulo e arredores. Entrevista com Magrela.	Paulo Taman	18/09/2012	08:38
21	SAMPA GRAFFITI 15 | Vermelho	SAMPA GRAFFITI é uma série de vídeos que enfoca o trabalho de grafiteiros que atuam na cidade de São Paulo e arredores. Entrevista com Vermelho.	Paulo Taman	02/07/2012	06:30
22	SAMPA GRAFFITI 14 | Iskor	SAMPA GRAFFITI é uma série de vídeos que enfoca o trabalho de grafiteiros que atuam na cidade de São Paulo e arredores. Entrevista com Iskor.	Paulo Taman	26/02/2012	06:17
23	SAMPA GRAFFITI 13 | Jhoão Henr	SAMPA GRAFFITI é uma série de vídeos que enfoca o trabalho de grafiteiros que atuam na cidade de São Paulo e arredores. Entrevista com Jhoão Henr.	Paulo Taman	17/10/2011	05:32
24	SAMPA GRAFFITI 11 | Cavera	SAMPA GRAFFITI é uma série de vídeos que enfoca o trabalho de grafiteiros que atuam na cidade de São Paulo e arredores. Entrevista com	Paulo Taman	08/08/2011	07:30

		Cavera.			
25	SAMPA GRAFFITI 10 | Ozi	SAMPA GRAFFITI é uma série de vídeos que enfoca o trabalho de grafiteiros que atuam na cidade de São Paulo e arredores. Entrevista com Ozi.	Paulo Taman	22/05/2011	06:09
26	SAMPA GRAFFITI 9 | Feik	SAMPA GRAFFITI é uma série de vídeos que enfoca o trabalho de grafiteiros que atuam na cidade de São Paulo e arredores. Entrevista com Feik.	Paulo Taman	30/03/2011	05:46
27	SAMPA GRAFFITI 8 | Gen Duarte	SAMPA GRAFFITI é uma série de vídeos que enfoca o trabalho de grafiteiros que atuam na cidade de São Paulo e arredores. Entrevista com Gen Duarte.	Paulo Taman	29/01/2011	05:18
28	SAMPA GRAFFITI 7 | Truff	SAMPA GRAFFITI é uma série de vídeos que enfoca o trabalho de grafiteiros que atuam na cidade de São Paulo e arredores. Entrevista com Truff.	Paulo Taman	17/12/2011	04:37
29	SAMPA GRAFFITI 6 | Tikka	SAMPA GRAFFITI é uma série de vídeos que enfoca o trabalho de grafiteiros que atuam na cidade de São Paulo e arredores. Entrevista com Tikka.	Paulo Taman	25/08/2010	05:13
30	SAMPA GRAFFITI 5 | Galo	SAMPA GRAFFITI é uma série de vídeos que enfoca o trabalho de grafiteiros que atuam na cidade de São Paulo e arredores. Entrevista com Galo.	Paulo Taman	24/06/2010	05:28
31	SAMPA GRAFFITI 4 | Nick Alive	SAMPA GRAFFITI é uma série de vídeos que enfoca o trabalho de grafiteiros que atuam na cidade de São Paulo e arredores. Entrevista com Nick Alive.	Paulo Taman	09/05/2010	04:21
32	SAMPA GRAFFITI 3 | Dingos	SAMPA GRAFFITI é uma série de vídeos que enfoca o trabalho de grafiteiros que atuam na cidade de São Paulo e arredores. Entrevista com Dingos.	Paulo Taman	05/04/2010	04:05
33	SAMPA GRAFFITI 2 | Biofa e Pixote	SAMPA GRAFFITI é uma série de vídeos que enfoca o trabalho de grafiteiros que atuam na cidade de São Paulo e arredores. Entrevista com Biofa e Pixote.	Paulo Taman	10/02/2010	05:17
34	SAMPA GRAFFITI 1 | Vado do Cachimbo	SAMPA GRAFFITI é uma série de vídeos que enfoca o trabalho de grafiteiros que atuam na cidade de São Paulo e arredores. Entrevista com Vado do Cachimbo.	Paulo Taman	29/01/2010	03:16
35	Graffiti Videoguia 5 | Bixiga	Série produzida por Paulo Taman onde ele mesmo visita importantes pontos da cidade de São Paulo, identifica os grafites e cita os artistas que os	Paulo Taman	19/01/2017	05:28

		produziram.			
36	Graffiti Videoguia 4 | Minhocão	Série produzida por Paulo Taman onde ele mesmo visita importantes pontos da cidade de São Paulo, identifica os grafites e cita os artistas que os produziram.	Paulo Taman	26/12/2016	04:47
37	Graffiti Videoguia 3 | Parque Ibirapuera	Série produzida por Paulo Taman onde ele mesmo visita importantes pontos da cidade de São Paulo, identifica os grafites e cita os artistas que os produziram..	Paulo Taman	13/12/2016	06:30
38	Graffiti Videoguia 2 | Mural Etnias – Kobra	Série produzida por Paulo Taman onde ele mesmo visita os principais pontos da cidade, identifica os grafites e cita os artistas que os produziram. Obs.: Vídeo realizado no Rio de Janeiro – grafite específico de Kobra na ocasião das olimpíadas 2016.	Paulo Taman	07/12/2016	02:37
39	Graffiti Videoguia 1 | Beco do Batman	Série produzida por Paulo Taman onde ele mesmo visita importantes pontos da cidade de São Paulo, identifica os grafites e cita os artistas que os produziram.	Paulo Taman	28/11/2016	04:53
40	Morador do Beco do Batman cobre grafites com tinta	Responsável por cobrir muro com tinta cinza, morador do Beco do Batman fala sobre o caso e diz que grafites podem voltar a ser pintados.	Vídeos Vídeos	11/04/2017	01:08
41	Muro do Beco do Batman é pintado de cinza	Notícia sobre a ação de morador do Beco do Batman que pintou de cinza um muro de sua propriedade, apagando o grafite ali impresso.	SP TV	11/04/2017	04:24
42	The Noite (08/11/16) - João Doria faz picho em muro do SBT	Inspirado no Pato Donald de Fernando Haddad, o gestor João Doria deixa seu desenho num "muro" do programa.	The Noite com Danilo Gentili	09/11/2016	02:43
43	Morador pinta muro do Beco do Batman de cinza	Cansado do barulho e do que chama de falta de respeito de alguns grafiteiros, o aposentado resolveu pintar o muro de sua casa de cinza. Acontece que o muro em questão integra a galeria de grafite a céu aberto conhecida como Beco do Batman na Vila Madalena, na zona oeste de São Paulo.	Vídeo Noticias	17/04/2017	0:33
44	Documentário do artista Alexandre Orion	Brasileiro, nasceu em uma avenida movimentada da cidade de São Paulo. Acostumou-se desde pequeno a ver o movimento constante das pessoas durante o dia, a dormir com o barulho dos carros à noite. Orion aceitou muito cedo o convite das ruas. Seu primeiro	Galerialnox	14/08/2013	10:32

		graffiti foi feito quando ele tinha apenas 14 anos.			
45	Alexandre Orion. Defense D'afficher	De forma poética, o artista Alexandre Orion fala de sua vida, trabalho, cidade, estabelecendo conexões interessantes entre esses assuntos.	TelaTV	28/08/2015	08:40
46	Paredes que falam: Alexandre Orion	Pintar paredes é uma prática comum desde os tempos das cavernas, mas muitas coisas mudaram desde a arte rupestre. Esta produção original do I.Sat destaca o histórico, único e até mesmo sagrado do mundo das pichações de rua de São Paulo, Buenos Aires e Cidade do México.	I.SatChannel	30/11/2011	07:09
47	Srur e Orion falam como arte urbana, tecnologia e transgressão se encontram	Os artistas multimídia Eduardo Srur e Alexandre Orion batem papo sobre o panorama da arte de rua no Brasil e no mundo e como a tecnologia pode estar ao lado dos artistas. Orion também apresenta seu novo projeto: Lampoonist, instalação a ser realizada na SP-Arte, uma das maiores feiras de arte do Brasil.	What's Next?	11/03/2014	03:57
48	DIVERSO - arte urbana - Programa completo	O programa percorre ruas, viadutos, avenidas. Mira seu olhar para postes, placas e árvores das grandes cidades e discute as Artes Urbanas. Como elas aguçam a cabeça de curadores e alimentam as discussões em torno dos espaços públicos e privados? De que modo elas são capazes de conviver com as metrópoles em constantes modificações?	Diverso	03/04/2014	25:34
49	100comedia vol5	Ao som do hip-hop, o documentário é uma série de imagens com pichadores em ação. Em alguns momentos, há breves relatos de pichadores sobre sua experiência.	Hatti Watti	04/11/2013	1:01:11
50	100comedia vol4	Ao som do hip-hop, o documentário é uma série de imagens com pichadores em ação. Em alguns momentos, há breves relatos de pichadores sobre sua experiência.	Hatti Watti	04/11/2013	45:41
51	100comedia vol3	Ao som do hip-hop, o documentário é uma série de imagens com pichadores em ação. Em alguns momentos, há breves relatos de pichadores sobre sua experiência.	Hatti Watti	04/11/2013	1:15:48
52	100comedia vol2	Ao som do hip-hop, o documentário é uma série de	Hatti Watti	04/11/2013	1:25:41

		imagens com pichadores em ação. Em alguns momentos, há breves relatos de pichadores sobre sua experiência.			
53	100comedia vol1	Ao som do hip-hop, o documentário é uma série de imagens com pichadores em ação. Em alguns momentos, há breves relatos de pichadores sobre sua experiência.	Hatti Watti	04/11/2013	1:25:37
54	100comedia vol6	Ao som do hip-hop, o documentário é uma série de imagens com pichadores em ação. Em alguns momentos, há breves relatos de pichadores sobre sua experiência. Obs.: Faixa de áudio retirada por questões de direitos autorais.	Hatti Watti	04/11/2013	44:48
55	Episódio 1 – Gang da Escalada	Segue o episódio da Security Fail Filmes registrando a real intervenção de rua. Nesse episódio, contamos com a participação da grife "Gang da Escalada" onde o lema é "Por fora sempre"	Security Fail Filmes.	14/03/2017	08:09
56	Documentário "A Guerra aos Pichadores" | Conexão Repórter	Programa com diversidade temática que tratou especificamente o caso da pichação em São Paulo.	Conexão Reporter	20/03/2017	53:43
57	Os + antigos - 23 anos	Vídeo exibe Os + Antigos com a festa da Pirâmide mais Famosa de São Paulo, realizada em Prol de arrecadar fundos às ONG´s não governamentais: Lar, Amor e Instituição Carequinha.	MHUM Produções	29/02/2016	19:06
58	Luz, Câmera, PICHAÇÃO - Filme Completo	"Pichação" não é graffiti. Esta é uma distinção que só acontece no Brasil. Quer maior subversão que assinar uma cidade que parece não ter sido projetada para você, com seu nome inventado? "Luz, Câmera, PICHAÇÃO" é o primeiro documentário que conta com a presença apenas de pichadores (as), sem ninguém de fora da cultura.	Gustavo Coelho	02/02/2016	1:42:33
59	Profissão Repórter Parte 1 - Pichação	Programa com diversidade temática que tratou especificamente o caso da pichação em diferentes metrópoles do Brasil, incluindo São Paulo.	Rede Globo	21/09/2016	27:12
60	Profissão Repórter Parte 2 - Pichação	Programa com diversidade temática que tratou especificamente o caso da pichação em diferentes metrópoles do Brasil, incluindo São Paulo.	Rede Globo	21/09/2016	08:10
61	Um olhar sobre	A pichação está por todos os	Diário de	16/10/2015	04:04

	os pichadores	lados. Nos monumentos, muros das casas, no alto dos edifícios. Considerada crime e alvo de antipatia social, tem sido cada vez mais analisada como fenômeno cultural. Obs.: Vídeo realizado em Recife.	Pernambuco		
62	Pichadores atacam a bienal	Reportagem do Progama Metropolis da TV Cultura, exibindo a ação de pichadores na Bienal de Arte em São Paulo em 2008.	TV Cultura	30/10/2008	03:01
63	Pichadores em Ação no Museu de Arte	Vídeo mostra a ação de pichação realizada no Museu de Arte em São Paulo.	Hemanuel Borges	15/09/2009	05:48
64	"Vemos a cidade como suporte para nossa arte", diz pixador	Em entrevista à #tvCarta, o diretor Amir Escandari e os pixadores Cripta Djan e Biscoito falam sobre o filme "Pixadores" e defendem a pixação como forma de expressão.	CartaPlay	30/10/2015	04:42
65	História de um pixador bem sucedido, Xuim	História de um pixador bem sucedido – Xuim – engenheiro, empresário e pichador Marcelo Lins.	Mais Cidade	13/10/2015	06:52
66	Xuim	Relato pessoal de um pixador sobre sua trajetória de vida e atuação no campo da arte urbana, mais especificamente a pichação. Entrevistado: Xuim.	O Pixador	15/12/2014	06:46
67	Perigo	Relato pessoal de um pixador sobre sua trajetória de vida e atuação no campo da arte urbana, mais especificamente a pichação. Entrevistado: Perigo.	O Pixador	12/12/2014	05:05
68	Cripta Djan	Relato pessoal de um pixador sobre sua trajetória de vida e atuação no campo da arte urbana, mais especificamente a pichação. Entrevistado: Cripta Djan.	O Pixador	12/12/2014	05:43
69	TATEI - Conversas com um ex-pixador	Relato pessoal de um ex-pixador sobre sua trajetória de vida e atuação no campo da arte urbana, mais especificamente a pichação.	Renata Vuolo	09/07/2012	05:02
70	Jets & Anormal – Erika, Lin O Animal e Lokão.	Relato pessoal de pixadores sobre sua trajetória de vida e atuação no campo da arte urbana, mais especificamente a pichação.	O Pixador	12/12/2014	07:22
71	Serie mostra a história de jovens que morreram e mataram em nome da pichação	A morte é questão de segundos na vida de um pichador. O risco da queda, o enfrentamento com a polícia e até a guerra entre gangues provocam vítimas nas ruas de todo o país.	Jornal da Record	04/10/2016	12:12
72	Série mergulha no mundo das gangues que se	Fachadas, muros e monumentos pichados. Ninguém entende o que está escrito e dá trabalho	Jornal da Record	03/10/2016	09:02

	reúnem para rabiscar a cidade	para limpar. A pichação é crime, mas para quem pratica é muito mais do que isso. Na calada da noite, os pichadores se sentem mais à vontade e é nessa hora que eles tomam conta das ruas de São Paulo.			
73	Pichação	Vídeo acompanha pichadores em ação e o que a sociedade diz sobre eles.	NT Reporter	03/11/2014	28:11
74	Pedro e Bianca - Episódio 10: Pichação	Ao descobrir que o pai parece ter um relacionamento fora do casamento, Pedro revolta-se e assume um comportamento destrutivo. Ele adere a um grupo de pichadores, mas vai longe demais, ao pichar os muros da escola. Obs.: Ficção produzido pela Secretaria de Educação do Estado de São Paulo e pela Fundação para o Desenvolvimento da Educação.	Pedro e Bianca	24/05/2013	24:39
75	Pichação em São Paulo	Relato de pichadores sobre sua experiência de pichar, bem como o entendimento do fenômeno por especialistas.	umils	31/09/2009	05:12
76	Kobra usa 1200 latas de spray para compor grafite em São Paulo	O grafiteiro Eduardo Kobra usou 1200 latas de spray, 20 galões de 18 litros de látex acrílico branco e 50 galões de 3,6 litros de esmalte sintético para fazer o grafite em um prédio na avenida Faria Lima, zona oeste de São Paulo. O desenho está em um prédio na Faria Lima com a Rebouças.	Camfwane World.	27/09/2016	02:15
77	Grafiteiros Brasileiros – Os Gêmeos e Eduardo Kobra – 3º ano.	Relatos de Eduardo Kobra e dos Gêmeos sobre sua intervenção artística em ruas de São Paulo.	Helenice Carvalho Polezelli	31/05/2016	15:09
78	Os Gêmeos revelam seus rascunhos, ateliê e vida para a Trip.	O TripTV mergulhou no universo colorido e criativo dos irmãos grafiteiros Os Gêmeos, um dos nomes mais importantes e reconhecidos da arte contemporânea brasileira. A dupla explica como o grafite pode funcionar como válvula de escape: "São Paulo sufoca e a gente precisava se expressar, de uma maneira ou de outra".	Trip TV	04/08/2014	03:21
79	Grafite no Brasil	"Grafite ou grafito (do italiano graffiti, plural de graffito) é o nome dado às inscrições feitas em paredes, desde o Império Romano. Considera-se grafite uma inscrição caligrafada ou um desenho pintado ou gravado sobre um suporte que não é normalmente previsto para esta	BlackSoundbr	22/08/2013	04:57

		finalidade.			
80	Curta Artes: II Bienal Graffiti	Com o objetivo de traçar um panorama de estilos, técnicas e conceitos do graffiti nacional e internacional, foi realizada no Museu Brasileiro da Escultura (Mube), em São Paulo, a II Bienal Internacional Graffiti Fine Art. Neste programa, o curador Binho Ribeiro apresenta trabalhos de 50 artistas que fazem parte da mostra.	SescTV	14/01/2014	05:15
81	III Bienal de Graffiti de São Paulo	Esse vídeo revela a visita à Bienal de Graffiti em São Paulo realizada entre abril e maio de 2015.	Perca a Novela	01/05/2015	06:27
82	Beco do Batman e o Muro Cinza	Morador do famoso Beco do Batman, na Vila Madalena, resolveu pintar o seu muro de cinza, apagando todos os grafites e demais obras de arte que estavam ali retratadas. Muitas pessoas ficaram indignadas enquanto outras ficaram do lado do morador.	Lucas Torres	13/04/2017	06:50
83	Beco do Batman	Vídeo mostra apenas imagens dos trabalhos de grafitagem expostos no Beco do Batman.	Juntos Worldwide	02/12/2012	08:06
84	Artista faz grafite contra decisão do prefeito de SP de limpar muros da cidade	No dia de aniversário de 563 anos de São Paulo, o artista Guilherme Andrade fez nesta na quarta-feira, 26, um grafite em protesto à decisão do prefeito da capital paulista, João Doria, de limpar muros das principais vias da cidade.	Agência Efe	25/01/2017	01:17
85	Pichação - Pixo é arte / Vandalismo	Pichação, pixo, grafite é arte urbana ou vandalismo? Depredação de patrimônio público ou privado? E quanto ao Dória pintando tudo de cinza? Devemos dificultar a venda de tinta spray? Questionamentos presentes no vídeo.	Mamaefalei	14/02/2017	05:16
86	Vandalismo ou protesto Investigação revela como agem os pichadores	Programa com diversidade temática que tratou especificamente o caso da pichação em diferentes metrópoles do Brasil, incluindo São Paulo.	Rede Record	03/09/2014	46:17
87	Série JR: conheça o perfil das gangues que picham as cidades	O Jornal da Record mostrou o perfil das gangues que passam as madrugadas sujando paredes e monumentos das cidades.	Jornal da Record	06/10/2016	09:04
88	Graffiti por quem faz - Jerry Batista	Vídeo integrante do Projeto Experimental de curso (TCC) de Artes Visuais com o título "Graffiti por quem faz" realizado pelo aluno Patrick Toledo sob a	Pack Toledo	31/05/2012	15:16

		orientação do profº Dr. Alfonso Ballestero. Entrevistado: Jerry Batista.			
89	Apresentação do TCC: Graffiti por quem faz - O graffiti na visão de novos artistas	Exibição da apresentação feita pelo aluno Patrick Toledo diante da banca avaliadora, realizada no final de 2011.	Pack Toledo	15/10/2012	10:14
90	Graffiti por quem faz - Tikka	Vídeo integrante do Projeto Experimental de curso (TCC) de Artes Visuais com o título "Graffiti por quem faz" realizado pelo aluno Patrick Toledo sob a orientação do profº Dr. Alfonso Ballestero. Entrevistado: Tikka.	Pack Toledo	30/05/2012	15:24
91	Graffiti por quem faz - Eve14	Vídeo integrante do Projeto Experimental de curso (TCC) de Artes Visuais com o título "Graffiti por quem faz" realizado pelo aluno Patrick Toledo sob a orientação do profº Dr. Alfonso Ballestero. Entrevistado: Eve14.	Pack Toledo	27/05/2012	16:31
92	FLOW - IGNOTO	Esse vídeo exibe a narrativa de Ignoto sobre sua produção de grafite.	Canal Flow	01/05/2015	08:19
93	FLOW - SHOCK	Esse vídeo exibe a narrativa de Shock sobre sua produção de grafite.	Canal Flow	12/09/2014	09:00
94	Flow - Marcelo Eco (English Sub)	Esse vídeo exibe a narrativa de Marcelo Eco sobre sua produção de grafite.	Canal Flow	02/11/2013	09:00
95	Bem Bolado - Graffiti e Macrame	Colab entre artistas Thiago Tarm e Alander Especie, feito no morro do Vidigal, no Rio de Janeiro. Obs.: Vídeo realizado no Rio de Janeiro.	Canal Flow	05/03/2015	02:48
96	Blopa - Be Wild (Wildstyle Graffiti)	Esse vídeo apresenta Blopa, um artista do Rio Janeiro, produzindo sua arte em um local abandonado onde atualmente funciona um hostel. Obs.: Vídeo realizado no Rio de Janeiro.	Canal Flow	31/03/2015	02:29
97	DROPS FLOW - Cope2 Fala sobre o graffiti em galerias - Cope2 about graffiti in galleries	Durante passagem da equipe do Canal Flow por Miami, os produtores trocaram ideias com Cope2. Obs.: Vídeo realizado em Miami.	Canal Flow	14/01/2015	04:00
98	FLOW - Blopa	Narrativa de Blopa sobre sua produção de grafite. Obs.: Vídeo realizado no Rio de Janeiro.	Canal Flow	07/07/2015	11:41
99	Fofocalizando - Tudo cinza: Dória apaga grafites de São Paulo	Programa com diversidade temática que tratou especificamente o caso da pichação em diferentes metrópoles do Brasil, incluindo São Paulo.	SBT	23/01/2017	05:28
100	Artistas pintam o maior grafite da America Latina	Artistas correm para terminar os 5 quilômetros de muros com grafite na Avenida 23 de Maio,	Bike é Legal	29/01/2015	02:57

	em São Paulo	autorizados pela Prefeitura para comemoração dos 461 anos de São Paulo. Vídeo-reportagem de Renata Falzoni e Murilo Azevedo.			
101	Vem Comigo - Grafite (10/05/15)	"Vem Comigo" sobre o grafite e arte de rua que ocupa cada vez mais espaço nas ruas da cidade. Os estudantes da Faculdade Cásper Líbero conversam com expositores da 3ª Bienal Internacional de Graffiti que acontece no Parque do Ibirapuera e conhecem um artista que faz trabalhos hiper-realistas.	Vem Comigo	10/05/2015	26:23
102	Traços Urbanos 5 - O Grafite no mundo	Traços Urbanos fala sobre a cultura do grafite no Rio de Janeiro com o objetivo de valorizar a arte urbana carioca, destacando criações que agregam valor à paisagem da cidade. O episódio fala sobre o grafite no exterior; grafiteiros brasileiros que pintam fora do país; a linguagem usada e os grafites em muros do Rio.	Multirio	17/02/2016	07:16
103	Entre Timbres e Traços - arte urbana na PUCSP	Coleção de memórias do evento de arte urbana realizado na PUC-SP onde foram grafitados os muros da prainha por diversos grafiteiros, dentre eles Esbomgaroto, Magrela, Subtu e Kep dos Vadios.	Muda Vídeo	07/07/2014	08:00
104	Entre Traços e Timbres - PUC-SP	Vídeo exibe imagens de grafiteiros em exercício da arte e, em seguida, há a exposição de imagens de um debate com pessoas palestrando em um espaço aberto. Não há o áudio real, apenas um fundo musical com música ao estilo hip-hop.	Ana Paula	28/04/2012	03:09
105	Eduardo Kobra 1998	No ano 1998, o produtor desse vídeo encontrou na Av. Paulista O grafiteiro Kobra e fez este vídeo. Hoje Kobra é artista plástico e pinta murais. Imagens de São Paulo.	Daniel A. Rubio ArtverCom	27/03/2011	08:27
106	Eduardo Kobra - Jô Soares	Jô Soares entrevista Eduardo Kobra no Programa do Jô.	Eduardo Kobra	06/11/2013	22:15
107	A arte urbana de Eduardo Kobra, no Universo da Moda	Pode ser uma bailarina numa parede próxima ao teatro Bolshoi na Rússia. Um retrato de Oscar Niemeyer num prédio da Avenida Paulista. Um beijo entre um marinheiro e uma enfermeira num edifício dos anos 30 em Nova York. Eduardo Kobra conquistou o mundo com seus painéis coloridos e criativos. Fomos até o ateliê do muralista na Vila Madalena.	Universo da Moda	01/07/2015	09:45

108	Eduardo Kobra - Portfólio	Filme sobre Eduardo Kobra, sua história e produção.	Eduardo Kobra	28/03/2014	05:21
109	Como Foi Feito O Maior Mural de Grafitti do Mundo | 5 Lives.	Mundialmente conhecido, o grafiteiro brasileiro Eduardo Kobra explica como fez - junto com a sua equipe - o grafiti em homenagem aos Jogos Olímpicos Rio 2016 que decora a região do Porto Maravilha no Centro.	Olympic	06/10/2016	08:10
110	Grafite Brasil Taiacrew SP ZL.Serie Jungle.	Exibição de imagens de grafiteiros intercaladas com outras de grafites nas ruas de São Paulo. O áudio é de músicas pop.	2010 vibration	10/07/2010	09:17
111	Pixo	Documentário Longa Metragem - PIXO 2010	TX NOW	16/10/2014	1:01:52
112	Cripta Djan no Altas Horas	Djan falar sobre pichação no programa Altas Horas exibido no dia 19/12/2009.	Rede Globo	21/12/2009	05:40
113	Palavra Ética com Djan Ivson (Cripta): Pixador e videomaker. Pixação é arte.	Dia 04/10/2012, Djan Ivson (Cripta), pixador e videomaker, foi entrevistado por Gilvander Luís Moreira, no Programa Palavra Ética, da TV Comunitária de Belo Horizonte -TVC/BH. Djan é um dos mais (re)conhecidos pixadores do Brasil. Ele mora Osasco, zona Oeste de São Paulo, SP.	Gilvander Luís Moreira	06/10/2012	29:16
114	Pichação ganha as galerias de arte	O filme 'Pixo' fez tanto sucesso no exterior, fora que rendeu uma exposição dedicada à pichação brasileira em uma galeria de arte em Paris. Os diretores e o pichador Djan falam da experiência.	Multishow	03/11/2009	02:58
115	Manos e Minas - Grafite x Pichação	Reportagem do Manos e Minas mostra a arte do grafite e explica o que é pichação.	Radar Cultura	02/12/2008	10:28
116		Vídeo-reportagem expõe opiniões de pichadores e do professor de antropologia cultural Massimo Canevacci sobre o fenômeno que tomou faz tempo os muros e edifícios de São Paulo e invadiu em 2008 os espaços institucionais da arte. O vídeo tem depoimento de Caroline Pivetta da Mota, pichadora detida na Bienal de Artes, em outubro de 2008.	Edmilson Sousa	23/01/2009	07:08
117	"Se não fosse a pixação eu não tava vivo. Quem gosta vai até o final"	Vídeo exibe a experiência de pichadores nas ruas de São Paulo. Apenas imagens de artistas urbanos produzindo sua arte.	Poesia da Rua	13/07/2012	10:37
118	Pixação - "Como se faz arte proibida"	Vídeo exibe a experiência de pichadores nas ruas de São Paulo. Apenas imagens de artistas urbanos produzindo sua	downdois13	13/04/2011	07:23

		arte com fundo musical de funk.			
119	Homem que pichou Cristo Redentor revela detalhes da ação dos grupos.	Pela primeira vez, o homem que pichou o Cristo Redentor concedeu entrevista e contou que ficou ameaçado por conta do estrago que fez no monumento símbolo do Rio de Janeiro. Obs.: Vídeo realizado no Rio de Janeiro.	Jornal da Record	05:10:2016	07:55
120	Documentário a arte urbana	A arte urbana é um documentário sobre o grafite e sua relação direta com a arte, destacando como através dele diversos grupos e artistas hoje presentes na cena surgiram e foram reconhecidos pela mídia, indústria e diversos meios de comunicação em massa.	Documentário a arte urbana	13/12/2010	04:31
121	MAAU (Museu Aberto de arte urbana) - 2011	Discussão sobre o Museu Aberto de arte urbana e o diálogo com o poder público para a sua legitimação. Uma tentativa de "organizar a rua" para valorizar a arte urbana.	Pixote Mushi	27/01/2012	11:36
122	EfemeraCidade Documentário	O vídeo exibe a arte urbana por quem vive a arte urbana. Apresentando: Benjamin Juárez, Clark Ars, Daniel Bazco, Daniel Melim, Michel "Cena 7", Law Tissot.	Wendell Sacramento	28/08/2013	24:07
123	Arte na Rua (Episódio 1) - TV Gazeta	Série de quatro episódios exibindo a Arte na Rua em São Paulo e descobrindo o que diversos artistas estão produzindo na cidade.	TV Gazeta	04/02/2015	25:22
124	Arte na Rua (Episódio 2) - TV Gazeta	Série de quatro episódios exibindo a Arte na Rua em São Paulo e descobrindo o que diversos artistas estão produzindo na cidade.	TV Gazeta	04/02/2015	26:26
125	Arte na Rua (Episódio 3) - TV Gazeta	Série de quatro episódios exibindo a Arte na Rua em São Paulo e descobrindo o que diversos artistas estão produzindo na cidade.	TV Gazeta	04/02/2015	26:21
126	Arte na Rua (Episódio 4) - TV Gazeta	Série de quatro episódios exibindo a Arte na Rua em São Paulo e descobrindo o que diversos artistas estão produzindo na cidade.	TV Gazeta	04/02/2015	27:31
127	NO MURO [Parte 01] (Documentário sobre grafite)	Documentário panorâmico sobre o grafite. Apresenta temas e debates essenciais e perfis dos grafiteiros e suas relações com seus trabalhos.	Ariel Bravo	05/09/2010	13:00
128	NO MURO [Parte 02] (Documentário sobre grafite)	Documentário panorâmico sobre o grafite. Apresenta temas e debates essenciais e perfis dos grafiteiros e suas relações com seus trabalhos.	Ariel Bravo	05/09/2010	10:36

		Obs.: o vídeo teve seu áudio retirado por questões de direitos autorais.			
129	Vídeo Documentário - Graffiti.	Vídeo documentário produzido pelo aluno 4° ano de jornalismo Ygor Andrade na 1ª. Bienal Internacional de Grafitti Fine Art	produtoraems	17/12/2010	10:04
130	Cultura de Rua - Graffiti	Documentário que conta um pouco sobre a cultura de rua com foco na arte do graffiti.	Rafael Santos	24/04/2015	12:51
131	Grafite vs Pichação - Antropologia Visual	Mini documentário feito por um grupo de estudantes de Design Gráfico da Faculdades Integradas Barros Melo AESO. Obs.: Vídeo produzido em Recife.	Luiz Felipe	15/11/2013	19:08
132	Entrevista com os gêmeos do grafite noPaulo Miklos Show	Programa regular de entrevistas. Nesse episódio foram entrevistados os Os Gêmeos.	Canal da Mix	16/08/2013	19:17
133	Panelaço com João Gordo - Panduranga com OsGêmeos	Íntegra do texto do vídeo: "Panelaço especialíssimo" com Os Gêmeos, esses malucos que conquistaram o mundo com as suas artes e seus grafites incrivelmente fodas!	Panelaço	08/05/2015	21:48
134	Documentário DUCONTRA	O filme mostra a dinâmica entre artistas e moradores de rua, na ocupação de um antigo clube abandonado, na Serra do Mar, em São Paulo. Em meio ao registro da interação entre a arte urbana da crew Ducontra e apropriação do espaço por alguns moradores de rua, pode-se conferir o trabalho de artistas como Sapo, Melin, Pjota, entre outros e comentários de escritores de graffiti.	Du contra	17/04/2014	1:15:56
135	Documentário - G com P - O Fim é o Começo - Graffiti com Pipoca	O coletivo Graffiti com Pipoca iniciou suas ações em 2006 no bairro do Jabaquara, oferecendo, gratuitamente para a comunidade e interessados, oficinas com aulas teóricas e práticas sobre graffiti e animação. O projeto incentiva manifestações culturais e artísticas, que despertam o potencial criativo e o envolvimento dos participantes.	Graffiti com Pipoca	19/01/2016	19:24
136	Desafio Profissão -- Arte Visual e Grafite	Cada programa da série Desafio Profissão discute uma atividade profissional, com o objetivo de ajudar o jovem no seu processo de escolha de carreira. Os convidados são profissionais e professores atuantes no mercado de trabalho. Convidado: Pixote Mushi - Artista Visual e Grafiteiro.	tvpuc	17/04/2017	28:01
137	Grafiteiro Gabriel Hune abre série de reportagens	Para marcar a semana do aniversário de Bauru, o Unesp Notícias exibe uma série de	TV Unesp	28/07/2015	05:13

	sobre a arte urbana	reportagens sobre o trabalho de grafiteiros da cidade. Na estreia, a gente vai saber o que está por trás dos traços do Gabriel Hune. O artista conta como começou a pintar na rua e de onde vem a inspiração do trabalho dele.			
138	Bem Cultural | Série Hip Hop - A arte do grafite - Parte 1	O Bem Cultural traz o especial Break, continuando a reapresentação da Série hip-hop - Cultura em Movimento, com destaque para o evento hip-hop in Concert 2007, no teatro Francisco Nunes. Participaram das gravações o Rapper Renegado; o MC PDR Valentim; DJ Roger Dee (Dentinho); B-boy Eduardo Sô; B-boy Nelson Triunfo.	Rede Minas	10/07/2012	12:48
139	Bem Cultural | Série Hip Hop - A arte do grafite - Parte 2	O Bem Cultural traz o especial Break, continuando a reapresentação da Série hip-hop - Cultura em Movimento, com destaque para o evento hip-hop in Concert 2007, no teatro Francisco Nunes. Participaram das gravações o Rapper Renegado; o MC PDR Valentim; DJ Roger Dee (Dentinho); B-boy Eduardo Sô; B-boy Nelson Triunfo.	Rede Minas	10/07/2012	13:02
140	Série Pichação - Arte do Grafite	Terceira reportagem, da série que discute a pichação e o grafite. Reportagens produzidas por Ana Flávia Bello e Larissa Nichele - curso de Jornalismo - Universidade Positivo.	Larissa Nichele	05/07/2013	04:09
141	Série Pichação - Pichação x Grafite	Primeira reportagem, da série que discute a pichação e o grafite. Reportagens produzidas por Ana Flávia Bello e Larissa Nichele - curso de Jornalismo - Universidade Positivo.	Larissa Nichele	05/07/2013	05:11
142	Série Pichação – Características Pichação	Segunda reportagem, da série que discute a pichação e o grafitti. Reportagens produzidas por Ana Flávia Bello e Larissa Nichele - curso de Jornalismo - Universidade Positivo.	Larissa Nichele	05/07/2013	03:57
143	Brazilian Graffiti Artists Go to Extraordinary Lengths to Leave Their Mark	Correspondent Stephen Gibbs is in Sao Paulo exploring pichação, the most recent graffiti craze on the streets of Brazil. The graffiti incorporates the use of gothic lettering. The 'artists' go to extraordinary and even illegal lengths to leave their mark in the most visible places around one of the world's largest cities.	CCTV Americas Now	31/07/2012	06:09
144	Graffiti: ASOS x Puma - Os Pixadores	Vídeo produzido com apresentação artística que retrata a experiência de quatro	vivacityru	30/09/2012	04:50

		pichadores. As imagens são expostas com frases de impacto possivelmente expressas pelos próprios pichadores.			
145	Graffiti: Sign Your Style	Apresenta diferentes técnicas de grafite. Um mesmo artista em uma mesma parede vai apresentando diferentes técnicas.	vivacityru	26/04/2012	05:52
146	Documentário - Contra a Parede (2015)	O vídeo documentário foi inicialmente desenvolvido como requisito parcial para aprovação na disciplina Projetos Experimentais do Curso de Comunicação Social / Jornalismo da Universidade Federal de Mato Grosso do Sul, 2014, e posteriormente ampliado e reeditado para esta versão final.	Contra a Parede Doc	26/02/2015	51:05
147	O que podemos pensar a partir da tortura contra piXadores e Grafiteiros	A partir da comoção gerada pela tortura cometida contra jovens que rabiscavam os muros da cidade, Gustavo Coelho, professor da UERJ, reflete sobre de que forma a subjetividade piXadora, sua potência criadora, longe de ser uma "doença" na cidade, é na verdade um sinal de saúde no qual podemos nos inspirar para pensar os desafios e as limitações da vida moderna urbana.	Gustavo Coelho	29/01/2016	11:18
148	Pixadores em Ação Parte 04	Fita Pixadores em Ação – 2001.	streetrasta	19/11/2012	17:46
149	Pixadores em Ação Parte 02	A primeira fita só de pichação proibido em mais de 99 distritos policiais. Conheça os principais pixos nunca mostrados até hoje.	Pixador1533	14/02/2012	21:34
150	Pixadores em Ação Parte 01	A primeira fita só de pichação proibido em mais de 99 distritos policiais. Conheça os principais pixos nunca mostrados até hoje. Faixa de áudio proibida.	Pixador1533	13/02/2012	21:36
151	Alexandre Orion, Bigbonsai e Coletivo Instituto | Ossário	Direção: Felipe Briso e Gilberto Topczewski. Existem muitas variações disponíveis de passagens de Lorem Ipsum, mas a maioria sofreu algum tipo de alteração, seja por inserção de passagens com humor, ou palavras aleatórias que não parecem nem um pouco convincentes.	bigBonsai	10/09/2015	03:22
152	A arte do grafiteiro e muralista Eduardo Kobra no #ProgramaDiferente	O #ProgramaDiferente registra a trajetória do grafiteiro e muralista Eduardo Kobra, um dos artistas mais reconhecidos da atualidade por seu trabalho exposto nas ruas de diversos países do mundo. Autodidata, ele começou como pichador na periferia de São	TVFAP.net	28/06/2017	38:23

		Paulo e acaba de lançar um livro com fotos e textos que retratam parte considerável da sua obra, em quase 30 anos de atividades.			
153	Eduardo Kobra: A vida em função da arte | Hack Life Cast #15	Você vive de acordo com a sua essência ou está seguindo uma programação da sociedade? Seja muito bem vindo a mais um episódio do Hack Life Cast! Nesse episódio, tive o prazer de sentar com o Eduardo Kobra, um artista fora de série, responsável por fazer murais coloridos, hiper-realistas, pelo mundo inteiro.	Hack Life	14/06/2017	01:01:53
154	Pixação centro de SP	Vídeo mostra uma performance de pichadores em um prédio no centro de São Paulo onde os pichadores escalam o prédio.	Bruno Begliomini	26/03/2014	05:29
155	Cripta, WLA, Biscoito e KRT pixam estúdio da #posTV	Nas ruas é assim mesmo, com X (pixo, pixação, pixador). Para falar dessa linguagem urbana que vem ganhando status de arte, o Desculpe a Nossa Falha do último dia 30 de março recebeu nos estúdios da #posTV quatro pixadores: Djan (Cripta), Exorcity (Gabriel), Biscoito e WLT (William).	desculpeanos safalha	31/03/2012	01:24:45
156	Minha Rua | 2ª Temporada | Episódio 03: Marcelo Eco	Marcelo Eco é um representante da primeira geração de grafiteiros do Rio de Janeiro. Sua marca é um personagem de queixo pontudo encontrado em vários pontos da cidade. Seu espaço de criação é principalmente as ruas, mas não se assuste se encontrá-lo pelo mundo corporativo, no qual já realizou trabalhos para grandes empresas.	Canal Futura	08/12/2015	26:53
157	Cidade Cinza	Alguns pensam que São Paulo tem excesso de cinza. Este documentário compila as vozes de reconhecidos artistas urbanos que colorem a cidade com grafites e se manifestam contra as autoridades que cobrem suas obras com a cor do cimento.	Netflix	10/04/2017	01:19:29
158	Colorgin no Graffiti - Encontro de Arte-Educadores com Binho Ribeiro	Local: Barra Funda, São Paulo-SP	Colorgin Spray	16/12/2014	03:06
159	Grafite causa polêmica no metrô de São Paulo	Dois artistas brasileiros tiveram seus trabalhos apagados do muro da futura estação Adolfo Pinheiro. Responsáveis pelo metrô reconheceram o erro e autorizaram que os grafites sejam feitos novamente.	Rede TVT	14/12/2011	03:50

160	Vem Comigo - Pintores, artistas plásticos e grafiteiros (26/05/14)	Programa exibido em 26/05/2014. Acompanhe mais informações sobre o programa e curiosidades acessando: facebook.com/VemComigoTVGaz eta	Vem Comigo	26/05/2014	52:17
161	Traços Urbanos Ep.1 - Tem Grafite na Paisagem	A origem do grafite; sua linguagem; as histórias dos muros pintados; trabalhos de artistas de rua. Leia também o artigo sobre Grafite x Pichação: http://goo.gl/3Em4Aj Cidade: Rio de Janeiro	MULTIRIO	10/12/2015	06:48
162	Traços Urbanos Ep.2 – Retratos da Comunidade	O grafite na comunidade; a linguagem usada pelos grafiteiros nesses locais; exemplos de grafites em diferentes comunidades do Rio. http://goo.gl/Pj38fA Cidade: Rio de Janeiro	MULTIRIO	17/12/2015	06:48
163	Traços Urbanos Ep. 3 - Lição para toda a vida	O programa apresenta o ensino do grafite nas escolas. O aprendizado da cultura do grafite, a técnica e a linguagem usada nesta manifestação artística urbana. Na atração, os grafiteiros Carlos Bobi, Oberdan Ferreira e Bruno BR contam as histórias de alguns muros pintados, no Rio de Janeiro Cidade: Rio de Janeiro	MULTIRIO	22/12/2015	07:11
164	Traços Urbanos ep.4 - Rio Galeria a céu aberto	Traços Urbanos fala sobre a cultura do grafite no Rio de Janeiro com o objetivo de valorizar a arte urbana carioca, destacando criações que agregam valor à paisagem da cidade. O episódio fala sobre galerias de grafite, a linguagem de grafiteiros, a história dos muros pintados e grafites em diferentes comunidades do Rio. Cidade: Rio de Janeiro	MULTIRIO	12/01/2016	06:33
165	Metrópolis: Mag Magrela	Ela é grafiteira e tem trabalhos nas ruas de São Paulo, Rio De Janeiro, Portugal, Londres e Nova Iorque. Mas além dos muros, ela também se dedica a outros suportes, como telas, cerâmicas, gravuras. A figura feminina reina em seus traços. O Metrópolis foi conhecer o lugar onde "Mag Magrela" cria tantos rostos e contornos.	Metrópolis	17/10/2016	03:53
166	Spray & Tinta - MAG MAGRELA	Entrevista com a artista Mag Magrela, que encanta e questiona com suas obras e personagens pelas ruas. Siga e acompanhe: @paginaum	Página Um	13/10/2016	05:31
167	Eduardo Kobra |	"Eu fui pichador, fui grafiteiro e	Provocações	05/02/2017	23:26

	Provocações | 2014	hoje em dia meu trabalho é de muralismo." Nosso convidado já foi considerado por muitos como vândalo, mas hoje tem suas obras expostas em diversos pontos da cidade de São Paulo e pelo mundo afora. Eduardo Kobra conta sobre a percepção que as pessoas têm sobre o seu trabalho.			
168	DiaCrítico 36 – Cripta Djan & Gustavo Lassala – Pixação	Neste episódio os convidados discorrem sobre a polêmica pixação pelas ruas e explicam relações entre o grafite (ou graffiti para os mais puristas de plantão).	DiaCrítico	25/07/2017	01:40:45
169	PIXO – Documentário sobre Pichação e Pichadores	Documentário sobre pichação e pichadores, O impacto da pichação como fenômeno cultural na cidade de São Paulo e sua influência internacional como uma das principais correntes da Street Art. O filme participou da exposição Né dans la Rue (Nascido na Rua), da Fondation Cartier pour l'Art Contemporain, em Paris.	Bon Vivant	24/07/2017	01:01:37

Quadro B.1: Vídeos disponibilizados no YouTube e na Netflix.
Fonte: O autor (2018)

* Normalmente esse texto foi transcrito integralmente do *site* onde o vídeo foi acessado. Por questões de espaço, estabeleci o limite de 10 linhas para cada transcrição.

B.2 Perfis de artistas urbanos no Instagram

https://www.instagram.com/_negana_
https://www.instagram.com/_spixo
https://www.instagram.com/3visao
https://www.instagram.com/a_carlota_art
https://www.instagram.com/albertlazarini
https://www.instagram.com/agnaldomirage
https://www.instagram.com/alexandreketo
https://www.instagram.com/alexandrepuga
https://www.instagram.com/alexorsetti
https://www.instagram.com/andremogle
hhttps://www.instagram.com/aquinoarte
https://www.instagram.com/boletabike
https://www.instagram.com/binho3m
https://www.instagram.com/brutal_nvpmp
https://www.instagram.com/bs.cvl
https://www.instagram.com/cadumen
https://www.instagram.com/caligrapixo
https://www.instagram.com/calixtodesenha
https://www.instagram.com/chivitz
https://www.instagram.com/ciroschu
https://www.instagram.com/consp
https://www.instagram.com/criptadjan
https://www.instagram.com/crisrodriguesart/
https://www.instagram.com/danmabe
https://www.instagram.com/danroots
https://www.instagram.com/davebonzai
https://www.instagram.com/davilanossomos
https://www.instagram.com/deddoverde
https://www.instagram.com/decotreco
https://www.instagram.com/derlon
https://www.instagram.com/digitalorga...
https://www.instagram.com/dgo.profissaoperigo
https://www.instagram.com/dimysp
https://www.instagram.com/diquestionesp
https://www.instagram.com/does_hdv
https://www.instagram.com/enivo
https://www.instagram.com/fabianosenk
https://www.instagram.com/fabiobiofa
https://www.instagram.com/familia_suma
https://www.instagram.com/fefetalavera
https://www.instagram.com/feik_frasao
https://www.instagram.com/felipe.urso
https://www.instagram.com/fhero_pdfcrew
https://www.instagram.com/flaviorossi...
https://www.instagram.com/ficore__
https://www.instagram.com/galograffiti

https://www.instagram.com/garotosdocrimedekid
https://www.instagram.com/gitahyarte
https://www.instagram.com/gordaosvi
https://www.instagram.com/grafica_fid...
https://www.instagram.com/grazie_
https://www.instagram.com/guilhermekr...
https://www.instagram.com/guilao_art
https://www.instagram.com/haga.erre.que
https://www.instagram.com/heridian
https://www.instagram.com/hierofaniac...
https://www.instagram.com/highraff
https://www.instagram.com/ignotograffiti
https://www.instagram.com/image_erc
https://www.instagram.com/inimigo_publico_
https://www.instagram.com/invasores.oeste
https://www.instagram.com/irmaossiame...
https://www.instagram.com/izolag
https://www.instagram.com/j.prades
https://www.instagram.com/jerrybatista...
https://www.instagram.com/joks_johnes
https://www.instagram.com/jotapepax
https://www.instagram.com/juliofalas
https://www.instagram.com/juliovieirasp
https://www.instagram.com/justiceiros1997
https://www.instagram.com/kajaman
https://www.instagram.com/kelly.santo...
https://www.instagram.com/kobrastreetart
https://www.instagram.com/kovardes_nost
https://www.instagram.com/ladyguedes
https://www.instagram.com/lalaladog.o...
https://www.instagram.com/laras_brs
https://www.instagram.com/leiga_
https://www.instagram.com/lordzcp
https://www.instagram.com/lukin_art
https://www.instagram.com/magmagrela
https://www.instagram.com/maloqueirovagabundo
https://www.instagram.com/marcelosmilee
https://www.instagram.com/mari_mats
https://www.instagram.com/marinazumi
https://www.instagram.com/mbarnero
https://www.instagram.com/meu_ovo_
https://www.instagram.com/melanezabunov
https://www.instagram.com/milotchais
https://www.instagram.com/mona.caron
https://www.instagram.com/mondokisso
https://www.instagram.com/monge_art
https://www.instagram.com/muretz
https://www.instagram.com/mwmostwanted
https://www.instagram.com/mzuffohc
https://www.instagram.com/naomoskacrew

https://www.instagram.com/natachaandrea_
https://www.instagram.com/ndrua
https://www.instagram.com/nemviptk
https://www.instagram.com/negast123
https://www.instagram.com/nickaliveone
https://www.instagram.com/nilozack
https://www.instagram.com/nnc_kdp
https://www.instagram.com/noiadeparede
https://www.instagram.com/nolts_pous
https://www.instagram.com/nsi011034
https://www.instagram.com/o_ser_e
https://www.instagram.com/obergw
https://www.instagram.com/onguer
https://www.instagram.com/ojosblanco1987
https://www.instagram.com/oscururusp
https://www.instagram.com/osgemeos
https://www.instagram.com/panico_circuloforte
https://www.instagram.com/pardalone
https://www.instagram.com/paulo_ito
https://www.instagram.com/pauloomeira
https://www.instagram.com/pedro_alma
https://www.instagram.com/penetras.leo.douglas
https://www.instagram.com/pixo_brasil_
https://www.instagram.com/pixo_do_bom_
https://www.instagram.com/pixotemushi
https://www.instagram.com/pregosshp
https://www.instagram.com/presto_sp
https://www.instagram.com/primatone
https://www.instagram.com/prtrbprt
https://www.instagram.com/prozak7
https://www.instagram.com/quinhoqnh
https://www.instagram.com/rafaelsliks
https://www.instagram.com/raogabriel
https://www.instagram.com/reveracidade
https://www.instagram.com/ricardoakn
https://www.instagram.com/robsonmelancia
https://www.instagram.com/rodolfoopio
https://www.instagram.com/rpglovestreets
https://www.instagram.com/rrodriguesp
https://www.instagram.com/sapiens_que...
https://www.instagram.com/sator_art
https://www.instagram.com/se7en_nana
https://www.instagram.com/snek_zn
https://www.instagram.com/simonesiss
https://www.instagram.com/sipros_sipros
https://www.instagram.com/sofreshsoyung
https://www.instagram.com/sonaklada
https://www.instagram.com/speto
https://www.instagram.com/spraycontent
https://www.instagram.com/subtu

https://www.instagram.com/switchdgo
https://www.instagram.com/talent_vandal
https://www.instagram.com/tecfase
https://www.instagram.com/tcheruggi
https://www.instagram.com/terraart
https://www.instagram.com/thassio_ber...
https://www.instagram.com/thiagocalle
https://www.instagram.com/tikkameszaros
https://www.instagram.com/tinho23sp
https://www.instagram.com/titoferrara
https://www.instagram.com/tlmania
https://www.instagram.com/todosaohumanos
https://www.instagram.com/tomwrayart
https://www.instagram.com/tops_noisqvoa
https://www.instagram.com/verde_gc
https://www.instagram.com/xyrox
https://www.instagram.com/zezao_sp
https://www.instagram.com/zioncoringa
https://www.instagram.com/zombaszona
https://www.instagram.com/zonanadahumilde

Apêndice C
Roteiro norteador de entrevistas

C.1 Artistas urbanos (grafiteiros e pichadores)

01. Conceito de arte urbana

02. Grafite e pichação inseridos no movimento da arte urbana

03. Arte urbana e sua relação com os espaços (público e privado)

04. Arte urbana e sua relação com os espaços (centro e periferia)

05. Arte urbana e sua relação com os espaços (material e virtual)

Lista de Figuras

Lista de Tabelas

www.ingramcontent.com/pod-product-compliance
Lightning Source LLC
LaVergne TN
LVHW010505200726
843506LV00013B/2538